测绘行业职业教育工学结合一体化规划教材

路桥测量

邵向楠　主编
戚　刚　主审

黄河水利出版社
·郑州·

内容提要

本教材以公路施工测量的全过程为主线，在总论技术理论的基础上，增设四个工作项目，主要内容涵盖公路的发展概况、公路设计的基础知识、公路中线测设、公路工程的纵横断面测量、公路工程施工测量和桥涵施工测量等。

本书可作为高、中等职业院校工程测量专业、道路与桥梁专业的专业课教材，也可供相关专业的社会学习者参考。

图书在版编目(CIP)数据

路桥测量/邵向楠主编.—郑州：黄河水利出版社，2015.8 (2022.1 重印)

ISBN 978-7-5509-1103-1

Ⅰ.①路… Ⅱ.①邵… Ⅲ.①道路测量-中等专业学校-教材②桥梁测量-中等专业学校-教材 Ⅳ.①U412.24②U442

中国版本图书馆 CIP 数据核字(2015)第 084183 号

策划编辑：陶金志 电话：0371-66025273 E-mail：838739632@qq.com

出版社：黄河水利出版社 网址：www.yrcp.com

地址：河南省郑州市顺河路黄委会综合楼 14 层 邮政编码：450003

发行单位：黄河水利出版社

发行部电话：0371-66026940、66020550、66028024、66022620(传真)

E-mail：hhslcbs@126.com

承印单位：河南承创印务有限公司

开本：787 mm×1 092 mm 1/16

印张：11.75

字数：300 千字

版次：2015 年 8 月第 1 版 印次：2022 年 1 月第 2 次印刷

定价：29.00 元

前 言

本书是根据“工程测量专业教学标准”，以及测绘地理信息企事业单位的生产情况，采用基于工作过程的项目引领、任务驱动的思路，由专业骨干教师与黄河勘测规划设计有限公司的行业专家组成教材开发团队完成编写。

本书打破传统的学科体系教材编写方式，为了适应当前社会发展的需要，真正培养出“具有综合职业能力和全面素质的应用型人才”，使学生毕业后马上就能够顶岗作业，本教材编写模式充分体现了工学结合的原则，能够突出目标，力求为读者创造一个“真实的学习和工作环境”，使理论教学与实践训练有机结合。即“学习的内容是工作，通过工作实现学习”，实现工作与学习的整合，理论与实践的整合，专业能力、方法能力和社会能力的整合。内容编排上打破了传统的章节体例格式，以公路施工测量的全过程为主线，共设五大部分，其中第一部分为总论，介绍道路桥梁的基础知识，第二至第五部分为项目式教学，每个项目设置若干个工作任务，主要内容包括公路中线测设，公路工程的纵、横断面测量，公路工程施工测量，桥涵施工测量等。根据工程施工流程进行项目安排，课堂授课为辅助，室外实习为主导，教学步骤等同于公路工程施工测量步骤。

本教材采用了国家及行业最新技术标准和技术规范，选编了新仪器、新技术运用的成果，充分反映了公路工程施工测量的高新技术。

本教材由郑州测绘学校邵向楠任主编，柴炳阳任副主编，具体编写情况如下：总论由许云燕编写，项目 1 由褚喆编写，项目 2 由赵亚蓓编写，项目 3 由柴炳阳编写，项目 4 由邵向楠编写。本书中所有与生产实践有关的内容均由黄河勘测规划设计有限公司史学军高级工程师参与编写。

本书由江苏省交通规划设计院股份有限公司河南分公司高级工程师戚刚审稿。

本书在编写过程中参阅了大量的文献，引用了同类书籍中的部分内容，在此谨向有关作者表示衷心感谢。同时，听取了许多老师及行业专家的宝贵意见，得到郑州测绘学校教务处及大地工测教学部的大力支持，在此致以衷心的谢意！

由于编者水平有限，加之时间仓促，书中难免存在不妥之处，恳请读者批评指正。

编 者

2015 年 1 月

目　录

总 论

一、公路发展概况

1 我国公路现状简介

公路是现代交通运输发展的产物,是人类文明的象征、科学进步的重要标志。

自1978年改革开放以来,我国公路建设迅速发展。1982年提出了“普及与提高相结合,以提高为主”的公路建设方针。同时组织力量论证公路在国民经济中的地位和作用,阐述修建高速公路的经济效益和社会效益,使“要想富,先修路;公路通,百业兴”的口号逐步成为多数人的共识。

从20世纪90年代开始,我国的公路建设进入了飞速发展的时代,各级政府对公路建设的投入力度之大、投资数量之多、建设标准之高,都是历史上从来没有的。到2009年年底,全国公路总里程达386.08万km,其中国道15.85万km,省道26.60万km,县道51.95万km,乡道101.96万km,专用公路6.72万km,村道183.00万km;按公路技术等级统计,高速公路6.5万km,一级公路5.95万km,二级公路30.07万km,三级公路37.90万km,四级公路225.20万km,等外公路80.46万km,实现了县县通公路,99.60%的乡(镇)和95.77%以上的建制村通了汽车。

高速公路是一个国家现代化的重要标志。改革开放30多年来,我国高速公路建设经历了从无到有、从起步建设到拥有6.5万km的巨大变化,实现了跨越式发展。1990年第一条高速公路——沈大高速公路建成,沈大高速公路全长375 km,连接沈阳、辽阳、鞍山、营口、大连5个城市,是当时公路建设项目中由我国自行设计施工、规模最大、标准最高的工程,沈大高速公路通车后,我国高速公路建设里程快速增长。到2010年年底,高速公路总里程达7.41万km,仅次于美国,居世界第二位,公路建设取得了巨大成就。我国公路建设虽然得到快速发展,但仍不能完全适应国民经济发展对公路运输的要求,而且与世界上发达国家相比,差距仍然很大。归纳起来,还存在以下几个方面的问题:

(1)公路网标准低、基础设施薄弱,密度小,通行能力差,抗灾能力弱,服务水平不高和布局不尽合理。

(2)公路数量少,通达深度不够。

(3)发展不平衡,东西部差距较大,平原区与山区差别大。

(4)通行能力低。

在全国公路总里程373.02万km中,铺有沥青混凝土、水泥混凝土等高级路面里程为146.28万km,只占全国公路总里程的39.21%;简易铺装路面53.08万km,占14.23%;未铺装路面173.45万km,占46.50%;达不到技术标准的等外公路95.17万km,占全国公路总里程373.02万km的25.51%。因此,加快公路网新线建设,对原有公路进行技术改造,逐步提高技术标准和通行能力，仍然是我国当前的主要任务。

2　我国公路发展规划

《国家高速公路网规划》于2004年经国务院审议通过，这是中国历史上第一个“终极”的高速公路骨架布局，同时也是中国公路网中最高层次的公路通道。

《国家高速公路网规划》采用放射线与纵横网格相结合的布局方案（见图0-1-1），形成由中心城市向外放射，以及横贯东西、纵贯南北的大通道，由7条首都放射线、9条南北纵向线和18条东西横向线组成，简称为“7918网”，总规模约8.5万km。其中，主线6.8万km，地区环线、联络线等其他路线约1.7万km。

图0-1-1　国家高速公路网布局方案

首都放射线7条：北京—上海、北京—台北、北京—港澳、北京—昆明、北京—拉萨、北京—乌鲁木齐、北京—哈尔滨。

南北纵向线9条：鹤岗—大连、沈阳—海口、长春—深圳、济南—广州、大庆—广州、二连浩特—广州、包头—茂名、兰州—海口、重庆—昆明。

东西横向线18条：绥芬河—满洲里、珲春—乌兰浩特、丹东—锡林浩特、荣成—乌海、青岛—银川、青岛—兰州、连云港—霍尔果斯、南京—洛阳、上海—西安、上海—成都、上海—重庆、杭州—瑞丽、上海—昆明、福州—银川、泉州—南宁、厦门—成都、汕头—昆明、广州—昆明。

此外，规划方案还包括：辽中环线、成渝环线、海南环线、珠三角环线、杭州湾环线共5条地区性环线，2段并行线和30余段联络线。

要实现这个规划目标，预计需要30年的时间。

3　公路运输的地位和作用

现代交通运输由铁路、公路、水运、航空及管道五种运输方式组成，这些运输方式各具特

点。公路运输与其他运输方式相比,具有以下几方面特点:

(1)机动灵活,适应性强。由于公路运输网一般比铁路、水路网的密度要大十几倍,分布面也广,因此公路运输车辆随处可见。公路运输在时间方面的机动性也比较大,车辆可随时调度、装运,各环节之间的衔接时间较短。尤其是公路运输对客、货运量的多少具有很强的适应性,汽车的载重量有小(0.25~1 t)有大(200~300 t),既可以单个车辆独立运输,也可以由若干车辆组成车队同时运输,这一点对抢险、救灾工作和军事运输具有特别重要的意义。

(2)可实现“门到门”的直达运输。由于汽车体积较小,中途一般也不需要换装,除可沿分布较广的路网运行外,还可离开路网深入到工厂企业、农村田间、城市居民住宅等地,即可以把旅客和货物从始发地门口直接运送到目的地门口,实现“门到门”直达运输。这是其他运输方式无法与公路运输比拟的特点之一。

(3)运量较小,运输成本较高。目前,世界上最大的汽车是美国通用汽车公司生产的矿用自卸车,长20多米,自重610 t,载重350 t左右,但装载量仍比火车、轮船少得多;由于汽车载重量小,行驶阻力比铁路大9~14倍,其所消耗的燃料又是价格较高的液体汽油或柴油,因此除了航空运输,汽车运输成本相对较高,但随着高速公路建设日趋成熟,以及汽车制造业的不断发展与改进,公路运输的成本也会随之下降。

综上所述,公路运输作为交通运输体系的重要组成部分,在当今国民经济发展中正发挥着越来越重要的作用。它以强大的通行能力、快捷的运行速度、灵活的运行方式,极大地提高和丰富了运输的能力与内容。另外,公路运输对创造就业机会、调整产业结构、合理开发自然资源及发挥城市的经济辐射作用均有着重要意义,国民经济的发展离不开公路运输的支撑。公路运输在整个交通运输中的地位十分突出,起着举足轻重的作用。

二、公路的分级、标准与控制要素

1 道路的分类

道路的主要功能是供各种车辆和行人通行。根据道路的服务对象不同可分为公路、城市道路、林区道路、厂矿道路及乡村道路等。如图0-2-1所示为公路和城市道路。公路是连接各城市与城市之间的通道,而城市道路则是连接城市各功能区之间的通道。

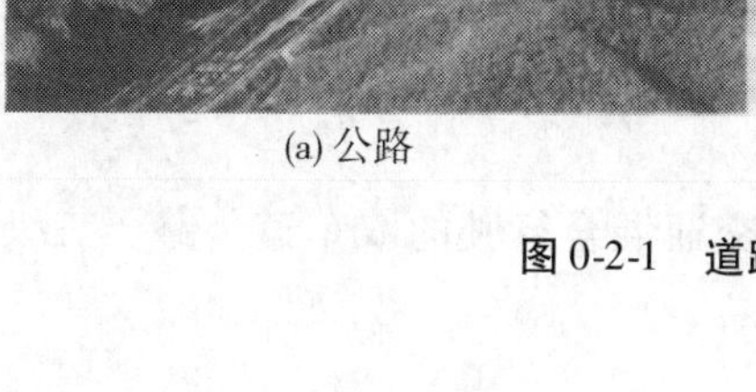

(a) 公路

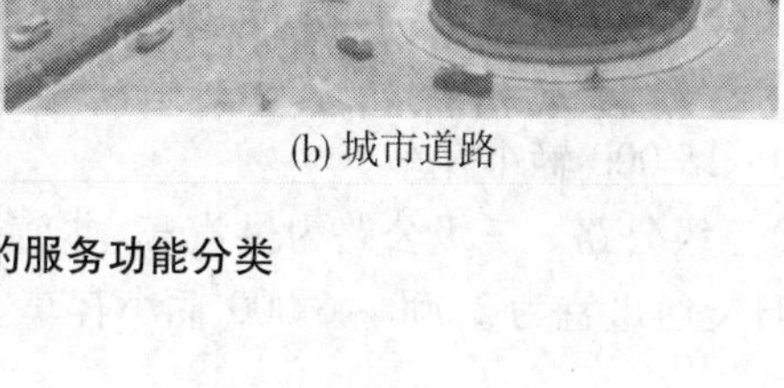

(b) 城市道路

图0-2-1 道路的服务功能分类

公路主要供汽车行驶,并具备一定的技术标准和交通设施。公路按其重要性、使用性质和行政等级又可划分为国家干线公路(简称国道)、省干线公路(简称省道)、县公路(简称县道)、乡村道路(简称乡道)及专用公路等。

国道是指在国家干线网中,具有全国性的政治、经济、国防意义的主要干线公路,包括重要的国际公路、国防公路,连接首都与各省、自治区、直辖市首府的公路,连接各大经济中心、港站枢纽、商品生产基地和战略要地的公路。

省道是指在省(自治区、直辖市)公路网中,具有全省性的政治、经济、国防意义,并由省级公路主管部门负责修建、养护和管理的省级公路干线。

县道是指具有全县政治、经济意义,连接县城和县内主要乡(镇)、主要商品生产和集散地的公路,以及不属于国道、省道的县际间公路。县道由县、市公路主管部门负责修建、养护和管理。

乡道是指直接或主要为乡村经济、文化、生产、生活服务,以及乡村与外部联系的公路。乡道由县统一规划,由县、乡组织修建、养护和使用。由于乡村道路主要为农业生产服务,一般不列入国家公路等级标准。

专用公路是指专供或主要供厂矿、林区、农场、油田、旅游区、机场、港口、军事基地等与外部联系的公路。专用公路由专用单位负责修建、养护和管理,也可委托当地公路部门修建、养护和管理。专用公路的技术要求应按其专门制定的技术标准或参照公路工程技术标准执行。

在城市范围内,除供车辆及行人通行外,还作为城市埋设各类管线及其他公共用地的总称,并具备一定技术条件和设施的道路统称城市道路。城市道路的功能除把城市各部分联系起来为城市各种交通服务外,还起着形成城市结构布局的骨架,提供通风、采光,反映城市面貌和建筑风格,保持城市生活环境,以及为防火、绿化提供场地的作用。

按照城市道路在城市道路网中的地位、交通功能,以及对沿线建筑物的服务功能等,城市道路分为快速路、主干路、次干路、支路四类。

由于各类道路所处位置、交通性质及服务功能完全不同,并且其设计依据、对应的技术标准和具体要求也不相同,在设计时应特别注意。

2 公路分级与技术标准

2.1 公路分级

根据公路的使用任务、功能、路网规划和适应的交通量情况,《公路工程技术标准》(JTG B01—2014)把公路分为五个等级:高速公路、一级公路、二级公路、三级公路和四级公路。

(1)高速公路。高速公路为专供汽车分方向、分车道行驶,全部控制出入的多车道公路。高速公路的年平均日设计交通量宜在 15 000 辆小客车以上。

(2)一级公路。一级公路为供汽车分方向、分车道行驶,可根据需要控制出入的多车道公路。一级公路的年平均日设计交通量宜在 15 000 辆小客车以上。

(3)二级公路。二级公路为供汽车行驶的双车道公路。二级公路的年平均日交通量宜为 5 000 ~ 15 000 辆小客车。

(4)三级公路。三级公路为供汽车、非汽车交通混合行驶的双车道公路。三级公路的年平均日交通量宜为 2 000 ~6 000 辆小客车。

(5)四级公路。四级公路为供汽车、非汽车交通混合行驶的双车道或单车道公路。双车道四级公路年平均日交通量宜在 2 000 辆小汽车以下;单车道四级公路年平均日交通量宜在 400 辆小客车以下。

以上五个等级的公路构成了我国的公路网。其中,高速公路、一级公路为公路网骨干线,二、三级公路为公路网内基本线,四级公路为公路网的支线。

2.2　公路技术等级选用应遵循的原则

(1)公路技术等级选用应根据路网规划、公路功能,并结合交通量论证确定。

(2)主要干线公路应选用高速公路。

(3)次要干线公路应选用二级及二级以上公路。

(4)主要集散公路宜选用一、二级公路。

(5)次要集散公路宜选用二、三级公路。

(6)支线公路宜选用三、四级公路。

2.3　技术标准

《公路工程技术标准》(JTG B01—2014)(以下简称《标准》)是国家颁布的法定性技术准则,它反映了我国公路建设的方针、政策和技术要求,是公路勘测设计、修建和养护的依据。因此,在公路设计施工和养护中,必须严格遵守。同时,在符合《标准》要求和不过分增加工程造价的前提下,根据技术经济原则,应尽可能采用较高的技术指标,以充分提高公路的使用质量和效益。

为正确指导公路建设,《标准》具有时效性,我国目前所采用的《标准》为交通部于 2014 年 9 月发布,自 2015 年 1 月 1 日起实施。

《标准》分为十章,分别是总则、术语、基本规定、路线、路基路面、桥涵、汽车及人群荷载、隧道、路线交叉、交通工程及沿线设施。

3　公路勘测设计的控制要素

公路建设应按一定的程序进行,在公路勘测阶段,应按已批准的计划任务书和《标准》的要求进行。无论是新建公路还是改建公路,都应有合理的设计控制要素,其中最基本的控制要素包括设计速度、设计车辆和交通量。

3.1　设计速度

设计速度是指确定公路设计指标并使其相互协调的设计基准速度。

设计速度与运行速度是两个不同的概念。运行速度是指在路面平整、潮湿,自由流状态下,行驶速度累计分布曲线上对应于 85% 分位值的速度。车辆的运行速度受气候、地形、交通密度及公路本身条件的影响,同时与驾驶员的技术水平也有很大的关系。在设计速度低的路段上,当行车条件(交通密度、气候、地形等)比较好时,行车速度常接近或超过设计速度,设计速度越低,出现这种现象的概率越大。考虑到这一特点,同一等级的公路按不同的条件采用不同的设计速度是合适的。同时,超过设计速度的情况是危险的,所以在地形良好、线形顺适、视野开阔,容易产生超速行驶(超过设计速度)的路段,要特别注意曲线半径、超高、纵坡等方面的合理配置。

设计速度是决定公路几何线形的最基本的控制要素。公路圆曲线半径、超高、行车视距、合成坡度、路幅宽度和纵断面竖曲线设计等,都直接或间接与设计速度有关,所以它是体现公路等级的一项重要技术指标。

《标准》指出:各级公路设计速度应符合表0-2-1的规定。设计速度的选用应根据公路的功能与技术等级,结合地形、工程经济、预期的运行速度和沿线土地利用性质等因素综合论证确定,并应符合下列规定:

表0-2-1　设计速度

公路等级	高速公路			一级公路			二级公路		三级公路		四级公路	
设计速度(km/h)	120	100	80	100	80	60	80	60	40	30	30	20

(1)高速公路设计速度不宜低于100 km/h;受地形、地质等条件限制,可以选用80 km/h。

(2)作为干线的一级公路,设计速度宜采用100 km/h;受地形、地质等条件限制,可采用80 km/h。作为集散的一级公路,设计速度宜采用80 km/h;受地形、地质等条件限制,可采用60 km/h。

(3)高速公路和作为干线的一级公路的特殊困难局部路段,且因新建工程可能诱发工程地质病害时,经论证,该局部路段的设计速度可采用60 km/h,但长度不宜大于15 km,或仅限于相邻两互通式立体交叉之间的路段。

(4)作为干线的二级公路,设计速度宜采用80 km/h;受地形、地质等条件限制,可采用60 km/h。作为集散的二级公路,设计速度宜采用60 km/h;受地形、地质等条件限制,可采用40 km/h。

(5)三级公路设计速度宜采用40 km/h;受地形、地质等条件限制,可采用30 km/h。

(6)四级公路设计速度宜采用30 km/h;受地形、地质等条件限制,可采用20 km/h。

(7)公路设计应采用运行速度进行检验。相邻路段运行速度之差应小于20 km/h,同一路段运行速度与设计速度之差宜小于20 km/h。

3.2　设计车辆

设计车辆是指公路几何设计所采用的代表车型,其外廓尺寸、荷载量和动力性能是确定公路几何参数的主要依据。公路设计所采用的设计车辆外轮廓尺寸规定如表0-2-2所示。

表0-2-2　设计车辆外廓尺寸　　(单位:m)

车辆类型	总长	总宽	总高	前悬	轴距	后悬
小客车	6	1.8	2	0.8	3.8	1.4
大型客车	13.7	2.55	4	2.6	6.5+1.5	3.1
链接客车	18	2.5	4	1.7	5.8+6.7	3.8
载重汽车	12	2.5	4	1.5	6.5	4
链接列车	18.1	2.55	4	1.5	3.3+11	2.3

注:链接列车的轴距(3.3+11) m:3.3 m为第一轴至铰接点的距离,11 m为铰接点至最后轴的距离。

3.3　交通量

交通量是指道路某断面在单位时间内通过的往返车辆总数,其单位为辆/d或辆/h。交通量换算采用小客车为标准车型。各汽车代表车型及车辆折算系数规定如表0-2-3所示。

拖拉机和非机动车等交通量换算应符合下列规定：

表 0-2-3　各汽车代表车型及车辆折算系数

汽车代表车型	车辆折算系数	说明
小客车	1.0	座位≤19 座的客车和载重量≤2 t 的货车
中型车	1.5	座位＞19 座的客车和 2 t＜载重量≤7 t 的货车
大型车	2.5	7 t＜载重量≤20 t 的货车
汽车列车	4.0	载重量＞20 t 的货车

(1)畜力车、人力车、自行车等非机动车按路侧干扰因素计。

(2)公路上行驶的拖拉机每辆折算为 4 辆小客车。

(3)公路通行能力分析所要求的车辆折算系数应针对路段、交叉口等形式，按不同的地形条件和交通需求，采用相应的折算系数。

三、公路测设程序认知

测量与线路工程设计紧密相连。一条线路的设计是由粗到细逐步完成的，与此相应，测量工作的范围由大到小，工作的内容由粗略到详细，逐渐变化。

当决定要修建一条公路，首先要作经济调查和踏勘设计。这包括了解待建路线地区居民点、资源、已有交通网、工农业的分布及发展水平，了解该地区的地形、地质、水文、气象等条件。在此基础上决定待建路线要承担的运输量，中间应通过的城镇居民点，以及路线的等级。路线等级将决定路线的一系列技术标准，如路线的最大允许坡度、最小曲率半径等。路线的等级也将决定路线的造价。设计的这一阶段必须利用 1∶5万或 1∶10 万比例尺地形图。目前我国绝大部分地区都有 1∶5万比例尺地形图，可以从各省测绘局购用。

利用地形图可以快速、全面、宏观地了解该地区的地形条件，地形图也提供一部分地质、水文、植被、居民点分布、交通网分布等信息。因此，通常以地形图为主要资料，辅之以其他调查材料，如地质图、各种统计资料或实地踏勘资料。在室内选择路线方案，决定路线等级。

在这一设计阶段，有时需作实地考察，以收集资料，比较不同方案之优劣，分析方案技术上的先进性和经济上的合理性等。实地考察时需通过测量收集一些地形数据。原来采用一些简单的器具和方法，例如用罗盘仪定向、步测或车测距离、气压计测高等；在现阶段，由于 GNSS 测量定位技术的发展和完善，通常采用 GNSS 的方法来进行较为精密的测量。

选定方案以后进行初测。初测的主要工作是在小比例尺地形图上选定路线，进行线路控制测量，并实测沿线大比例尺带状地形图，同时收集沿线的水文、地质等有关资料，以便于设计人员在该带状地形图上进行线形设计(在地形图上确定路线具体的走向)。

在《公路勘测规范》中，将先测绘大比例尺地形图，然后在地形图上选定线路方案的方法，称为“纸上定线法”。采用现场直接测量路线走向控制点(一般由设计人员预先选定)或中线，然后根据测绘图形来确定路线线形的方法，称为“现场定线法”。“现场定线法”主要用于受地形条件限制或地形条件、设计方案比较简单的路线。

线路地形图的比例尺一般为 1∶2 000～1∶5 000，其测绘宽度，当采用“纸上定线法”初测时，线路中线两侧应各测 200 ~ 400 m；当采用“现场定线法”初测时，线路中线两侧应各测 150 ~ 200 m。高速公路和一级公路采用分离式路基时，地形图测绘宽度应覆盖两条分离路线及中间带的全部地形；当两条路线相距很远或中间地带为河流与高山时，中间带的地形可以不测。在有争议的地段，带状地形图应加宽以包括几个方案，或为每个方案单独测绘一段带状地形图。

通过定线，设计人员可以在地形图上选定路线的曲线与直线位置，定出交点，计算坐标和转角，拟定平面曲线要素，计算路线的连续里程等。当然设计人员的作用不仅仅在于定出中线，他们还要考虑站场的布置，桥涵、挡土墙等工程的处理，要从道路的建造以至运行维护加以综合考虑。在条件许可的情况下，可以将主要构造物范围内路线进行实地放线，进一步优化设计。但对测量人员来说，纸上定线的结果显得特别重要，因为它是下一步测量工作的依据。

下一步测量工作是定测。定测的主要工作是把设计在图上的中线在实地标定出来（即中线放样），并沿实地标定的中线测绘纵横断面图，同时进一步收集有关的资料，为线路的纵坡设计、工程量计算等有关施工技术文件的编制提供资料。

设计人员利用实测纵、横断面图，设计路线的坡度，同时进一步确定桥梁的高度和涵洞、隧道等工程设施的一些参数，并精确计算工程量。

线路设计与测量的关系可用图 0-3-1 表示。

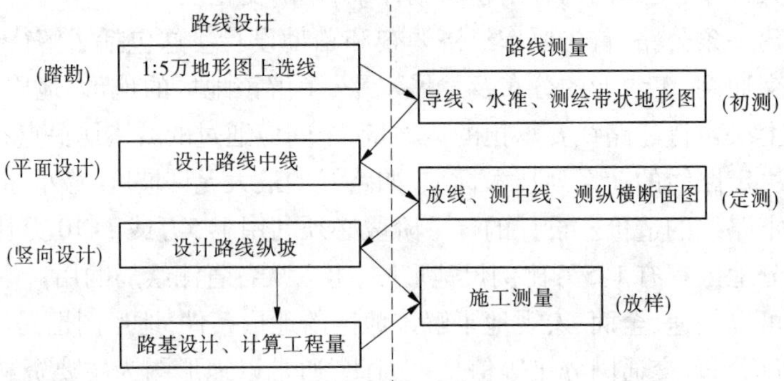

图 0-3-1　线路设计与测量关系图

四、路线平面线形组成分析及平面成果编制

1　路线平面线形组成分析

1.1　道路路线

道路是一条三维空间实体，它是由路基、路面、桥涵、隧道和沿线设施所组成的线形带状构造物。一般所说的路线，是指道路中线的空间位置，它是一条空间曲线。路线在水平面上的投影称为路线的平面；沿中线竖直剖切再行展开则是路线的纵断面；中线上任意一点的法向切面是道路在该点的横断面。道路的平面、纵断面和各个横断面是道路的线形几何组成。路线设计是指确定路线空间位置和各部分的几何尺寸。为研究方便，把它分解为路线平面

设计、路线纵断面设计和横断面设计，三者之间是相互关联的，既分别进行，又要全面考虑。

无论是公路还是城市道路，其路线位置主要受自然地理条件、社会经济条件和技术条件等的制约。设计者的任务就是在调查研究、掌握大量资料的基础上，设计出一条具有一定技术标准、满足行车要求、工程费用最低的路线来。在设计的顺序上，一般是先定平面，并沿这个平面线形进行勘查测量，以取得地面线、地质及水文地质等资料，然后再设计纵断面和横断面，为求得线形的均衡和减少土石方工程量，必要时再修改平面位置，这样经过几次反复，最后得到最佳路线。

1.2　平面线形

1.2.1　汽车行驶轨迹

道路是供汽车行驶的，所以研究汽车行驶规律是道路设计的基本课题，而在道路的平面设计中，主要考察汽车的行驶轨迹，只有当平面线形与这个轨迹相符合或相接近时，才能保证行车的顺畅、舒适和安全，特别是在高速行驶的情况下，对汽车行驶轨迹的研究更显重要。大量的观测与研究结果表明，行驶中的汽车，其轨迹有如下特征：

(1)汽车运行轨迹是连续的、圆滑的，即在任何一点不出现错头、转折；

(2)曲率是连续的，即轨迹上任意一点不出现两个曲率值；

(3)曲率的变化率是连续的，即轨迹上任一点不出现两个曲率变化率的值。

不满足上述第(1)条的线路如图 0-4-1 所示。满足上述第(1)条，但不满足上述第(2)条的线路如图 0-4-2 所示。同时满足上述第(1)条和第(2)条，但不满足上述第(3)条的线路如图 0-4-2 所示。图 0-4-2 的线形一般是不允许的，图 0-4-2 的线形在低等级公路个别情况下可以采用。高等级道路一般采用图 0-4-3 所示的平面线形，它与汽车的行驶轨迹偏差不大，实践证明是很好的线形。

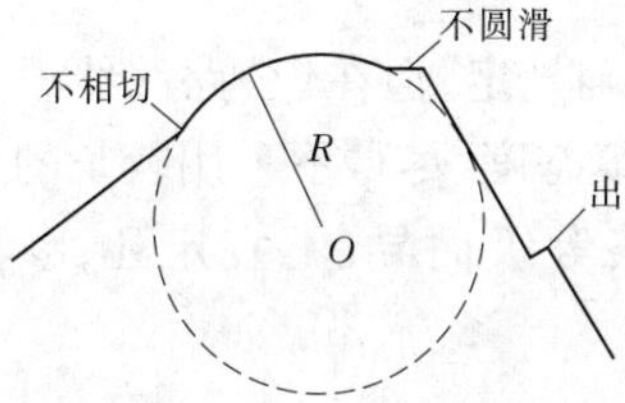

图 0-4-1　不连续的平面线形示意图

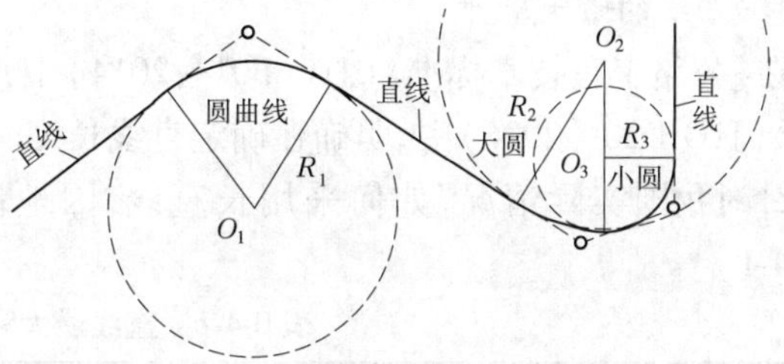

图 0-4-2　曲率不连续的平面线形示意图

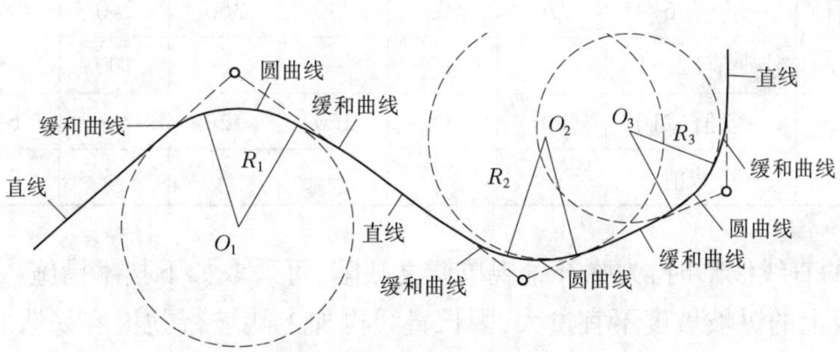

图 0-4-3　曲率连续的平面线形示意图

1.2.2 平面线形三要素

所有的线路都是由上述三种线形构成的，在低速道路上，为简化设计，可只使用直线和圆曲线两种要素。只要各种要素使用合理、配置得当，均可满足汽车行驶要求。至于它们的参数，则要视地形情况和人的视觉、心理、道路技术等级等条件来确定。

1.3 直线

1.3.1 直线线形的特点

直线是平面线形中的最基本线形，在公路和城市道路中使用最为广泛，因为两点之间直线为最短，一般在定线时，只要地势平坦，无大的地面障碍物，定线人员都首先考虑采用直线通过，笔直的道路给人以短捷直达的良好印象，而且汽车在直线行驶时受力简单，方向明确，驾驶操作简易；从测设定位上看，直线只需定出两点，即可方便地测定方向和距离。基于直线的这些优点，在平面线形设计中，广泛采用直线线形。但是，过长的直线线形并不是好线形，在这样的线形上，驾驶员容易感到单调、疲倦，难以目测车间距离，于是产生尽快驶出直线的急躁情绪，车速一再加快，容易造成交通事故。另外，在地形变化复杂地段，直线线形难以与地形相协调，造成工程费用显著增高。因此，在采用直线线形并确定其长度时，必须持谨慎态度，不宜采用过长的直线，并注意直线的设置要与地形、地物、环境相适应。

1.3.2 直线线形的适用范围

(1)不受地形、地物限制的平坦地区或山间的开阔地带；

(2)规划整齐的城镇、近郊或农村；

(3)过长过大桥梁、隧道等构筑物路段；

(4)路线交叉点及其前后；

(5)双车道公路提供超车的路段。

1.3.3 直线的最大长度

在《公路工程技术标准》(JTG B01—2014)中，目前尚无明确规定，但在《公路路线设计规范》(JTG D20—2006)中，明确在确定直线长度时，必须持谨慎态度，尽量不采用较长的直线。针对我国实际情况，如何采用长直线，因地制宜，因公路等级而异，不宜定死，参照表 0-4-1。

表 0-4-1 直线最大和最小长度

计算行车速度 V(km/h)			120	100	80	60	40	30	20
直线最大长度 $20V$(m)			2 400	2 000	1 600	1 200	800	600	400
直线最小长度(m)	同向曲线间	一般值($6V$)	720	600	480	360	240	180	120
		特殊值($2.5V$)	—	—	—	—	100	75	50
	反向曲线间	一般值($2V$)	240	200	160	120	80	60	40
		特殊值	—	—	—	—	35	25	20

当采用长的直线线形时，为弥补景观单调之缺陷，可采取如下技术措施：

(1)长直线上的纵坡坡度不宜过大，因长直线再加上陡坡行驶更容易造成高速行驶，存在安全隐患。

(2)长直线与大半径凹形竖曲线组合为宜，这样可以使生硬呆板的直线得到一些缓和。

(3)道路两侧地形空旷时,宜采取种植不同树类或设置一定建筑物、雕塑、广告牌等措施,以改善单调的景观。

(4)长直线或长下坡尽头的平曲线,除曲线半径、超高、视距等必须符合规定外,还必须采取设置标志、增加路面抗滑能力等安全措施。

1.3.4 直线的最小长度

考虑到线形的连续和驾驶的方便,相邻两曲线之间应有一定的直线长度。这个直线长度是指前一曲线的终点到后一曲线起点之间的长度,对其最小值应有一定的要求。

(1)同向曲线间的直线最小长度(见表0-4-1)。互相通视的同向曲线间若插以短直线,容易产生把直线和两端曲线看成为反向曲线的错觉,造成驾驶员操作失误,在设计中这种情况应尽量避免。由于这种线形组合所产生的缺陷主要来自司机的错觉,所以要将两曲线拉开,也就是限制插入直线的最短长度,使同向曲线在司机的视觉以外。大量的观测资料证明,行车速度愈高,司机愈是注视远处的目标,这个距离在数值上大约是行车速度 V(km/h)的6倍(以m计),所以《公路路线设计规范》推荐同向曲线间的最小直线长度以不小于 $6V$ 为宜。

(2)反向曲线间的直线最小长度(见表0-4-1)。转向相反的两圆曲线之间,考虑到设置超高和加宽缓和段的需要,以及驾驶员转向的需要,应设置一定长度的直线。如果无缓和曲线,设置直线段最小长度以不小于行车速度的2倍为宜;若两反向曲线已设缓和曲线,在受到限制的地点,也可将两反向缓和曲线首尾相接。

1.4 圆曲线

1.4.1 圆曲线的特点

(1)任一点曲率半径为常数;

(2)较好适应地形,适用灵活;

(3)较大半径的长缓圆曲线线形美观、行车舒适;

(4)圆曲线上每一点都在不断改变方向,车辆受到离心力作用,比直线段多占用宽度;

(5)圆曲线半径较小时,驾驶员视线受到内侧路堑边坡或其他障碍物影响,视距条件差,半径过小,中心角过大,会影响行车安全。

1.4.2 圆曲线的半径

行驶在圆曲线上的汽车将受到离心力的作用,离心力的大小与曲线半径密切相关,半径愈小,离心力愈大,汽车行驶的稳定性愈差。所以,在选择圆曲线半径时,应尽可能选用较大的值,只有在地形或其他条件受到限制时,才使用较小的曲线半径。为了行车的安全与舒适,《公路工程技术标准》规定了圆曲线半径在不同情况下的最小值。

$$R = \frac{V^2}{127(\mu \pm i_h)} \tag{0-4-1}$$

式中 R——圆曲线的半径,m;

V——行车速度,km/h;

μ——横向力系数;

i_h——横向超高坡度。

在车速 V 一定的条件下,最小曲线半径 R_{min} 决定于容许的最大横向力系数 μ_{max} 和最大横向超高坡度 $i_{h_{max}}$。下面分别加以讨论。

1. 横向力系数 μ

横向力的存在对汽车产生种种不利的影响，μ 值越大越不利，主要表现在如下几个方面：

(1)危及行车安全。汽车能在弯道上行驶的基本前提是轮胎不在路面上滑移，这就要求横向力系数 μ 低于轮胎与路面之间的横向摩擦系数 F，即 $\mu \leq F$。

横向摩擦系数 F 与车速、路面及轮胎状况有关。一般在干燥路面上为 0.4 ~ 0.8；在潮湿路面上为 0.25 ~ 0.4；路面结冰或积雪时，降到 0.2 以下；在光滑的冰面上可降到 0.06。

(2)增加燃料消耗和轮胎磨损。横向力的存在，使汽车的燃料消耗和轮胎磨损增加，表 0-4-2是实测的增加百分比。

表 0-4-2　实测燃料消耗和轮胎磨损百分比

横向力系数 μ	0	0.05	0.10	0.15	0.20
燃料消耗(%)	100	105	110	115	120
轮胎磨损(%)	100	160	220	300	390

(3)增加驾驶操作的困难。弯道上行驶的汽车，在横向力的作用下，轮胎会产生横向变形，使轮胎的中间平面与轮迹前进方向形成一个横向偏移角，横向偏移角的存在增加了汽车在方向控制上的困难，特别是在高速行驶时，如果横向偏移角超过 5°，一般司机就不易保持驾驶方向上的稳定。

(4)乘客不舒适。若横向力系数 μ 值过大，在曲线半径小的弯道上司机要尽量大回转，容易离开车道而发生事故。另外，对司机和乘客来说，横向力系数 μ 值增大，就会感到不舒服。根据心理试验测试，乘客随 μ 值的变化其心理反应如下：当 $\mu > 0.4$ 时，非常不稳定，有倾车的危险性。

综上所述，μ 值的采用关系到行车的安全、经济与舒适，为计算圆曲线半径，应考虑各方面因素采用一个合适的 μ 值，研究结果表明，$\mu = 0.11 \sim 0.16$ 较为合适。

2. 横向超高坡度 i_h

设置超高是为了抵消部分离心力的作用，确定最大横向超高坡度时，除根据公路所在地气候条件外，还应考虑驾驶员和乘客的心理反应。在车速较高的情况下，为平衡离心力要用较大的超高，但道路上行驶车辆的速度并不一样，特别是在混合交通的道路上，不仅要照顾快车，也要考虑到慢车的安全，在个别情况下，因故（如前方路段冲坏、交通堵塞、交通事故等）暂停在弯道上的车辆，其离心力为零，如超高率过大，超出轮胎与路面间的横向摩擦系数，车辆有沿着路面最大合成坡度下滑的危险。因此，我国《公路工程技术标准》（JTG B01—2014）对最大超高有如下规定：一般地区，圆曲线最大超高值应采用 8%；积雪冰冻地区，最大超高值应采用 6%；以通行中、小型客车为主的高速公路和一级公路，最大超高值可采用 10%；城镇区域公路，最大超高值可采用 4%。

3. 最小半径的计算

(1)极限最小半径。根据以上叙述，横向力系数 $\mu = 0.11 \sim 0.16$，最大横向超高坡度，公路 $i_{h_{max}} = 0.1, 0.08, 0.06$，城市道路 $i_{h_{max}} = 0.06, 0.04, 0.02$，我国所规定的极限最小半径是考虑了我国的具体情况，并参照国外资料，取适当的最大横向力系数 μ_{max} 和最大横向超高

坡度 $i_{h_{max}}$ 进行计算,将其结果取整,归纳而得出的。极限最小半径是路线设计中的最小极限值,只有在特殊困难的条件下,不得已时才可以采用这一数值进行设计。

(2)一般最小半径。一般最小半径是指按计算行车速度行驶的车辆能保证其安全性和舒适性的最小半径,是通常情况下推荐采用的最小半径。它介于极限最小半径与不设超高的最小半径之间,其超高值随半径增大而减小。选用时,一方面要考虑旅客有充分的舒适感和安全感,另一方面也要注意到在地形比较复杂的情况下不会过多地增加工程量。

(3)不设超高的最小半径。所谓不设超高的最小半径,是指道路曲线半径较大,离心力较小时,汽车沿双向路拱外侧行驶的路面摩擦力足以保证汽车行驶安全稳定所采用的最小半径。这时路面上可以不设超高。对于行驶在曲线外侧车道上的车辆来说是"反超高",其横向超高坡度为负值,大小等于路拱横坡。从舒适角度考虑,此时 μ 的取值比极限最小半径所用的 μ 要小得多。

在表 0-4-3 中,列出了我国《公路工程技术标准》中规定的圆曲线最小半径。

表 0-4-3 公路圆曲线最小半径 (单位:m)

设计速度(km/h)		120	100	80	60	40	30	20
不同最大超高的最小半径(m)	10%	570	360	220	115	—	—	—
	8%	650	400	250	125	60	30	15
	6%	710	440	270	135	60	35	15
	4%	810	500	300	150	65	40	20
不设超高最小半径(m)	路拱≤2.0%	5 500	4 000	2 500	1 500	600	350	150
	路拱>2.0%	7 500	5 250	3 350	1 900	800	450	200

(4)圆曲线最大半径。如前所述,选用圆曲线半径时,在与地形等条件相适应的前提下,应尽可能采用大半径,但半径大到一定程度时,其几何性质与行车条件已与直线无太大区别,容易给驾驶员造成判断上的错误,反而带来不良的后果,我国《公路路线设计规范》(JTG D20—2006)规定圆曲线最大半径以不超过 9 000 m 为宜。

1.4.3 圆曲线半径的确定

圆曲线能较好适应地形变化,并可获得圆滑的线形,使用范围较广。圆曲线在适应地形的情况下,应尽量选用较大半径,具体应注意:

(1)一般情况下宜采用极限最小半径的 4~8 倍或 2%~4% 的圆曲线半径。

(2)地形条件受限制时,应采用大于或接近于一般最小半径的圆曲线半径。

(3)地形条件特别困难不得已时,方可采用极限最小半径。

(4)应同前后线形要素相协调,使之构成连续、均衡的曲线线形。

(5)应同纵面线形相配合,避免小半径曲线与陡坡相重叠。

(6)每个弯道半径值的确定,应根据实地的地形、地物、地质、人工构造物及其他条件的要求,用外矢距、切线长、曲线长、曲线上任意点线位、合成纵坡等控制条件反算,并结合标准综合确定。

1.5 缓和曲线

缓和曲线是设置在直线和圆曲线之间或半径相差较大的两个同向的圆曲线之间的一种曲率逐渐变化的曲线,是道路平面线形要素之一。我国《公路工程技术标准》规定,除四级公路可不设缓和曲线外,其余各级公路都应设置缓和曲线。在现代高速公路上,有时缓和曲线所占比例超过了直线和圆曲线,成为平面线形的主要组成部分,在城市道路上,缓和曲线也被广泛地使用,《城市道路设计规范》规定,当设计车速 $V \geqslant 40$ km/h 时,应按要求设置缓和曲线。

1.5.1　缓和曲线的作用

(1)曲率连续变化,便于车辆遵循。汽车在转弯行驶过程中,存在一条曲率连续变化的轨迹线,无论车速高低,这条轨迹线都是客观存在的,它的形式、长度与汽车构造、汽车行驶速度、司机转动方向盘的快慢等因素有关。在汽车低速行驶时,司机尚可利用路面的富余宽度把汽车保持在车道范围之内,缓和曲线似乎没有必要,但在高速行驶或曲率急变时,汽车有可能超越自己的车道而驶出一条很长的过渡性轨迹线,这种情况是绝对不允许的。因此,从安全的角度出发,有必要设置一条司机易于遵循的路线,这便是缓和曲线。同时,缓和曲线的设置不仅使线路顺畅,而且构成美观与视觉协调的最佳线形。

(2)离心加速度逐渐变化,旅客感到舒适。汽车在直线上行驶时,无离心力作用。在曲线上行驶时,要产生离心力,其大小与曲率半径成正比。汽车由直线驶入圆曲线或由圆曲线驶入直线时,由于曲率的突变而带来离心力的突变,对旅客产生侧向冲击力,使旅客有不舒适的感觉。所以,应设置缓和曲线以缓和离心加速度的变化。

(3)横向超高坡度逐渐变化,使得行车较平稳。行车道从直线过渡到圆曲线有两个显著变化:①由直线上的双坡断面变为圆曲线上的单坡断面;②由直线上的正常宽度变为圆曲线上的加宽宽度。上述两个变化要在缓和曲线段完成,缓和曲线可作为超高和加宽变化的过渡段,使横向超高坡度逐渐变化,避免车辆在行驶中左右摇摆。

(4)与圆曲线配合得当,保证线形美观。

1.5.2　回旋线作为缓和曲线

回旋线是线路设计中最常用的一种缓和曲线,我国设计标准规定缓和曲线尽可能采用回旋线,其数学定义为曲率随曲线长度成正比例增大的曲线,基本公式为:

$$rl = A^2 \tag{0-4-2}$$

式中　r——回旋线上某点的曲率半径,m;

l——回旋线上某点到原点的曲线长,m;

A——回旋线的参数。

A 值愈大,回旋线的弯曲程度愈缓,这种性质和圆曲线类似,圆曲线半径愈大,圆弧弯曲度愈平缓,整个圆也就变得愈大。所以,在回旋线中,A 值与圆曲线中的半径具有相同的作用和意义。

在回旋线的任意点上,r 是随 l 的变化而变化的,但任意点处的 rl 乘积始终为常数,在缓和曲线的终点处,$l = L_S$,$r = R$,则式(0-4-2)变为:

$$RL_S = A^2 \tag{0-4-3}$$

式中　R——回旋线所连接的圆曲线半径,m;

L_S——回旋线线形的缓和曲线长度,m。

利用上式可以解决两个问题:

(1)已知圆曲线半径 R 和缓和曲线长度 L_S,从而确定回旋线参数 A,则回旋线的形态便基本确定。

(2)按各种条件选择圆曲线半径 R 和回旋线参数 A,从而确定所需的缓和曲线长度 L_S。

1.5.3　缓和曲线的最小长度

由于汽车要在缓和曲线上完成不同曲率的过渡行驶,所以要求缓和曲线要有足够的长度,以使司机有足够的时间从容地打方向盘控制方向,使乘客感到舒适,使线形美观流畅。同时,圆曲线上的超高和加宽也要在缓和曲线段内完成。所以,应规定缓和曲线的最小长度。具体主要从以下几个方面来考虑:

(1)从控制离心加速度的变化率考虑。汽车由直线逐渐过渡到圆曲线,其离心加速度由直线上的零增加到进入圆曲线时的最大值,也就是说,汽车行驶在缓和曲线上,其离心加速度将随缓和曲线曲率的变化而变化,若离心加速度变化太快,旅客就会有不舒适的感觉。

缓和系数(离心加速度的变化率)为:

$$P = \frac{a}{t} = \frac{v^2/R}{L_S/v} = \frac{v^3}{L_S R} \tag{0-4-4}$$

式中 P——缓和系数,m/s^3,即离心加速度的变化率;

v——汽车行驶速度,m/s ;

R——圆曲线半径,m;

a——离心加速度,m/s^2;

t——汽车在缓和曲线上的行驶时间,s;

L_S——缓和曲线长,m。

对于缓和系数,世界各国取值都不一样,我国铁路比公路早,铁路上采用 $P \leqslant 0.3\ m/s^3$,在公路设计中,参考这一规定建议采用 $P \leqslant 0.6\ m/s^3$。则缓和曲线最小长度为:

$$L_S = 0.036\frac{V^3}{R} \tag{0-4-5}$$

式中 V——汽车行驶速度,km/h,注意和 v(m/s)单位的换算。

(2)超高渐变率(附加坡度)适中。一般情况下,圆曲线段内必须设置超高。这样,直线段上是正常的双向横坡断面,而圆曲线上为单向的超高断面,在直线与圆曲线相接处的横断面就出现了突变,这种突变必然影响行车的舒适性,且如果超高坡度较大,曲线外侧无法通车。因此,要求在直线与圆曲线之间设置过渡段,且有足够的长度,使路面从正常路拱逐渐过渡到单向横坡,以利于汽车舒适地从直线驶入圆曲线。

在超高过渡段上,路面外侧逐渐抬高,从而形成一个附加坡度。当圆曲线上的超高值一定时,这个附加坡度就取决于缓和段长,附加坡度(超高渐变率)太大、太小都不好。太大对行车不利,太小对排水不利,我国设计规范规定了适中的超高渐变率,由此可导出计算缓和段最小长度的计算公式为:

$$L = \frac{B\Delta_i}{p} \tag{0-4-6}$$

式中 B——道路超高横断面旋转轴至行车道外侧边缘的宽度,m;

Δ_i——超高横坡度与路拱坡度代数差;

p——超高渐变率,即旋转轴线与车行道外侧边缘线之间的相对坡度。

(3)行驶时间不能过短。如果缓和曲线长度过短,汽车在缓和段的行驶时间就短,司机驾驶操作将过于匆忙,有可能造成安全事故。因此,规定汽车在缓和曲线上的行驶时间一般不得小于 3 s,计算公式为:

$$L_S = vt = \frac{V}{3.6}t = \frac{3V}{3.6} = 0.83V(\text{m}) \tag{0-4-7}$$

式中 v——汽车行驶速度,m/s;

V——汽车行驶速度,km/h。

(4)综合考虑视觉条件和实践研究成果。当 $L_S = \frac{R}{9} \sim R$ 或 $A = \frac{R}{3} \sim R$ 时可使线形顺畅协调。

综合上述各种影响因素,《公路工程技术标准》制定了各级公路缓和曲线最小长度,见表0-4-4;《城市道路设计规范》制定了城市道路的最小缓和曲线长度,见表0-4-5。

表0-4-4 各级公路缓和曲线最小长度

公路等级	高速公路			一级公路			二级公路		三级公路		四级公路
设计车速(km/h)	120	100	80	100	80	60	80	60	40	30	20
L_S	100	85	70	85	70	50	70	50	35	25	20

表0-4-5 城市道路缓和曲线最小长度

设计车速(km/h)	80	60	50	40	30	20
L_S	70	50	45	35	25	20

1.5.4 缓和曲线参数 A 的确定

上面讨论的缓和曲线长度,是在条件受限制时的最小长度。在一般情况下,特别是当缓和圆曲线半径较大,车速较高时,应该使用更长的缓和曲线。现在道路的缓和曲线广泛采用回旋线,而回旋线曲率变化的缓急程度是以回旋线参数 $C = A^2 = RL_S$ 的形式表示的。A 值越大,回旋线的弯曲度越缓,回旋线的整体也越大。这和加大圆曲线半径,则圆弧弯曲度就平缓而整个圆曲线变形是相似的。因此,有必要对其参数的最小允许值作出规定。

(1)依据汽车在缓和曲线上的行驶确定参数 A。

由 $RL_S = A^2$ 和公式 $P = \frac{a}{t} = \frac{v^2/R}{L_S/v} = \frac{v^3}{L_S R}$ 得:

$$A^2 = \frac{v^3}{P}, A = \sqrt{\frac{0.021\,4}{P}}\sqrt{V^3} \tag{0-4-8}$$

根据 P 值来确定缓和曲线的参数 A。

(2)依行驶时间确定缓和曲线参数 A。从安全和心理角度出发,要求汽车在缓和曲线上行驶的最短时间为 t(s),汽车的速度保持匀速 v(m/s),则:

$$L_S = vt$$

所以 $A = \sqrt{RL_S} = \sqrt{Rvt} = \sqrt{R\frac{1}{3.6}Vt} = \sqrt{\frac{RVt}{3.6}}$

取 $t = 3$ s,则:

$$A = \sqrt{\frac{RV}{1.2}} \tag{0-4-9}$$

(3)根据视觉条件确定缓和曲线的参数 A。根据调查跟踪驾驶员的视觉发现,当缓和曲线角度小于3°时,曲线极不明显,在视觉上容易被忽视;当缓和曲线角度大于29°时,曲线过于弯曲,很难与相接的圆曲线顺接。保持缓和曲线角度 β 在3°~29°,就可以确定合适的 A 值。

因为 $$\beta_0 = 28.647\,9\frac{L_S}{R}$$

所以
$$L_S = \frac{R\beta_0}{28.6479}$$

由公式(0-4-3)的 $RL_S = A^2$ 知 $A = \sqrt{RL_S}$

则
$$A = \sqrt{RL_S} = R\sqrt{\frac{\beta_0}{28.6479}} \tag{0-4-10}$$

在回旋线终点,$\beta = \beta_0$,将 $\beta_0 = 3°$和 $\beta_0 = 29°$代入式(0-4-10),则有:

$$\frac{R}{3} \leqslant A \leqslant R$$

上述关系只适用于 R 在某种范围内。经验证明,当 R 在 100 m 左右时,通常 $A = R$;如果 $R < 100$ m,则选择 $A \geqslant R$;反之,在圆曲线较大时,可选择 A 在 $\frac{R}{3}$ 左右,如 $R >$ 3 000 m,即使 $A < \frac{R}{3}$,在视觉上也没有问题,如图 0-4-4 所示。

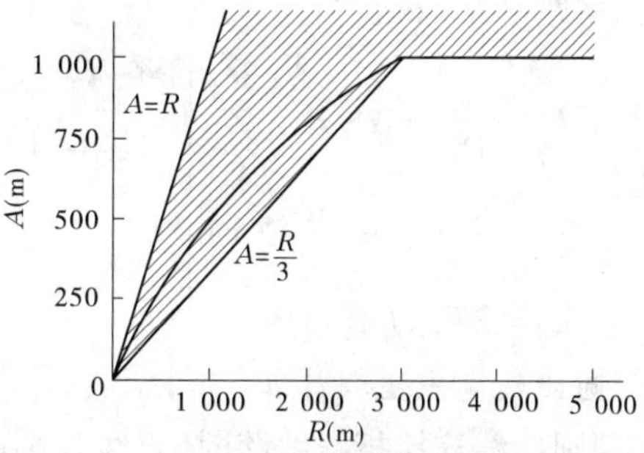

图 0-4-4 A 和 R 的关系

1.5.5 缓和曲线的省略

在直线和圆曲线之间设置了缓和曲线后,圆曲线在原来与直线相切的基础上产生了内移值 p。在缓和曲线长度一定的情况下,内移值 p 与圆曲线半径成反比。当 R 达到一定值时,内移值 p 很小。即使直线与圆曲线直接相连,汽车也能顺利地行驶。因为在圆曲线段加宽的路面中,已经包含了这个内移值。所以,我国规范规定,在下列情况下可不设缓和曲线:

(1)在直线与圆曲线间。《公路路线设计规范》规定,当圆曲线半径大于"不设超高的最小半径"时,可不设缓和曲线;四级公路可将直线和圆曲线直接相连,在圆曲线两端的直线上设置超高缓和段、加宽缓和段。

《城市道路设计规范》规定,当计算行车速度小于 40 km/h,可省略缓和曲线;大于 40 km/h,当圆曲线半径大于"不设缓和曲线的最小圆曲线半径"时,可省略缓和曲线。

(2)半径不同的同向圆曲线间缓和曲线的省略。当圆曲线半径大于"不设超高的最小半径"时,可省略缓和曲线。

2 中桩坐标计算

当路线由一个方向转到另一个方向时,必须用光滑曲线进行连接。曲线类型很多,其中圆曲线是最基本的一种平面曲线,其实质是一段半径为定值的圆弧。圆曲线线路坐标的计算过程主要分为以下四个方面:曲线要素计算,圆曲线主点里程计算,中线点独立坐标计算,中线点线路坐标计算及边桩坐标计算。综合曲线是由圆曲线和缓和曲线组成的曲线,而缓和曲线是在线路直线和圆曲线之间介入的一段过渡曲线,其半径是由∞渐变至圆曲线半径 R 。

2.1 圆曲线中桩坐标计算

2.1.1 圆曲线要素计算

两相邻直线线路的转向角为线路偏角 α ,分为左折和右折两种情况。当设计人员在数字地形图上设计线路时，偏角 α 可以直接查得；而对于曲线桥梁段或曲线隧道段的偏角 α，则需要实测得到。连接圆曲线的半径为 R，是在设计中根据线路的等级及现场地形条件等因素选定的，由设计人员所提供。

另外，还有四个曲线要素需要计算得到，分别是切线长 T、曲线长 L、外矢距 E 和切曲差（两倍切线长和曲线长之差）q。

道路圆曲线如图 0-4-5 所示。

计算公式如下：

$$\left.\begin{aligned} T &= R \cdot \tan\frac{\alpha}{2} \\ L &= \frac{\pi}{180}\cdot\alpha\cdot R \\ E &= R\cdot\left(\sec\frac{\alpha}{2}-1\right) \\ q &= 2T - L \end{aligned}\right\} \tag{0-4-11}$$

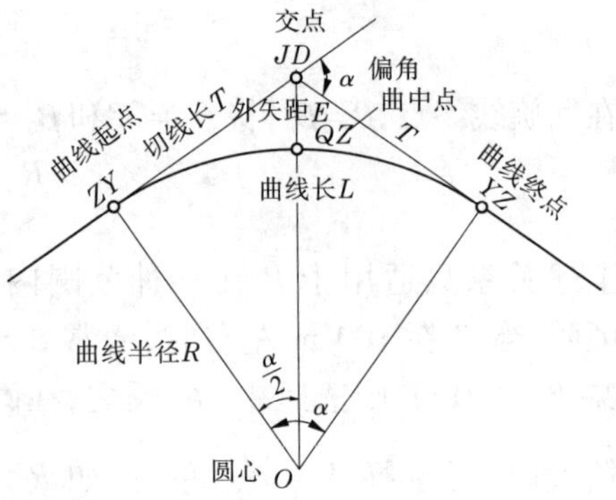

图 0-4-5　道路圆曲线

2.1.2　圆曲线主点里程计算

在用圆曲线连接折线线路时，直线与圆曲线的交点称为直圆点 ZY，圆曲线与直线段的交点称为圆直点 YZ，圆曲线的中点称为曲中点 QZ，这三个点叫作圆曲线的主点。

交点 JD 的里程是由设计人员提供的，为设计值。若用 K_{JD} 来表示交点 JD 的里程，用 K_{ZY} 来表示直圆点 ZY 的里程，用 K_{YZ} 来表示圆直点 YZ 的里程，用 K_{QZ} 来表示曲中点 QZ 的里程，则

$$\left.\begin{aligned} K_{ZY} &= K_{JD} - T \\ K_{YZ} &= K_{ZY} + L \\ K_{QZ} &= K_{YZ} - \frac{L}{2} \end{aligned}\right\} \tag{0-4-12}$$

2.1.3　圆曲线中线点独立坐标计算

以 ZY 点（或 YZ 点）为坐标原点 o'（或 o''），通过 ZY 点（或 YZ 点）并指向交点 JD 的切线方向为 x' 轴（或 x'' 轴）正向，过 ZY 点（或 YZ 点）且指向圆心方向为 y' 轴（或 y'' 轴）正向，分别建立两个独立的直角坐标系 $x'o'y'$（或 $x''o''y''$），如图 0-4-6 所示。其中坐标系 $x'o'y'$ 对应于圆曲线 $ZY \sim QZ$ 段；坐标系 $x''o''y''$ 对应于圆曲线 $YZ \sim QZ$ 段。

对于 $ZY \sim QZ$ 段上任意一点 i，若要求其在 $x'o'y'$ 中的坐标，设其在线路中的里程桩号为 K_i，则 ZY 点至 i 点的弧长 L_i 为

$$L_i = K_i - K_{ZY} \tag{0-4-13}$$

则其对应的圆心角 φ_i，x_i，y_i 为

$$\left.\begin{aligned} \varphi_i &= \frac{L_i}{R}\cdot\frac{180}{\pi} \\ x_i &= R\cdot\sin\varphi_i \\ y_i &= R(1-\cos\varphi_i) \end{aligned}\right\} \tag{0-4-14}$$

$x''o''y''$ 坐标系中，圆曲线 $YZ \sim QZ$ 段上任意一点的独立坐标计算公式同式（0-4-14），但

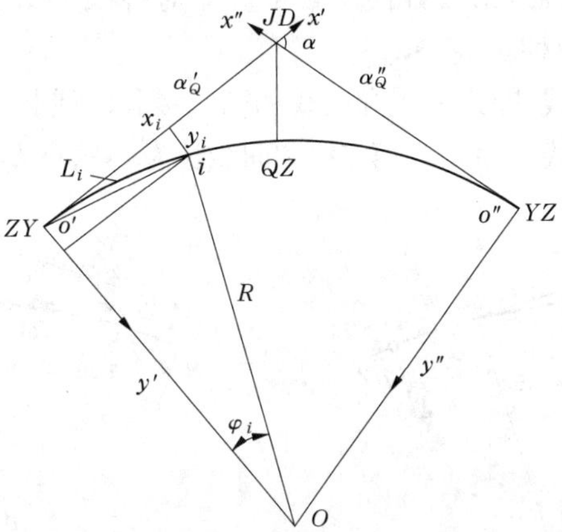

图 0-4-6 圆曲线独立坐标系建立

需要注意的是,弧长 L_i 的计算公式不能再用式(0-4-13),而应该用式(0-4-15)计算。

$$L_i = K_{YZ} - K_i \tag{0-4-15}$$

2.1.4 圆曲线中线点线路坐标计算

设 JD 的线路坐标为 (X_{JD}, Y_{JD}) ,ZY 点到 JD 点的线路坐标方位角为 α'_Q ,YZ 点到 JD 的线路坐标方位角为 α''_Q ,则可以分别求得 ZY 点、YZ 点的线路坐标为

$$\left.\begin{aligned} X_{ZY} &= X_{JD} - T \cdot \cos\alpha'_Q \\ Y_{ZY} &= Y_{JD} - T \cdot \sin\alpha'_Q \\ X_{YZ} &= X_{JD} - T \cdot \cos\alpha''_Q \\ Y_{YZ} &= Y_{JD} - T \cdot \sin\alpha''_Q \end{aligned}\right\} \tag{0-4-16}$$

利用施工控制网的坐标系统及坐标换算中的公式,即可把 $ZY \sim QZ$ 段线路上 $x'o'y'$ 坐标系中任意一点 i 的独立坐标 (x_i, y_i) 转换为线路坐标 (X_i, Y_i) ,即

$$\left.\begin{aligned} X_i &= X_{ZY} + x_i \cdot \cos\alpha'_Q - y_i \cdot \sin\alpha'_Q \\ Y_i &= Y_{ZY} + x_i \cdot \sin\alpha'_Q + y_i \cdot \cos\alpha'_Q \end{aligned}\right\} \tag{0-4-17}$$

利用施工控制网的坐标系统及坐标换算中的公式,即可把 $YZ \sim QZ$ 段线路上 $x''o''y''$ 坐标系中任意一点 i 的独立坐标 (x_i, y_i) 转换为线路坐标 (X_i, Y_i) ,即

$$\left.\begin{aligned} X_i &= X_{YZ} + x_i \cdot \cos\alpha''_Q + y_i \cdot \sin\alpha''_Q \\ Y_i &= Y_{YZ} + x_i \cdot \sin\alpha''_Q - y_i \cdot \cos\alpha''_Q \end{aligned}\right\} \tag{0-4-18}$$

需要说明的是,式(0-4-17)和式(0-4-18)均是以线路偏角 α 为右折角的情况推导出来的。当线路偏角 α 为左折角时,只需要用“ $-y_i$ ”代替“ y_i ”即可。

2.2 综合曲线线路坐标计算

2.2.1 缓和曲线的引入

在圆曲线两端引入缓和曲线后,则形成了综合曲线。

在以往综合曲线设计时,往往把两端的缓和曲线设计成完全对称的曲线,即第一缓和曲线和第二缓和曲线起点处(ZH 或 HZ)的半径为∞,圆曲线半径为 R ,第一缓和曲线长和第二缓和曲线长均等于 L_S ,称为完全对称综合曲线,如图 0-4-7 所示。

而目前道路线形设计中已开始使用非对称型综合曲线,特别是在互通式立交匝道和山

区高速公路线形设计中,这种线形设计使用较多。非对称线形又分为完全非对称综合曲线和非完全非对称综合曲线两种。

所谓完全非对称综合曲线,即第一缓和曲线和第二缓和曲线起点处(ZH 或 HZ)的半径为 ∞ ,圆半径为 R ,第一缓和曲线长为 L_{S1} ,第二缓和曲线长为 L_{S2} ,且 $L_{S1} \neq L_{S2}$,如图 0-4-8 所示。

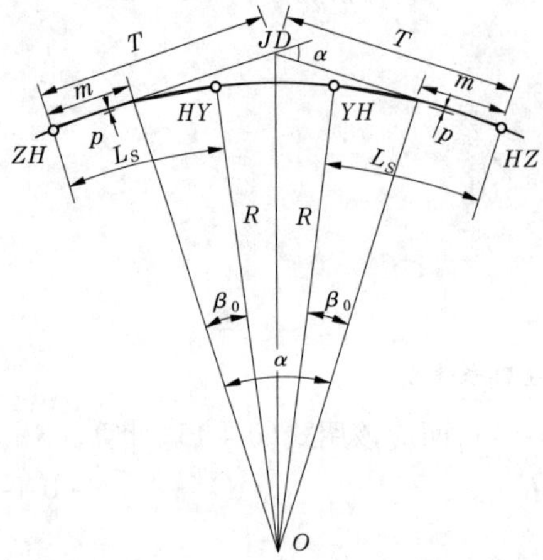

图 0-4-7　完全对称综合曲线

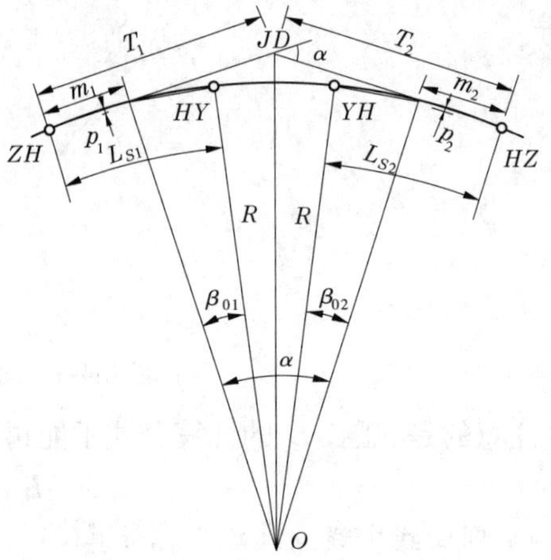

图 0-4-8　完全非对称综合曲线

所谓非完全非对称综合曲线,即第一缓和曲线和第二缓和曲线起点处的半径不是 ∞ ,而分别是 R_1、R_2 。

由于完全对称综合曲线实质上是 $L_{S1} = L_{S2} = L_S$,仅仅是完全非对称综合曲线的一个特例,故下面均以完全非对称综合曲线为例进行讲述。

2.2.2　缓和曲线常数确定

缓和曲线的介入如图 0-4-9 所示,原来的圆曲线保持半径 R 不变,而向内侧平移,在垂直于切线方向上移动的距离为 p ;整个曲线的起点和终点沿切线方向在圆曲线外各延伸了一段距离 m ,原来圆曲线的两端长各为约 $\frac{L_S}{2}$ 的一段(圆心角为 β_0)均为缓和曲线所代替。故缓和曲线大约有一半在原圆曲线范围内,而另一半在原直线范围内。

缓和曲线的夹角为 β_0 ,曲线的内移量 p 和切线延伸量 m 是确定缓和曲线与直线和圆曲线连接的主要数据,称为缓和曲线的常数。缓和曲线常数的几何含义如图 0-4-9 所示。

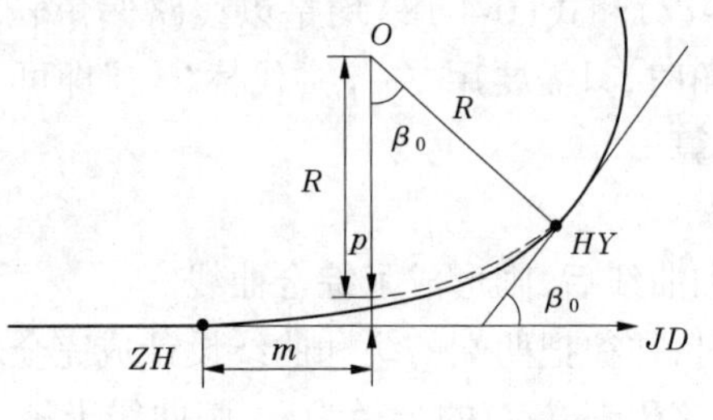

图 0-4-9　缓和曲线常数的几何含义

过缓和曲线上任意一点 i 作切线，设其与综合曲线切线之间的夹角为 β_i（见图0-4-10），则：

$$\beta_i = \frac{L_i^2}{2RL_S} \cdot \frac{180}{\pi} \tag{0-4-19}$$

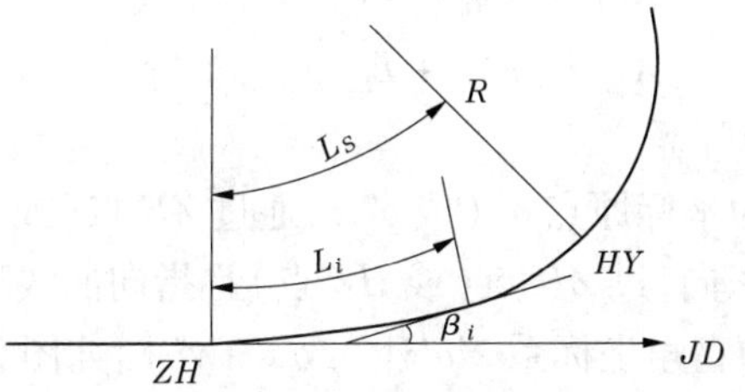

图0-4-10 β_i 几何含义

因为缓和曲线的夹角为 β_0，实质上也是过缓和曲线终点的切线与综合曲线切线之间的夹角，其对应的缓和曲线长为 L_S，则：

$$\beta_0 = \frac{L_S}{2R} \cdot \frac{180}{\pi} \tag{0-4-20}$$

p,m 可按下式计算：

$$\left.\begin{aligned} p &= \frac{L_S^2}{24R} \cdot \frac{L_S^4}{2\,688R^3} \\ m &= \frac{L_S}{2} \cdot \frac{L_S^3}{240R^2} \end{aligned}\right\} \tag{0-4-21}$$

把第一缓和曲线长 L_{S1}、第二缓和曲线长 L_{S2} 分别代入式(0-4-20)、式(0-4-21)，即可分别求出两侧缓和曲线的常数 β_{01},p_1,m_1，β_{02},p_2,m_2。

2.2.3 综合曲线要素计算

综合曲线要素主要有圆曲线半径 R，线路偏角 α，第一缓和曲线长 L_{S1}，第二缓和曲线长 L_{S2}，第一切线长 T_1、第二切线长 T_2，曲线长 L。其中待求的有 T_1,T_2,L。下面不加推导给出公式：

第一切线长 T_1、第二切线长 T_2 的计算公式为

$$\left.\begin{aligned} T_1 &= m_1 + \frac{R + p_2(R + p_1)\cos\alpha}{\sin\alpha} \\ T_2 &= m_2 + \frac{R + p_1(R + p_2)\cos\alpha}{\sin\alpha} \end{aligned}\right\} \tag{0-4-22}$$

曲线长 L 的计算公式为

$$L = \frac{R(\alpha\ \beta_{01}\ \beta_{02})\pi}{180} + L_{S1} + L_{S2} \tag{0-4-23}$$

2.2.4 综合曲线主点里程计算

综合曲线有四个主要点（见图0-4-11）：直缓点 ZH（综合曲线的起点），缓圆点 HY，圆缓点 YH 和缓直点 HZ（综合曲线终点）。

交点 JD 的里程是由设计人员提供的，为设计值。若用 K_{JD} 来表示交点 JD 的里程，用 K_{ZH} 来表示直缓点 ZH 的里程，用 K_{HY} 来表示缓圆点 HY 的里程，用 K_{YH} 来表示圆缓点 YH 的

里程，用 K_{HZ} 来表示缓直点 HZ 的里程，则

$$\left.\begin{aligned} K_{ZH} &= K_{JD} - T_1 \\ K_{HY} &= K_{ZH} + L_{S1} \\ K_{YH} &= K_{HY} + (L - L_{S1} - L_{S2}) \\ K_{HZ} &= K_{YH} + L_{S2} \end{aligned}\right\} \tag{0-4-24}$$

2.2.5　综合曲线独立坐标计算

以 ZH 点（或 HZ 点）为坐标原点 o'（或 o''），通过 ZH 点（或 HZ 点）并指向交点 JD 的切线方向为 x' 轴（或 x'' 轴）正向，过 ZH 点（或 HZ 点）且指向曲线弯曲方向为 y' 轴（或 y'' 轴）正向，分别建立两个独立的直角坐标系 $x'o'y'$（或 $x''o''y''$），如图 0-4-11 所示。

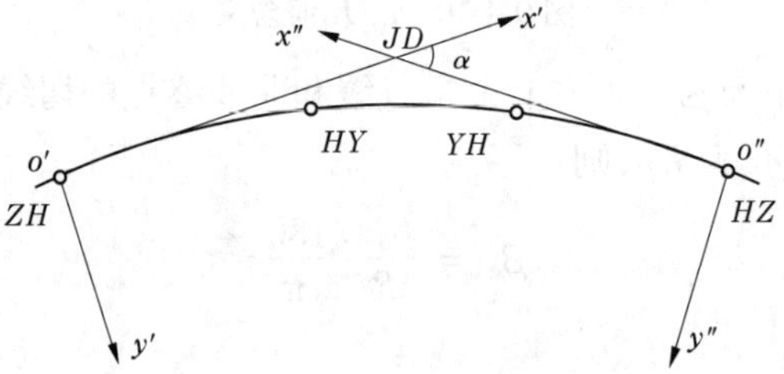

图 0-4-11　综合曲线独立坐标系建立

坐标系 $x'o'y'$ 对应于综合曲线 $ZH \sim YH$ 段；坐标系 $x''o''y''$ 对应于综合曲线 $HZ \sim HY$ 段，其中圆曲线部分既可以在 $x'o'y'$ 坐标系中计算，也可以在 $x''o''y''$ 坐标系中计算。

1. 缓和曲线段独立坐标计算

在 $x'o'y'$ 坐标系中，若要求 $ZH \sim HY$ 段上任意一点 i 的坐标，设其在线路中的里程桩号为 K_i，则 ZH 点至 i 点的弧长 L_i 为

$$L_i = K_i - K_{ZH} \tag{0-4-25}$$

这里不加推导地给出缓和曲线段独立坐标的计算公式为

$$\left.\begin{aligned} x_i &= L_i - \frac{L_i^5}{40R^2L_{S1}^2} + \frac{L_i^9}{3\,456R^4L_{S1}^4} \\ y_i &= \frac{L_i^3}{6RL_{S1}} - \frac{L_i^7}{336R^3L_{S1}^3} + \frac{L_i^{11}}{42\,240R^5L_{S1}^5} \end{aligned}\right\} \tag{0-4-26}$$

在 $x''o''y''$ 坐标系中，$HZ \sim YH$ 段上任意一点的独立坐标计算公式同式(0-4-26)，但需要把式中的 L_{S1} 用 L_{S2} 来代替，且 HZ 点至 i 点的弧长 L_i 计算公式改为

$$L_i = K_{HZ} - K_i \tag{0-4-27}$$

2. 圆曲线段独立坐标计算

在 $x'o'y'$ 坐标系中，若要求圆曲线段（$HY \sim YH$ 段）上任意一点 i 的坐标，由图 0-4-12 可以看出，

$$\left.\begin{aligned} x_i &= m_1 + R\sin\varphi_i \\ y_i &= p_1 + R(1 - \cos\varphi_i) \end{aligned}\right\} \tag{0-4-28}$$

其中：

$$\varphi_i = \beta_{01} + \frac{L_iL_{S1}}{R} \cdot \frac{180}{\pi} = \frac{L_i \times 0.5L_{S1}}{R} \cdot \frac{180}{\pi} \tag{0-4-29}$$

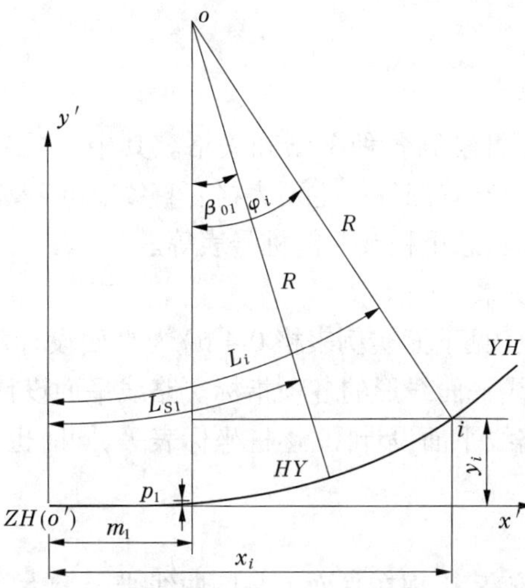

图 0-4-12 缓和曲线点独立坐标计算

$$L_i = K_i - K_{ZH} \tag{0-4-30}$$

若要在 $x''o''y''$ 坐标系中来计算圆曲线段上任意一点 i 的坐标，仍可以用式(0-4-28)和式(0-4-29)，但需要把 m_1，p_1，L_{S1}，β_{01} 换成 m_2，p_2，L_{S2}，β_{02}。另外，弧长 L_i 应采用式(0-4-27)计算。

3. 综合曲线上线路坐标计算

设 JD 的线路坐标为 (X_{JD}, Y_{JD})，ZH 点到 JD 点的线路坐标方位角为 α_{ZH}，HZ 点到 JD 的线路坐标方位角为 α_{HZ}，则可以分别求得 ZH 点、HZ 点的线路坐标为

$$\left.\begin{aligned} X_{ZH} &= X_{JD} - T_1 \cdot \cos\alpha_{ZH} \\ Y_{ZH} &= Y_{JD} - T_1 \cdot \sin\alpha_{ZH} \\ X_{HZ} &= X_{JD} - T_2 \cdot \cos\alpha_{HZ} \\ Y_{HZ} &= Y_{JD} - T_2 \cdot \sin\alpha_{HZ} \end{aligned}\right\} \tag{0-4-31}$$

利用施工控制网的坐标系统及坐标换算公式，即可把综合曲线 $ZH \sim YH$ 段上 $x'o'y'$ 坐标系中任意一点 i 的独立坐标 (x_i, y_i) 转换为线路坐标 (X_i, Y_i)，即

$$\left.\begin{aligned} X_i &= X_{ZH} + x_i \cdot \cos\alpha_{ZH} - y_i \cdot \sin\alpha_{ZH} \\ Y_i &= Y_{ZH} + x_i \cdot \sin\alpha_{ZH} + y_i \cdot \cos\alpha_{ZH} \end{aligned}\right\} \tag{0-4-32}$$

利用施工控制网的坐标系统及坐标换算公式，即可把综合曲线 $HY \sim HZ$ 段上 $x''o''y''$ 坐标系中任意一点 i 的独立坐标 (x_i, y_i) 转换为线路坐标 (X_i, Y_i)，即

$$\left.\begin{aligned} X_i &= X_{HZ} + x_i \cdot \cos\alpha_{HZ} + y_i \cdot \sin\alpha_{HZ} \\ Y_i &= Y_{HZ} + x_i \cdot \sin\alpha_{HZ} - y_i \cdot \cos\alpha_{HZ} \end{aligned}\right\} \tag{0-4-33}$$

需要说明的是，式(0-4-32)和式(0-4-33)均是以线路偏角 α 为右折角的情况推导出来的。当线路偏角 α 为左折角时，只需要用“$-y_i$”代替“y_i”即可。

3 平面设计成果编制

3.1 道路平面线形设计成果

完成路线平面设计后,即可绘制各种图纸和表格。其中,主要的图纸有路线平面设计图、路线交叉设计图、道路平面布置图等。主要表格有直线、曲线及转角一览表、路线交点坐标表、逐桩坐标表、路线固定表、总里程及断链桩号表等。

3.1.1 直线、曲线及转角一览表

直线、曲线及转角一览表(见下面实例表格0-4-6)为平面设计的主要成果之一,它全面反映了路线的平面位置和路线平面线形的各项指标。路线平面设计只有根据这一成果才能进行后面的一系列设计,如路线平面设计图、逐桩坐标表等,同时也为路线纵断面设计、横断面设计提供设计依据。

3.1.2 逐桩坐标表

高等级公路的线形指标较高,表现在平面上是圆曲线半径较大,缓和曲线较长,在测设和放样时需采用坐标法,方能保证其测量精度,所以计算一份"逐桩坐标表"是十分必要的。

坐标系统的采用:根据测区内原坐标系统,一般可作如下几种选择:

(1)采用统一的高斯正投影3°带平面直角坐标系统。

(2)采用高斯正投影3°带或任意带平面直角坐标系统,投影面可采用1985年国家高程基准、测区抵偿高程面或平均高程面。

(3)三级和三级以下公路、独立桥梁、隧道及其他构造物等小测区,可不经投影,采用直角坐标系在平面上直接计算。

(4)在已有平面控制网的地区,应尽量沿用原有的坐标系统,如精度不合要求,也应充分利用其点位,选用其中一点的坐标及含此点的方位角,作为平面控制的计算依据。

3.1.3 中桩坐标的计算

"逐桩坐标"即各个中桩的坐标,其计算和测量的方法是按"从整体到局部"的原则进行的。其步骤如下:

(1)计算导线坐标。采用两阶段勘测设计的公路或一阶段设计但遇地形困难的路段,一般要先做平面控制测量,而路线的平面控制测量可采用导线测量或GPS的测量方法。导线测量的方法,有经纬仪法、光电测距仪法和全站仪法。其中全站仪法可以直接读取导线点的坐标,其他方法可以在测得各边边长及其夹角后,用坐标增量法逐点推算其坐标。用GPS定位技术观测,可在测站之间不通视的情况下,高精度、高效率地获得测点的三维坐标,这是公路勘测中作控制测量的发展方向。

(2)计算交点坐标。当导线点的精度满足要求并经过平差以后,即可展绘在图纸上测绘地形图(纸上定线),或以导线点为依据在现场直接测得路线各交点的坐标(直接定线)。纸上定线的交点坐标可以在图纸上量取,而直接定线的交点坐标若是用全站仪测量也可以很方便地获得。

(3)计算各中桩坐标。可先计算直线和圆曲线主要点坐标,然后计算缓和曲线、圆曲线上每一个中桩的坐标。

表 0-4-6　直线、曲线及转角一览表(实例表格)

交点号	交点桩号	交点间距(m)	曲线间直线长(m)	交点转角	曲线要素表(m)					曲线主点桩号					备注
					半径 R(m)	切线长 T_1(m) T_2(m)	缓和曲线长 L_{S1}(m) L_{S2}(m)	曲线总长 L(m)	外矢距 E(m)	第一缓和曲线起点 ZH	第一缓和曲线终点或圆曲线起点 HY(ZY)	圆曲线中点 QZ	第二缓和曲线起点或圆曲线终点 YH(YZ)	第二缓和曲线终点 HZ	
JD_0	K0 +000														
		188.426	158.190												
JD_1	K0 +188.426			24°51′42″(Y)	137.167	30.235		59.519	3.293		K0 +158.190	K0 +187.950	K0 +217.709		
		57.491	0.353												
JD_2	K0 +244.965			28°52′17.9″(Z)	104.508	26.903		52.662	3.407		K0 +218.062	K0 +244.393	K0 +270.724		
		77.837	25.220												
JD_3	K0 +321.658			37°02′45.1″(Y)	76.748	25.714		49.623	4.193		K0 +295.944	K0 +320.756	K0 +345.567		
		64.787	6.245												
JD_4	K0 +384.640			30°47′38.6″(Z)	119.204	32.828		64.067	4.438		K0 +351.813	K0 +383.846	K0 +415.880		
		105.381	59.544												
JD_5	K0 +488.433			29°44′35.4″(Y)	48.988	13.009		25.431	1.698		K0 +475.424	K0 +488.139	K0 +500.854		
		20.799	3.888												
JD_6	K0 +508.645			51°06′03.6″(Z)	8.165	3.903		7.282	0.885		K0 +504.742	K0 +508.383	K0 +512.024		
		87.025	62.624												
JD_7	K0 +595.145			15°58′02.4″(Y)	146.148	20.497		40.729	1.430		K0 +574.648	K0 +595.012	K0 +615.377		
		78.458	48.166												

3.2　公路路线平面设计图

路线平面设计图是道路设计文件的重要组成部分，它清晰地反映了道路路面位置和经过地区的地形与地物等，是设计人员设计意图的重要体现，路线平面设计图对上级主管部门审批、专家评议、指导施工、定线等均有重要作用。

3.2.1　平面图的比例尺和测绘范围

公路路线平面图是指包括道路中线在内的有一定宽度的带状地形图。路线带状地形图的测绘宽度一般为中线两侧各 200 ~ 400 m，对 1∶5 000 的地形图，测绘宽度每侧应不小于 250 m。采用的比例尺有以下几种情况：

(1)可行性研究或初步设计阶段的方案与比选，可采用 1∶50 000 或 1∶10 000 的比例尺测绘。

(2)初步设计、施工图设计的设计文件，一般常用的是 1∶2 000，在平原微丘区可用 1∶5 000的比例尺。

(3)在地形特别复杂地段的初步设计、施工图设计时，可用 1∶500 或 1∶1 000 的比例尺。

3.2.2　路线平面图的内容及绘制方法

(1)导线及道路中线的展绘。在展绘导线及中线以前，首先绘出坐标方格网，坐标方格网尺寸采用 5 cm 或 10 cm，然后按导线点(或交点)坐标 X、Y 精确地点绘在相应的位置上。每张导线图展绘完毕后，用三棱尺逐点复核各点间距，再用半圆仪校核每个角度是否与计算相符。复核无误后，再按“逐桩坐标表”所提供的数据展绘曲线，并注明各曲线主要点及公里桩、百米桩、断链桩的位置。对导线点、交点逐个编号，注明路线在本张图中的起点和终点里程等。路线一律按前进方向从左至右画，在每张图的拼接处画出接线图，在图的右上角注明共几张，本张是第几张。

(2)控制点的展绘。各种比例尺的地形图均应展绘出各等级的三角点、导线点、图根点、水准点等，并按规定的符号表示。

(3)各种构造物的测绘。在图纸上应测绘出各种建筑物、构筑物及其主要附属设施。对各种线形地物(如管线、高低压电线等)，应实测其支架或线杆的位置。对穿越路线的高压线，应实测其悬垂线距地面的高度，并注明是多少千伏线路。地下管线应详细测定其位置。道路及其附属物应按实际形状测绘。公路交叉口应注明每条公路的走向。铁路应注明轨面标高，涵洞应注明洞底标高等。

3.2.3　水系及其附属物的测绘

要准确测绘和注明海洋、湖泊、河流、水渠、池塘、堤坝、水井等的位置与高程。对于河流和水沟要注明水的流向。

3.2.4　地形图样式的采用

地形、地貌、植被、不良地质地带等均应详细测绘，并用等高线和国家测绘局制定的“地形图图式”符号注明。

3.3　城市道路平面设计图

3.3.1　绘图比例尺和测绘范围

城市道路相对于公路而言，其长度较短，而宽度较宽，在绘图比例尺的选择上，一般比公路大，可采用 1∶500 ~ 1∶1 000 的比例尺。绘图的范围视道路等级而定，等级高的应大些，等级低的应小些。通常取道路两侧红线以外 20 ~ 50 m，或中线两侧各 50 ~ 150 m，特殊情况除外。

3.3.2　城市道路平面设计图的内容及绘制方法

城市道路的导线、中线及路线两侧的地形、地物、水系、植被等的绘制方法与公路基本相同。下面主要介绍城市道路中各种设施的绘制方法。

1. 规划红线

道路红线是道路用地与城市其他用地的分界线,红线之间的宽度也就是道路的总宽度,所以当道路的中线画出之后,则应按城市道路的规划宽度画出道路红线,如果有远期红线规划或近期红线规划,都应绘出并注明。

2. 坡口、坡脚线

在山岭或重丘地区,新建道路由于原地面高低起伏必然有填有挖,填方路段在平面图中应画出路基的坡脚线,挖方路段应画出路基的坡口线。在路基横断面图上,量出坡口或坡脚至中线的距离,并点绘在平面图中相应桩号的横断面线上(左右两侧),然后用平滑曲线分别将坡口点、坡脚点顺序连接,最后画出示坡线。

3. 车道线

车道线是城市道路平面设计图的重要内容。在路幅宽度内,有机动车道、非机动车道,在机动车道中还分快车道、慢车道等。各种车道线的位置、宽度要一一画在平面图中。车道的曲线部分应按设计的圆曲线半径、缓和曲线长度绘制,各车道之间的分隔带、路缘带等也应绘出。

4. 人行道、人行横道线和交通岛

按设计绘制人行道、人行横道线和交通岛的实际位置。

5. 地上、地下管线和排水设施

按设计绘制出各处地上、地下管线的走向和位置,雨水进水口、窨井、排水沟等都应在图中标出。必要时,还需另绘排水管线平面图纸。

6. 交叉口

平面交叉口、立体交叉口虽然有专门的交叉口设计图纸,但在平面设计图中也应详细注明交叉口的各路去向、交叉角度、曲线元素及路缘石转弯半径等。

3.3.3　城市道路平面设计图图式

平面设计图主要有两种图式:一种是直接在地形图上所作的平面布置图,红线以内和红线以外的地形地物一律保留;另一种是只绘红线以外的地形地物,红线以内只绘车道线和道路上的各种设施而不绘地形地物。两种图各有优缺点:前者可以看出设计人员是如何处理道路与地形地物之间关系的(包括拆迁情况),一般用在方案研究与初步设计中;后者则可更清晰地表现道路上各种设施的位置与尺寸,一般用在技术设计中。各种设施的位置与尺寸,一般用在技术设计中。

公路路线平面设计图如图 0-4-13 所示,城市道路平面设计图如图 0-4-14 所示。

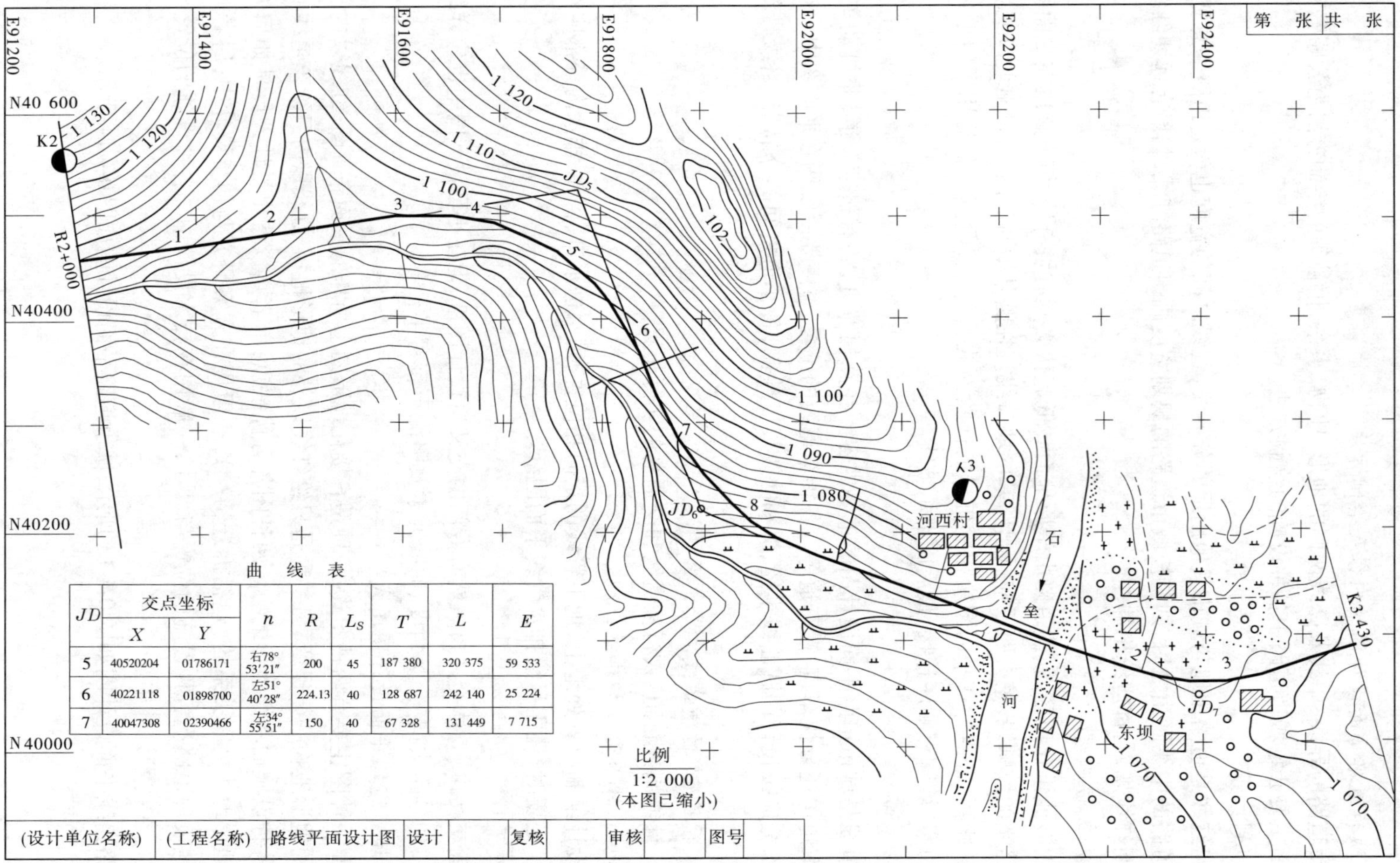

曲线表

JD	交点坐标 X	交点坐标 Y	n	R	L_S	T	L	E
5	40520204	01786171	右78° 53′21″	200	45	187 380	320 375	59 533
6	40221118	01898700	左51° 40′28″	224.13	40	128 687	242 140	25 224
7	40047308	02390466	左34° 55′51″	150	40	67 328	131 449	7 715

(设计单位名称)	(工程名称)	路线平面设计图	设计		复核	审核	图号

图 0-4-13 公路路线平面设计图

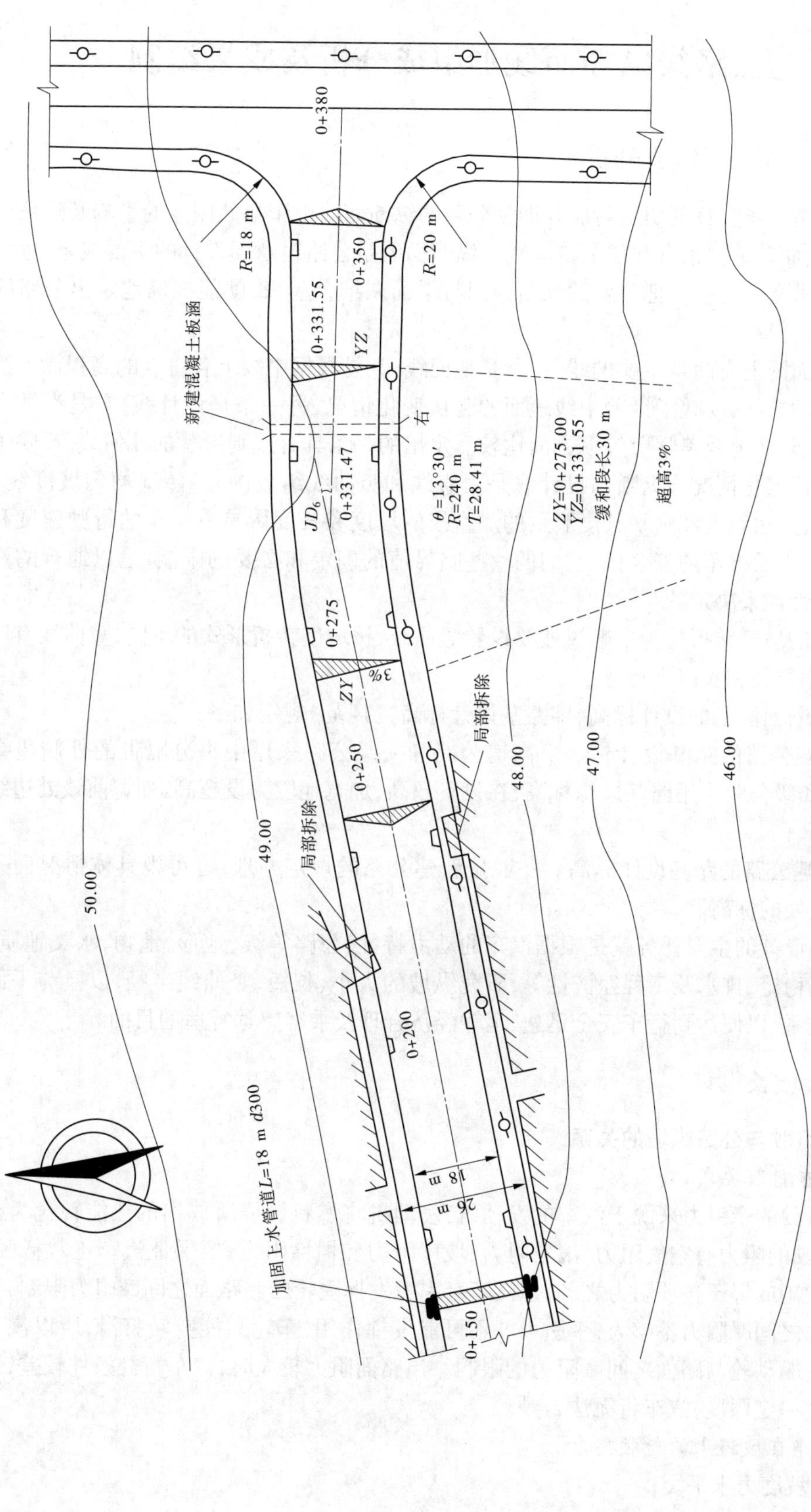

图 0-4-14　城市道路平面设计图

五、路线纵断面线形组成分析及成果编制

1　路线纵断面线形组成分析

沿着公路中线竖直剖切然后展开即为公路的纵断面。由于自然因素的影响及经济性要求，路线纵断面总是一条有起伏的空间线。纵断面图是公路纵断面设计的主要成果，也是公路设计的技术文件之一。把公路的纵断面图与平面图结合起来，就能准确地定出公路的空间位置。

在纵断面图上有两条主要的线：一条是地面线，它是根据中线上各桩点的高程而点绘的一条不规则的折线，反映了沿着中线地面的起伏变化情况；另一条是设计线，它是设计人员经过技术上、经济上及美学上等多方面比较后定出的一条具有规则形状的几何线，反映了公路路线的起伏变化情况。纵断面设计线是由直线和竖曲线组成的。直线(均匀坡度线)有上坡和下坡，是用坡度和水平长度表示的。直线的坡度和长度影响着汽车的行驶速度和运输的经济性，以及行车的安全性，它们的一些临界值的确定和必要的限制，是以通行的汽车类型及行驶性能来决定的。

在直线的坡度转折处为平顺过渡要设置竖曲线，按坡度转折形式的不同，竖曲线有凹有凸，其大小用半径和长度表示。

路线纵断面图上的设计标高，即路基设计标高，《规范》规定如下：

(1)新建公路的路基设计标高。高速公路和一级公路采用中央分隔带的外侧边缘标高；二、三、四级公路采用路基边缘标高，在设置超高、加宽地段为设超高、加宽前该处边缘标高。

(2)改建公路的路基设计标高。一般按新建公路的规定办理，也可视具体情况而采用行车道中线处的标高。

纵断面设计的主要任务就是根据汽车的动力特性、公路等级、地形、地物、水文地质，综合考虑路基稳定、排水及工程经济性等，研究纵坡的大小、长短、竖曲线半径，以及与平面线形的组合关系，以便达到行车安全迅速、运输经济合理及乘客感觉舒适的目的。

2　纵坡及坡长设计

2.1　汽车行驶与公路纵坡的关系

2.1.1　汽车行驶要求

汽车行驶的牵引力来源于汽车的发动机，发动机将燃料燃烧所放出的热能转化为机械能；汽车行驶的阻力有空气阻力、滚动阻力、坡度阻力和惯性阻力，要保证汽车正常行驶，牵引力必须大于或等于各项阻力之和；但汽车牵引力发挥受轮胎和路面之间摩阻力限制，如果轮胎和路面之间摩阻力不够大，牵引力就不可能发挥作用，车轮只能空转打滑，所以汽车的牵引力又受驱动轮与路面之间摩阻力的限制。当路面阻力较大时，汽车行驶条件较差，当路面阻力超过一定限度，汽车将无法行驶。

2.1.2　汽车在坡道上的行驶要求

(1)纵坡度力求平缓；

(2)陡坡宜短,长坡道的纵坡度应加以严格限制;

(3)纵坡度的变化不宜太多,尤其应避免急剧起伏变化,力求纵坡均匀。

2.2 最大纵坡、最小纵坡和坡长限制

2.2.1 最大纵坡

在高差较大的地区,坡度越大,公路里程就越短,一般来说工程数量也越省;但由于汽车的牵引力有一定的限度,故纵坡不能采用太大,必须对纵坡加以限制。最大纵坡是公路纵坡设计的极限值,是纵断面线形设计的一项重要指标。最大纵坡的大小将直接影响路线的长短、使用质量、行车安全,以及运营成本和工程的经济性。

汽车沿陡坡行驶时,因升坡阻力增加而增大牵引力,从而降低车速,若长时间爬陡坡,会引起汽车水箱沸腾、气阻,使行驶无力以致发动机熄火,行驶条件恶化。汽车下坡时制动次数增加,制动器易发热而失灵,驾驶员心理紧张,也容易发生车祸。因此,从行车安全考虑,对最大纵坡必须加以限制。

确定最大纵坡应考虑以下因素:

(1)汽车的动力性能。考虑公路上行驶的车辆,按汽车行驶的必要条件和充分条件来确定。

(2)公路等级。不同的公路等级要求的行车速度不同;公路等级越高、行车速度越大,要求的纵坡越平缓。

(3)自然因素。公路所经过地区的地形、海拔、气温、雨量、湿度和其他自然因素,均影响汽车的行驶条件和上坡能力。

2.2.2 最大纵坡的确定

最大纵坡是各级公路纵坡限制值,只有在山岭区路线特别困难时采用,如表 0-5-1 所示。

表 0-5-1 公路最大纵坡

设计速度(km/h)	120	100	80	60	40	30	20
最大纵坡(%)	3	4	5	6	7	8	9

2.2.3 纵坡折减

1. 高原纵坡

在海拔 3 000 m 以上的高原地区,因为空气稀薄而使汽车输出功率降低,相应降低了汽车的爬坡性能。此外,在高原地区行车,大气压强低,水箱易开锅。因此,各级公路的最大纵坡应按表 0-5-2 的规定折减;最大纵坡折减后,如小于 4% 时,仍采用 4%。

表 0-5-2 高原纵坡折减

海拔高度(m)	3 000 ~ 4 000	4 000 ~ 5 000	5 000 以上
折减值(%)	1	2	3

2. 桥梁隧道纵坡

大、中桥上的纵坡不宜大于 4%,桥头引道纵坡不宜大于 5%;位于市镇附近非汽车交通量较大的地段,桥上及桥头引道纵坡均不得大于 3%;小桥涵纵坡随路线。

隧道内的纵坡不应大于3%，并不得小于0.3%；独立的明洞和长度小于50 m的隧道可不受上述限制。

3. 非汽车交通量较大的路段纵坡

非汽车交通量较大的路段纵坡，应根据具体情况将纵坡放缓；平原微丘区一般不大于2% ~3%，山岭重丘区一般不大于4% ~5%。

2.2.4　最小纵坡

为使公路上行车快速、安全和畅通，希望公路纵坡设计的小一些，但是，在长路堑低填方及其他横向排水不畅通的地段，防止积水渗入路基而影响其稳定，规定各级公路的长路堑路段，以及其他横向排水不畅的路段，均应采用不小于0.3%的纵坡。当必须设计水平坡（0%）或小于0.3%的纵坡时，边沟排水设计应与纵坡设计一起综合考虑，其边沟应作纵向排水设计。

2.2.5　坡长限制

1. 最大坡长的限制

公路纵坡的大小及坡长对汽车正常行驶影响很大。坡长限制，系根据汽车动力性能来决定的。长距离的陡坡对汽车行驶不利。连续上坡，发动机过热影响机械效率，从而使行驶条件恶化，下坡则因刹车频繁而危及行车安全。因此，纵坡越陡，坡长越长，对行车的影响越大。《标准》对各级公路不同陡坡的最大坡长加以限制，见表0-5-3。

表0-5-3　不同纵坡的最大坡长　（单位：m）

纵坡坡度（%）	设计速度（km/h）						
	120	100	80	60	40	30	20
3	900	1 000	1 100	1 200	—	—	—
4	700	800	900	1 000	1 100	1 100	1 200
5	—	600	700	800	900	900	1 000
6	—	—	500	600	700	700	800
7	—	—	—	—	500	500	600
8	—	—	—	—	300	300	400
9	—	—	—	—	—	200	300
10	—	—	—	—	—	—	200

2. 陡坡组合坡长

当连续陡坡是由几个不同受限坡度值的坡段组合而成时，应按不同坡度的坡长限制折算确定；其连续陡坡最短坡长应大于规范规定最小坡长。

3. 最小坡长限制

最小坡长限制主要是从汽车行驶平顺性的要求考虑。如果坡长过短，使变坡点增多，汽车行驶在连续起伏地段产生增重与减重的频繁变化，导致感觉不舒适，车速越高感觉越突出，而且路容美观、相邻两竖曲线的设置和纵断面的视距等也要求坡长不能太短。为使纵断面线形不至于因起伏频繁而呈锯齿形的状况，并便于平面线形的合理布设，应对纵坡的最小长度作出限制。最小坡长通常以设计速度行驶9 ~15 s的行程作为规定值。《标准》规定，各级公路最小坡长如表0-5-4所示。

表 0-5-4 公路最小坡长

设计速度(km/h)	120	100	80	60	40	30	20
最小坡长(m)	300	250	200	150	120	100	60

2.3 缓和坡段

在纵断面设计中,当陡坡长度达到限制坡长时,应安排一段缓坡,用以恢复在陡坡上降低的速度。同时从下坡安全考虑,设计一段缓坡也是非常必要的。缓和坡段的具体位置应结合纵向地形考虑路线的平面线形要素。不同等级的公路其缓和坡度不同,对于越岭公路,《标准》规定缓和坡段的纵坡应不大于3%,其长度应不得小于最小坡长要求。

2.4 平均纵坡

平均纵坡是指一定长度的路段纵向所克服的高差与该路段长度的比。平均纵坡是衡量路线线形设计质量的重要指标之一。

对山区公路行车的实际调查发现,有时虽然公路纵坡设计完全符合最大纵坡、坡长限制及缓和坡长的规定,但也不能保证行车顺利安全。如果在长距离内,平均纵坡较大,汽车上坡用二挡时间较长,发动机长时间发热,易导致汽车水箱沸腾、气阻;同样,汽车下坡时,频繁刹车,易引起制动器发热,甚至烧毁制动片,加之驾驶员心理过分紧张,极易发生事故。因此,从汽车行驶方便和安全出发,合理运用最大纵坡、坡长限制及缓和坡段的规定,还应控制平均纵坡。

平均纵坡与坡道长度有关,还与相对高差有关。《标准》规定二级及二级以下公路的越岭路线连续上坡(或下坡)路段,相对高差为200~500 m时,平均纵坡不应大于5.5%;相对高差大于500 m时,平均纵坡不应大于5%,并注意任意连续3 km路段的平均纵坡不宜大于5.5%。

2.5 合成坡度

公路在平曲线地段,若纵向有纵坡并横向有超高时,则最大坡度既不在纵坡上,也不在横向超高上,而是在纵坡和超高的合成方向上,这个最大的坡度称之为合成坡度,又叫作流水线坡度,如图 0-5-1 所示。

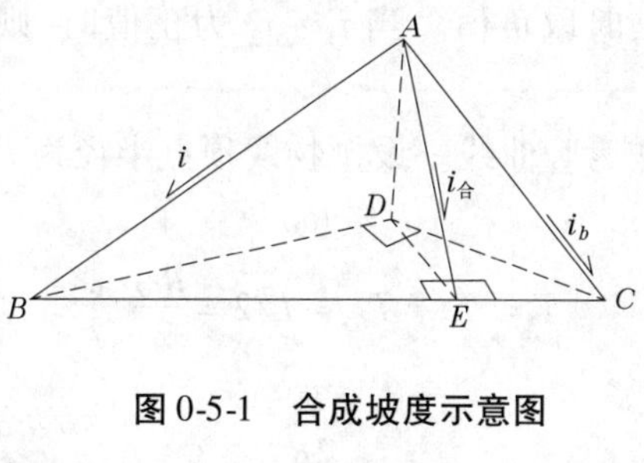

图 0-5-1 合成坡度示意图

合成坡度可按矢量关系或勾股定理关系导出:

$$i_{合} = \sqrt{i^2 + i_b^2} \tag{0-5-1}$$

式中 $i_{合}$——合成坡度(%);

i——公路平曲线处的纵坡(%);

i_b——公路平曲线处的超高横坡度(%)。

汽车在有合成坡度的地段行驶，若合成坡度过大，当车速过慢或汽车停在弯道上时，汽车可能沿合成坡度的方向产生侧滑；同时若遇急弯陡坡，汽车可能沿合成坡度方向冲出弯道而造成事故；此外，当合成坡度较大时，还会造成汽车倾斜、货物偏重，致使汽车倾倒。

因此，我国《标准》规定了各级公路的最大容许合成坡度，见表 0-5-5。最大合成坡度是控制极限值，一般情况下应留有一定的余地。在纵断面设计拉坡时，纵坡的确定必须考虑满足合成坡度的要求。

表 0-5-5　公路最大合成坡度

公路等级	高速公路			一			二		三		四
设计速度(km/h)	120	100	80	100	80	60	80	60	40	30	20
合成坡度值(%)	10.0	10.0	10.5	10.0	10.0	10.5	9.0	10.0	9.5	10.0	10.0

当陡坡与小半径平曲线相重叠时，在条件许可的情况下，以采用较小的合成坡度为宜。特别是在下述情况时合成坡度必须小于 8%：

(1)冬季路面有积雪、结冰地区；

(2)自然横坡较陡峻的傍山路段；

(3)非汽车交通量比率高的路段。

各级公路的最小合成坡度不宜小于 0.5%。在超高过渡的变化处，合成坡度不应设计成 0%。当合成坡度小于 0.5% 时，应采取综合排水措施，以保证路面排水畅通。

3　竖曲线

当纵断面上两条坡度不同的相邻纵坡线相交时，就出现了转坡点(变坡点)。汽车在转坡点上行驶不顺适，故在转坡点处都必须用曲线将前后两条相邻纵坡线顺适连接起来以适应行车的需要，这条连接两纵坡线的曲线(二次抛物线)叫竖曲线。竖曲线分凸形竖曲线和凹形竖曲线两种形式。所以，纵断面设计线是由直坡段和竖曲线组成的。

3.1　竖曲线

如图 0-5-2 所示，O 为转坡点，前坡段纵坡 i_1，后坡段纵坡 i_2，则相邻两坡度的差为 $\omega = i_1 - i_2$，上坡时取正值，下坡时取负值。当 $i_1 - i_2$ 为正值时，则为凸形竖曲线。当 $i_1 - i_2$ 为负值时，则为凹形竖曲线。

我国采用二次抛物线形作为竖曲线。设抛物线顶点半径为 R。

竖曲线长：

$$L = R\omega \tag{0-5-2}$$

竖曲线切线长：

$$T = T_A = T_B \approx L/2 = \frac{R\omega}{2} \tag{0-5-3}$$

竖曲线的外矢距：

$$E = \frac{T^2}{2R} \tag{0-5-4}$$

竖曲线上任意点至相应切线的距离：

$$h = \frac{L^2}{2R} \tag{0-5-5}$$

式中　L——竖曲线上任意点至起点(终点)的距离，m；

R——竖曲线的半径，m。

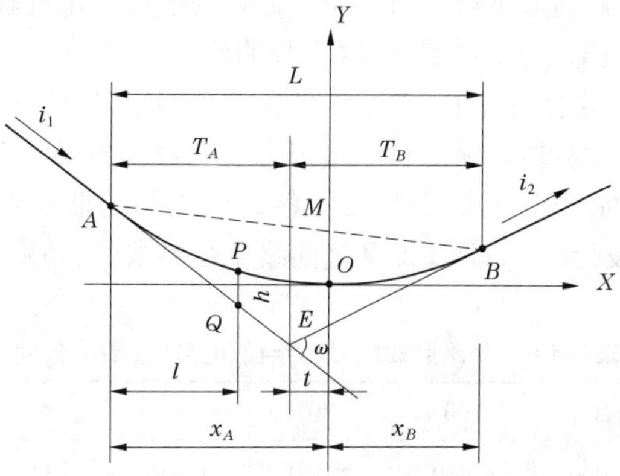

图 0-5-2 竖曲线示意图

3.2 竖曲线的最小半径

3.2.1 凸形竖曲线极限最小半径确定考虑因素

1. 缓和冲击

汽车行驶在竖曲线上时，产生径向离心力，使汽车在凸形竖曲线上重量减小，所以确定竖曲线半径时，对离心力要加以控制。

2. 经行时间不宜过短

当竖曲线两端直线坡段的坡度差很小时，即使竖曲线半径较大，竖曲线长度也有可能较短，此时汽车在竖曲线段上倏忽而过，冲击增大，乘客不适；从视觉上考虑也会感到线形突然转折。因此，汽车在凸形竖曲线上行驶的时间不能太短，通常控制汽车在凸形竖曲线上行驶时间不得小于 3 s。

3. 满足视距的要求

汽车行驶在凸形竖曲线上，如果竖曲线半径太小，会阻挡司机的视线。为了行车安全，对凸形竖曲线的最小半径和最小长度应加以限制。

3.2.2 凹形竖曲线极限最小半径确定考虑因素

1. 缓和冲击

在凹形竖曲线上行驶重量增大；半径越小，离心力越大；当重量变化达到一定程度时，就会影响到旅客的舒适性，同时也会影响到汽车的悬挂系统。

2. 前灯照射距离要求

汽车行驶在凹形竖曲线上时，也同样存在视距问题。对地形起伏较大地区的路段，在夜间行车时，若半径过小，前灯照射距离过短，影响行车安全和速度；在高速公路及城市道路上有许多跨线桥、门式交通标志及广告宣传牌等，如果它们正好处在凹形竖曲线上方，也会影响驾驶员的视线。

3. 经行时间不宜过短

汽车在凹形竖曲线上行驶的时间不能太短，通常控制汽车在凹形竖曲线上行驶时间不得小于 3 s。

总之，无论是凸形竖曲线还是凹形竖曲线都要受到上述缓和曲线、视距及行驶时间三种因素控制。竖曲线极限最小半径是缓和行车冲击和保证行车视距所必需的竖曲线半径的最小值,该值只有在地形受限制迫不得已时采用。通常为了使行车有较好的舒适条件,设计时多采用大于极限最小半径 1.5 ~2.0 倍,该值为竖曲线一般最小值。与平曲线相似,当坡度角较小时即使采用较大的竖曲线半径,竖曲线的长度也很短,这样容易使驾驶员产生急促的变坡感觉,同时,竖曲线长度过短,易对行车造成冲击。我国按照汽车在竖曲线上以设计速度行驶 3 s 行程时间控制竖曲线最小长度。各级公路的竖曲线最小长度和半径规定如表 0-5-6所示,在竖曲线设计时,不但要保证竖曲线半径要求,还必须满足竖曲线最小长度规定。

表 0-5-6　公路竖曲线最小半径和竖曲线最小长度

设计速度(km/h)		120	100	80	60	40	30	20
凸形竖曲线半径(m)	极限最小值	11 000	6 500	3 000	1 400	450	250	100
	一般最小值	17 000	10 000	4 500	2 000	700	400	200
凹形竖曲线半径(m)	极限最小值	4 000	3 000	2 000	1 000	450	250	100
	一般最小值	6 000	4 500	3 000	1 500	700	400	200
竖曲线最小长度(m)		100	85	70	50	35	25	20

3.3　竖曲线的设计和计算

3.3.1　竖曲线设计

选用竖曲线半径时,为获得更好的视觉效果,还应将竖曲线半径选择大一些,使视觉上感到舒适顺畅。从视觉观点考虑的竖曲线半径为表 0-5-6 所列一般最小值的 1.5 ~4.0 倍。常用的视觉观点考虑的竖曲线最小半径见表 0-5-7。

表 0-5-7　从视觉观点所需的竖曲线最小半径

设计速度(km/h)	竖曲线半径(m)	
	凸形	凹形
120	20 000	12 000
100	16 000	10 000
80	12 000	8 000
60	9 000	6 000
40	3 000	2 000

相邻竖曲线衔接时应注意:

(1)同向竖曲线,特别是两同向凹形竖曲线间如果直线坡段不长,应合并为单曲线或复曲线形式的竖曲线,避免出现断背曲线。

(2)反向竖曲线间应设置一段直线坡段,直线坡段的长度一般不小于设计速度的 3 s 行程,以使汽车从失重(或增重)过渡到增重(或失重)有一个缓和段。

(3)竖曲线设置应满足排水需要。若相邻纵坡之代数差很小,采用大半径竖曲线可能导致竖曲线上的纵坡小于 0.3%,不利于排水,应重新进行设计。

3.3.2　竖曲线计算

(1)计算竖曲线的基本要素:竖曲线长 L、切线长 T、外矢距 E。

(2)计算竖曲线的起、终点的桩号：

竖曲线的起点的桩号 = 变坡点的桩号 − T

竖曲线的终点的桩号 = 变坡点的桩号 + T

(3)计算竖曲线上任意点切线标高及改正值：

切线标高 = 变坡点的标高 ± S_i；

改正值：

$$y = \frac{x^2}{2R} \tag{0-5-6}$$

(4)计算竖曲线上任意点设计标高：

某桩号在凸形竖曲线的设计标高 = 该桩号在切线上的设计标高 − y

某桩号在凹形竖曲线的设计标高 = 该桩号在切线上的设计标高 + y

【例】 某凹曲线变坡点 C 的里程桩号为 2 + 155.000，设计高程 H_C 为 91.500 m，竖曲线半径 R = 500 m，线路坡度 $i_1 = -5\%$，$i_2 = +7\%$。现要求按 10 m 一个点计算竖曲线上各点的设计高程。

解：

1. 竖曲线要素计算

$\omega \approx |i_1 - i_2| = |-0.05 - 0.07| = 0.12$ (弧度)

$T = \frac{1}{2}R\omega = \frac{1}{2} \times 500 \times 0.12 = 30.000$(m)

$L = 2T = 2 \times 30.000 = 60.000$(m)

$E = \frac{T^2}{2R} = \frac{30^2}{2 \times 500} = 0.900$(m)

2. 主点里程及高程计算

$K_A = K_C - T = 2 + 125.000$，$H_A = H_C - i_1 T = 91.500 + 0.05 \times 30 = 93.000$(m)

$K_B = K_C + T = 2 + 185.000$，$H_B = H_C + i_2 T = 91.500 + 0.07 \times 30 = 93.600$(m)

3. 详测点 y_j，H'_j，H_j 计算数据如表 0-5-8 所示。

表 0-5-8 竖曲线计算

桩号	坡道高程 H'_j	标高改正 y_j	竖曲线高程 H_j	备注
2 + 125.000	93.000	0.000	93.000	A 点
2 + 130.000	92.750	0.025	92.775	$i = -5\%$
2 + 140.000	92.250	0.225	92.475	
2 + 150.000	91.750	0.625	92.375	
2 + 155.000	91.500	0.900	92.400	C 点
2 + 160.000	91.850	0.625	92.475	$i = 7\%$
2 + 170.000	92.550	0.225	92.775	
2 + 180.000	93.250	0.025	93.275	
2 + 185.000	93.600	0.000	93.600	B 点

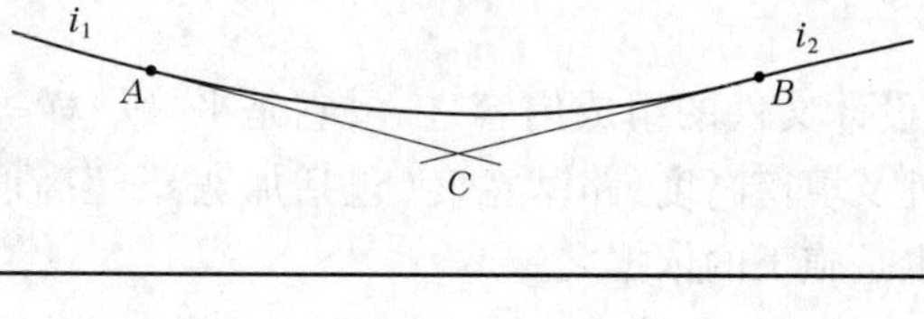

4　路线纵断面成果编制

纵断面设计成果，主要包括路线纵断面图和路基设计表。

4.1　纵断面设计图

纵断面设计图是公路设计的主要文件之一，它反映路线所经过的中心地面起伏情况与设计标高的关系。把它与平面线形结合起来，就能反映出公路路线在空间的位置。

纵断面图采用直角坐标，以横坐标表示里程桩号，纵坐标表示高程。为了明显地表明地形起伏，通常横坐标的比例采用1:2 000，纵坐标采用1:200。

4.1.1　纵面图的内容

(1)桩号里程、地面高程与地面线、设计高程与设计线，施工填挖值。

(2)设计线的纵坡度及坡长。

(3)竖曲线及其要素，平曲线资料。

(4)设计排水沟沟底线及坡度、距离、高程、流水方向，土壤地质情况。

(5)沿线桥涵及人工构造物的位置、结构类型及孔径，涵洞可只示出位置。

(6)与铁路、公路交叉的桩号及路名。

(7)沿线跨越河流名称、桩号、现有水位及最高洪水位。

(8)水准点位置、编号和高程。

(9)断链桩位置、桩号及长短链关系。

4.1.2　绘制纵断面设计图的步骤

(1)按一定的比例，在透明毫米方格计算纸上标出与本图适应的横向和纵向坐标，横向坐标标出百米桩号，纵向坐标标出整十米高程。

(2)在坐标系中按水准测量提供的各桩号地面高程与相应的桩号配合点绘各桩号地面点，并将各地面标高点用直线依次连接后就成为纵断面图的地面线。

(3)在坐标图上绘出各水准点的位置、编号，并注明高程。

(4)将桥涵位置绘制在坐标图上，并注明孔数、孔径、结构类型、桩号等。

(5)在纵断面设计图下部表内分别注明土壤地质资料，绘出平面直线和平曲线的位置、转向(平曲线以开口梯形表示，开口向上为向左转，开口向下为向右转)，并注明平曲线有关资料(一般只需注明交点编号和圆曲线半径)。

(6)纵坡和竖曲线确定后，将设计线(包括直线坡和竖曲线)绘出，并注明纵坡度、坡长(以分式表示，分子为纵坡度，分母为坡长)，在各竖曲线范围内分别注明各竖曲线的基本要素(包括变坡点桩号、竖曲线半径、切线长、外矢距)。

(7)填注其他各有关资料或特定需要的资料。

(8)描图或在透明毫米方格计算纸上直接上墨，待墨汁干后再将无用的铅笔字线擦净。

绘制的纵断面设计图，应按规定采用标准纸和统一格式，以便装订成册，见图0-5-3。

4.2　路基设计表

路基设计表是公路设计文件的组成内容之一，它是平、纵、横等主要测设资料的综合。表中填列所有整桩、加桩及填挖高度、路基宽度(包括加宽)、超高值等有关资料，为路基横断面设计的基本数据，也是施工的依据之一。

路基设计表见表0-5-9(一般公路)。

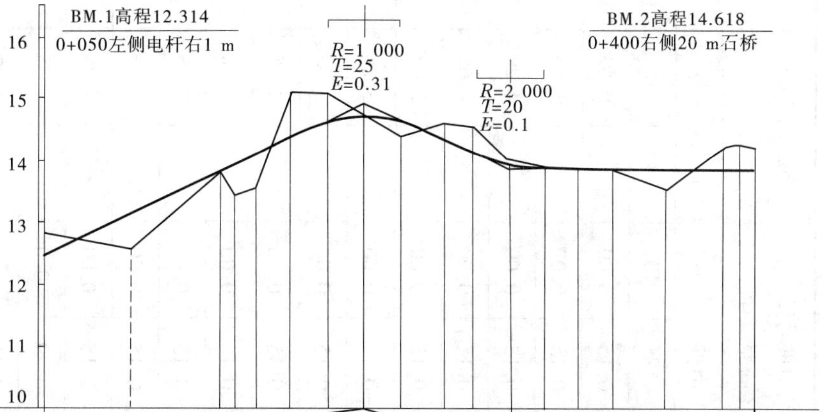

坡度与距离	1.40 / 180							1.25 / 80				0 / 140								
设计高程	12.50	13.20	13.90	14.01	14.18	14.46	14.74	15.02	14.77	14.51	14.27	14.02	14.02	14.02	14.02	14.02	14.02	14.02	14.02	14.02
地面高程	12.89	12.61	13.89	13.48	13.60	15.16	15.14	14.84	14.46	14.65	14.60	14.08	14.01	14.00	13.99	13.79	13.59	14.32	14.37	14.33
填挖土 填		0.59	0.01	0.53	0.58			0.18	0.31				0.01	0.02	0.03	0.23	0.43			
填挖土 挖	0.39					0.70	0.40			0.14	0.33	0.06						0.30	0.35	0.31
桩号	0+000	+050	+100	+108	+120	+140	+160	+180	+200	+221	+240	+260	+280	+300	+320	+335	+350	+384	+391	+400
直线与曲线	$JD_1$0+221.70　$\alpha=10°50'$(右)　R=1 200　T=113.78　L=226.90　E=5.39																			

图 0-5-3　道路纵断面设计图

表 0-5-9 的填算方法如下：

第(1)栏“桩号”和第(5)栏“地面标高”都是从有关测量记录上抄录的。

第(2)栏“平曲线”中，可只列转角号和半径，供计算加宽超高之用。

第(3)、(4)栏“坡度及竖曲线”是从纵断面图上抄录的，转坡点要注明桩号和高程，竖曲线要注明起、终点桩号。

第(6)栏“设计标高”在直坡段为切线标高，在竖曲线段应考虑“改正值”，用公式 $y=x^2/2R$ 算出，其中 x 为各桩距竖曲线起点或终点的距离，R 由第(4)栏或直接由纵断面图上抄录，凹形竖曲线改正值为“+”号，凸形竖曲线改正值为“-”号；第(6)栏“设计标高”在竖曲线内，则为该桩号的切线标高改正值的代数和。

第(7)、(8)栏的“填”、“挖”是第(5)栏与第(6)栏之差，“+”号为填，“-”号为挖。

第(9)、(10)栏为左、右路基宽度，当圆曲线半径小于或等于 250 m 时，应考虑平曲线内侧加宽。

第(11)、(12)、(13)栏为路基两侧边缘及中桩与设计标高的差，当圆曲线半径小于不设超高最小半径时，应考虑平曲线段超高。

表 0-5-9　路基设计表

桩号	平曲线	边坡点高程桩号及纵坡坡度、坡长	竖曲线	地面标高（m）	设计标高（m）	填挖高度（m）		路基宽（m）		路边及中桩与设计高之高差（m）			施工时中桩（m）		备注
						填	挖	左	右	左	中桩	右	填	挖	
1	2	3	4	5	6	7	8	9	10	11	12	13	14	15	16
K2 + 100.00				160.76	159.92		0.84	7.50	7.50	0.00	0.15	0.00		0.69	
+ 120.00				161.56	159.75		1.81	7.50	7.50	0.00	0.15	0.00		1.66	
+ 140.00				164.03	159.59		4.44	7.50	7.50	0.00	0.15	0.00		4.29	
+ 160.00				164.23	159.43		4.80	7.50	7.50	0.00	0.15	0.00		4.65	
+ 180.00		K2 + 100 $i = -0.65\%$ $L = 400$		162.15	159.28		2.87	7.50	7.50	0.00	0.15	0.00		2.72	
+ 200.00				163.17	159.14		4.03	7.50	7.50	0.00	0.15	0.00		3.88	
+ 220.00				163.20	159.00		4.20	7.50	7.50	0.00	0.15	0.00		4.05	
+ 240.00				163.87	158.87		5.00	7.50	7.50	0.00	0.15	0.00		4.85	
+ 260.00			+ 243.5	165.69	158.74		6.95	7.50	7.50	0.00	0.15	0.00		6.80	
+ 280.00		157.175		166.31	158.61		7.70	7.50	7.50	0.00	0.15	0.00		7.55	
+ 300.00			+ 404.6	166.36	158.48		7.88	7.50	7.50	0.00	0.15	0.00		7.73	
ZH + 315.00				166.30	158.37		7.93	7.50	7.50	0.00	0.15	0.00		7.78	
+ 340.00	JD5 右			166.06	158.22		7.84	7.50	7.71	0.59	0.29	-0.04		7.55	
HY + 360.00				166.06	158.08		7.98	7.50	7.90	1.11	0.51	-0.12		7.47	

续表 0-5-9

桩号	平曲线	边坡点高程桩号及纵坡坡度、坡长	竖曲线	地面标高(m)	设计标高(m)	填挖高度(m)		路基宽(m)		路边及中桩与设计高之高差(m)			施工时中桩(m)		备注
						填	挖	左	右	左	中桩	右	填	挖	
1	2	3	4	5	6	7	8	9	10	11	12	13	14	15	16
+380.00				166.20	157.96		8.24	7.50	7.92	1.11	0.51	−0.12		7.73	
+400.00				166.01	157.83		8.18	7.50	7.90	1.11	0.51	−0.12		7.67	
+420.00	78°53′			165.95	157.70		8.25	7.50	7.90	1.11	0.51	−0.12		7.74	
+440.00	21″			165.61	157.60		8.01	7.50	7.90	1.11	0.51	−0.12		7.50	
+460.00	$R=200$ $L_{S1}=45$			165.63	157.52		8.11	7.50	7.90	1.11	0.51	−0.12		7.60	
QZ+476.08	$L_{S2}=45$	157.175	凹	166.02	157.47		8.55	7.50	7.90	1.11	0.51	−0.12		8.04	
+500.00	$T_1=$	K2+500	$R-18000$	166.05	157.43		8.62	7.50	7.90	1.11	0.51	−0.12		8.11	
+520.00	187.38		$T-95.4$	166.02	157.41		8.61	7.50	7.90	1.11	0.51	−0.12		8.10	
+540.00	$T_2=$	$i=0.41\%$		165.43	157.42		8.01	7.50	7.90	1.11	0.51	−0.12		7.50	
+560.00	187.38	$L=400$		165.89	157.46		8.43	7.50	7.90	1.11	0.51	−0.12		7.92	
+580.00	$L=$ 320.375			163.21	157.51		5.70	7.50	7.90	1.11	0.51	−0.12		5.19	
YH+591.27	$E=$			164.13	157.55		6.58	7.50	7.90	1.11	0.51	−0.12		6.07	
+600.00	59.533			163.60	157.59		6.01	7.50	7.82	0.89	0.42	−0.09		5.59	
620.00			+595.4	162.86	157.67		5.19	7.50	7.64	0.40	0.20	−0.02		4.99	
GQ+636.27				161.35	157.73		3.62	7.50	7.50	0.00	0.15	0.00		3.47	

六、路基横断面组成分析

1　路基横断面线形组成分析

公路中线的法线方向剖面图称为公路横断面图，简称横断面，它是由横断面设计线与横断面地面线所围成的图形。在横断面上的内容包括：行车道、中间带、路肩、边坡、边沟、截水沟、护坡道，以及专门设计的取土坑、弃土堆、环境保护等设施，各部分的位置、名称如图 0-6-1 所示。

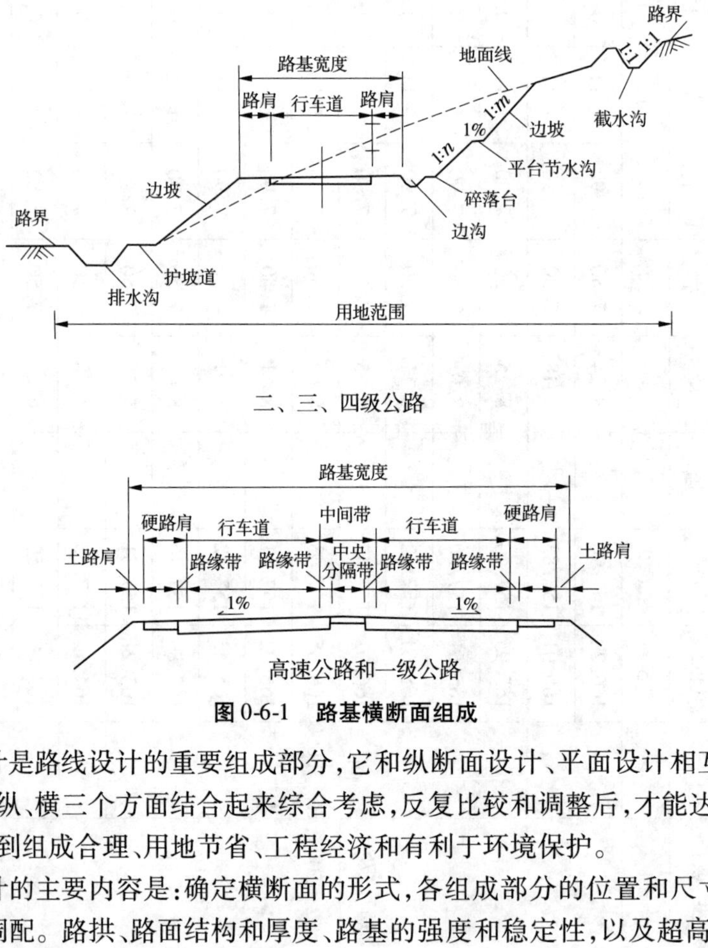

图 0-6-1　路基横断面组成

横断面设计是路线设计的重要组成部分，它和纵断面设计、平面设计相互影响，所以在设计中应对平、纵、横三个方面结合起来综合考虑，反复比较和调整后，才能达到各元素之间的协调一致，做到组成合理、用地节省、工程经济和有利于环境保护。

横断面设计的主要内容是：确定横断面的形式，各组成部分的位置和尺寸，以及路基土石方的计算和调配。路拱、路面结构和厚度、路基的强度和稳定性，以及超高、加宽、平面视距等在本教材的有关章节中介绍。

1.1　路基标准横断面

路基标准横断面是交通部根据设计交通量、交通组成、设计车速、通行能力和满足交通安全的要求，按公路等级、断面的类型、路线所处地形规定的路基横断面各组成部分横向尺寸的行业标准，各级公路的路基标准横断面如图 0-6-2 所示。

1.1.1　路基横断面分类

高速公路和一级公路的路基横断面分为整体式和分离式两类。上下行的公路的横断面

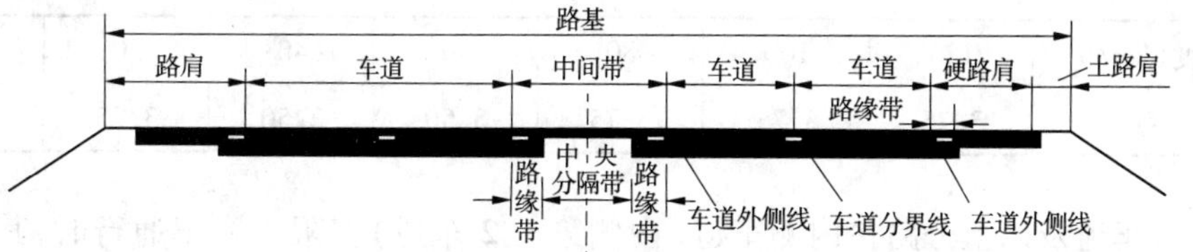

(a)高速公路、一级公路路基标准横断面

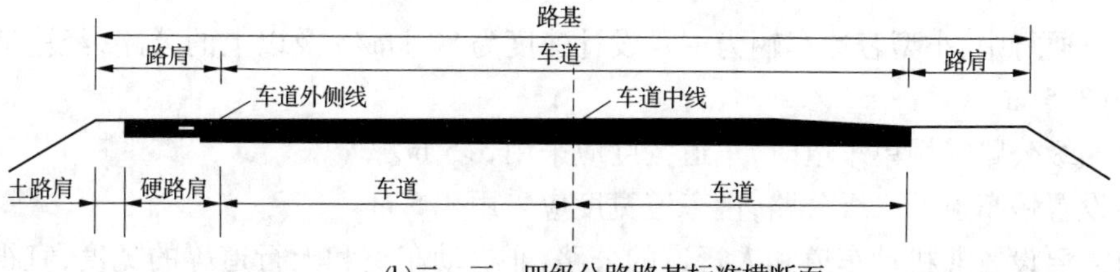

(b)二、三、四级公路路基标准横断面

图 0-6-2 路基标准横断面

由一个路基形成称为整体式,由两个路基分别独立形成称为分离式。整体式横断面上包括行车道、中间带、路肩、紧急停车带、爬坡车道、变速车道等;分离式的断面没有中间带,其他部分和整体式断面相同。二、三、四级公路采用整体式断面,不设中间带,它的组成包括行车道、路肩、错车道等,如图 0-6-2 所示。

1.1.2 路基宽度

路基宽度是指在一个横断面上两路肩外缘之间的宽度,一般是指行车道与路肩宽度之和,当设有中间带、紧急停车带、爬坡车道、变速车道、错车道时,应包括在路基宽度内,《公路工程技术标准》(JTG B01—2004)中取消了各级公路的路基宽度的规定,路基的宽度由对应的车道数等确定,并要求车道数为双数的公路增加车道时应以双数增加。

1.1.3 行车道

1. 行车道的功能

行车道为车辆行驶提供通行条件,行车道的宽度与路面状况影响车辆行驶的安全性、舒适性和公路的通行能力,行车道过窄会使不同车道之间的横向间距不足,车辆的横向干扰增加,平均速度和通行能力下降。

2. 车道数

公路的车道数主要根据该路的预测交通量来确定,行车道的基本数目应在一个较大的路线长度内保持不变,各级公路的车道数见表 0-6-1。

表 0-6-1 各级公路的车道数

公路等级	高速公路						一级		二级		三级		四级	
行车速度(km/h)	120			100	80	60	100	60	80	40	60	30	40	20
车道数	8	6	4	4	4	4	4	4	2	2	2	2	1 或 2	

3. 行车道宽度

一条车道的宽度必须能满足设计车辆在有一定横向偏移的情况下运行,并能为相邻车道上的车流提供余宽,所以汽车所需车道的宽度受车速、交通量、驾驶员的驾驶能力、会车等影响,《标准》规定各级公路车道宽度应符合表 0-6-2 的规定,并应符合下列规定:

表 0-6-2　车道宽度

设计速度(km/h)	120	100	80	60	40	30	20
车道宽度(m)	3.75	3.75	3.75	3.50	3.50	3.25	3.00

(1)八车道及以上公路在内侧车道(内侧第1、2车道)仅限小客车通行时,其车道宽度可采用3.5 m。

(2)以通行中、小型客运车辆为主且设计速度为80 km/h及以上的公路,经论证车道宽度可采用3.5 m。

(3)四级公路采用单车道时,车道宽度应采用3.5 m。

(4)设置慢车道的二级公路,慢车道宽度应采用3.5 m。

(5)需要设置非机动车道和人行道的公路,非机动车道和人行道等的宽度,宜视实际情况确定。

4. 变速车道

当车辆需要加速合流或减速分流时,应根据公路的等级、使用性质等增加一段使车辆速度过渡的车道,使变速车辆不致因速度的变化而影响其他车辆的正常行驶。在高速公路和一级公路的互通式立体交叉、服务区等与主线连接处设有变速车道,其宽度一般为3.5 m,长度与速度变化范围、车辆特性等因素有关,可经计算确定,一般情况下可采用《公路路线设计规范》规定的数值。

5. 错车道

错车道是为了解决双向行车的错车而设置的,错车道应设在有利地点,使驾驶员能够看清相邻两错车道间的车辆,错车路段的有效长度不小于20 m,错车道的间距应根据错车时间、视距、交通量等确定,一般不大于300 m。

6. 中间带

中间带由路线双向的两条左侧路缘带和中央分隔带组成。中央分隔带是分隔高速公路或一级公路上对向行车道的地带。

中间带的作用明显,但投资、占地多。一般采用窄分隔带高出行车道表面的中央分隔带,称为凸形;也有宽度大于4.5 m的凹形,表面采用植草、栽灌木或铺面。中间带可不等宽,也不一定等高,应与地形、景观等配合。不等宽的中间带应逐步过渡,避免突变。中央分隔带每隔2 km设置一处开口,供紧急特殊情况使用。中间带宽度如表0-6-3所示,正常情况下采用一般值,当遇特殊情况时可以采用低限值。

表 0-6-3　中间带宽度

公路等级		高速公路				一级公路	
计算行车速度(km/h)		120	100	80	60	100	60
中央分隔带宽度(m)	一般值	3.00	2.00	1.50	1.50	2.00	1.50
	低限值	2.00	1.50	—	—	1.50	—
左侧路缘带宽度(m)	一般值	0.75	0.75	0.50	0.50	0.50	0.50
	低限值	0.50	0.50	0.25	0.25	0.25	0.25
中间带宽度(m)	一般值	4.50	3.50	2.50	2.50	3.00	2.50
	低限值	3.00	2.50	2.00	2.00	2.00	2.00

7. 路肩

路肩位于行车道外缘至路基边缘之间，是具有一定宽度的带状结构物，高速公路和一级公路的路肩包括硬路肩和土路肩两部分；二、三、四级公路的路肩一般只设土路肩。路肩的主要作用是保护行车道，供行人、自行车通行和临时停放车辆。《公路工程技术标准》规定的各级公路路肩宽度如表0-6-4所示。

表0-6-4 各级公路路肩宽度

公路等级		高速公路				一		二		三		四	
行车速度(km/h)		120	100	80	60	100	60	80	40	60	40	40	20
硬路肩宽度(m)	一般值	3.25或3.50	3.00	2.75	2.50	3.00	2.50						
	低限值	3.00	2.75	2.50	1.50	2.75	1.50						
土路肩宽度(m)	一般值	0.75	0.75	0.75	0.50	0.75	0.50	1.50	0.75	0.75	0.75	0.50或1.50	
	低限值			0.50									

高速公路采用分离式断面时，行车道左侧也应设硬路肩，其宽度为：计算行车速度120 km/h时采用1.25 m，计算行车速度100 km/h时采用1.00 m，计算行车速度小于或等于80 km/h时采用0.75 m。高速公路和一级公路应在路肩宽度内设右侧路线带，其宽度一般为0.5 m。四级公路路肩宽度，当采用单车道时，一般为1.5 m，其余情况下为0.5 m。

8. 路缘带

路缘带既可以是硬路肩的一部分，又可以是中间带的一部分，主要取决于它的位置，如图0-6-1所示。在中间带范围内的路缘带是中间带的组成部分，在路肩范围内的路缘带属路肩的组成部分，它的主要功能是诱导驾驶员视线和提供部分侧向余宽，当汽车越出行车道时，能加强行车安全。

9. 应急停车带

应急停车带是车辆发生故障时紧急停车的区域。

应急停车带的宽度包括硬路肩在内为3.5 m，有效长度不小于30 m。此外在应急停车带的两端还需设置一个斜线的缓和过渡段，长度为20 m(对低等级公路可为10 m)。

1.2 路基典型横断面

在公路设计中，我们把起伏不平的地形变成了可供汽车行驶的公路，因此原地面低于公路的设计线，就需要填筑不足部分；反之，就需要挖去多余部分；若上述两种情况同时出现在一个断面内，就形成既填又挖。我们把高于原地面的填方路基称为路堤，低于原地面的挖方路基称为路堑，在一个断面内，部分要填，另一部分要挖的路基称为半填半挖路基，如图0-6-3所示。以上介绍的路基横断面的三种基本形式，由于自然地形、地质条件的多样性，由此可派生出一系列类似的断面形式，它们在公路设计中经常被采用，故称为典型横断面。了解典型横断面的特点，对于结合地形正确地设计路基横断面是十分必要的。

1.2.1 路堤

常用的各种路堤形式如图0-6-4所示。

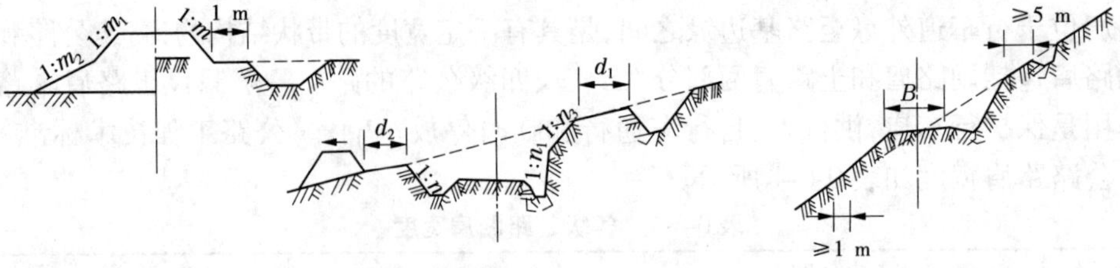

(a)一般路堤　　(b)一般路堑　　(c)半填半挖路基

图 0-6-3　路基横断面的基本形式

(1)一般路堤:填土高度大于 1 m 小于 20 m 的路堤。

(2)矮路堤:填土高度小于 1 m,为排水常需设置边沟。

(3)沿河路堤:路堤浸水部分的边坡采用 1:2,并视水流冲刷情况采取措施。

(4)陡坡护脚路堤:当路堤的坡脚伸出较远且不稳定或坡脚占用耕地较多时,用护脚取代坡脚的路堤。

(5)利用挖渠土填筑路基:这是农田水利建设与公路建设相结合的形式,但需要考虑渠道的水流是否影响公路的正常使用,以及路基在渠道设计水位的影响下强度、稳定性是否满足要求。

1.2.2　路堑

常用的路堑形式如图 0-6-5 所示。

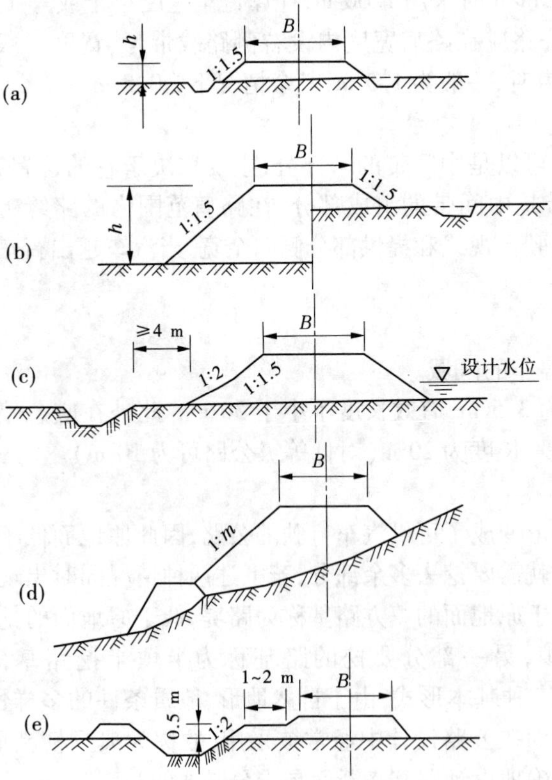

图 0-6-4　填方路堤断面

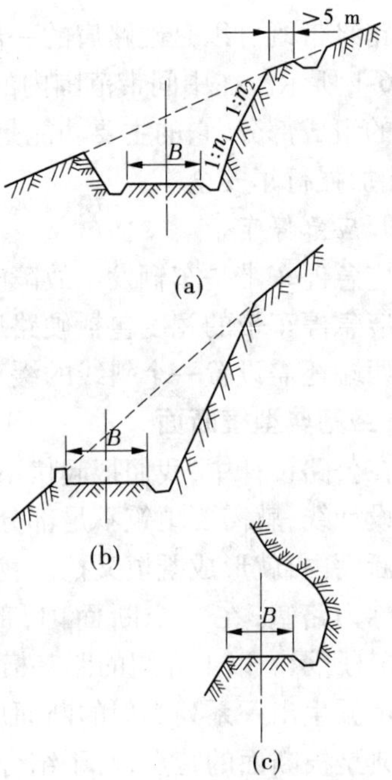

图 0-6-5　路堑断面形式

(1)一般路堑:路堑必须设置边沟,以排除路面积水;为拦截山坡上方的地面水流向路基,在坡顶外至少5 m处设置截水沟。路堑挖出的废弃土石方,置于地形下侧的路堑坡顶以外至少3 m,形成弃土堆。

(2)台口式路堑:山体的自然坡面为路堑的下边坡,适用于地质状况良好的地段。

1.2.3 半山洞

半山洞适用于整体坚硬的岩石层上,为节省工程量采用的一种形式,应用时注意公路的安全和建筑限界的要求。

1.2.4 半填半挖路基

常用的半填半挖路基如图0-6-6所示。

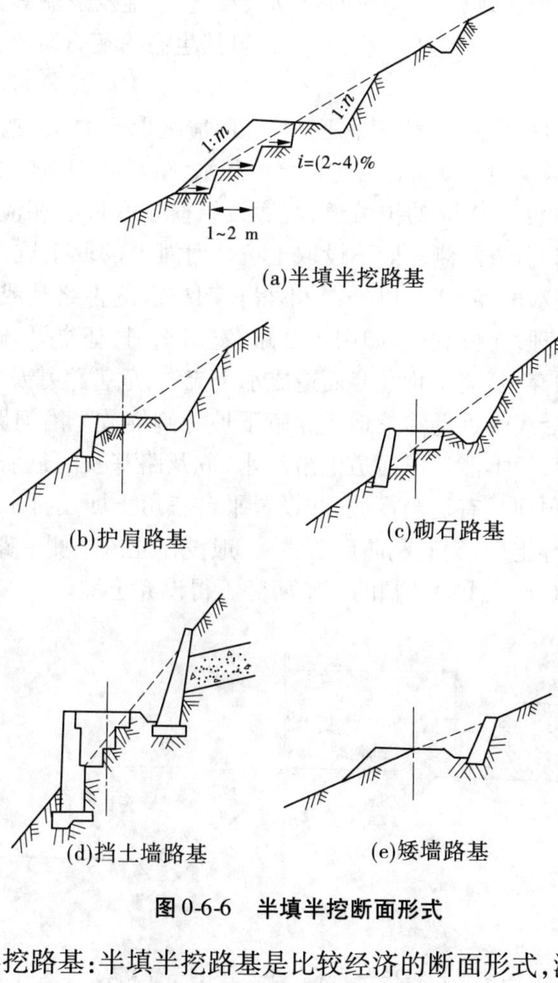

图0-6-6 半填半挖断面形式

(1)一般半填半挖路基:半填半挖路基是比较经济的断面形式,注意当原地面横坡大于1∶5时,将原地面挖成台阶,以保证填土的稳定。

(2)护肩路基:用于填土高度不大,但坡脚太远不易填筑时的情况,护肩高度一般不超过3 m。

(3)砌石路基:用于地面横坡太陡,坡脚落空,不能填筑时。

(4)挡土墙路基:挡土墙是不依靠路基独立稳定的结构物,它也能支挡填方,稳定路基。

(5)矮墙路基:用于挖方边坡土质松散,易产生碎落的情况。

各种典型路基横断面要结合实际地形选用，且应以路基稳定、行车安全、工程量小和经济适用为前提。

1.3 路基的附属设施

为了保证路基稳定和行车安全，根据实际需要设置取土坑、弃土堆、护坡道、碎落台、堆料坪等路基附属设施，这些都应视为路基主体工程不可缺少的部分。

1.3.1 取土坑与弃土堆

公路土石方数量在调配过程中或在公路养护中，不可避免地会在公路沿线附近借土或弃土。在公路沿线挖取土方填筑路基或作为养护材料所留下的整齐土坑，称为取土坑。将开挖路基所废弃的土，按一定的规则形状堆放于公路沿线一定距离内称为弃土堆。无论借土或取土，首先要选择合理的地点。一般应从土质、数量、占地及运输等方面考虑选点；其次要结合农田水利，改地造田，少占或不占良田，维护自然生态平衡合理选点，从而做到“借之有利，弃之无害”。

取土坑一般设置在地势高的一侧，其深度和宽度，应视取土数量、施工方法及用地许可条件而定。平原区一般深度为 1.0 m。为防止坑内积水，路基坡脚与坑之间，当堤顶与坑底高差超过 2 m 时，需设宽度 1.0 m 的护坡道，坑底设纵横排水坡及相应设施，如图 0-6-7 所示。河流淹没地段的桥头引道两侧一般不设取土坑。河滩上的取土坑，应与调治构造物的位置相适应，一般距河流水位界 10 m 以外，并不得长期积水危害路基或构造物的稳定。开挖路基的废方，应妥善处理，充分利用，如用于公路、农田水利、基建等，做到变废为宝，弃而不乱，对无法加以利用的弃土，应防止乱弃而造成水土流失，危害路基及农田水利工程，淤塞河道。废方一般选择在沿线附近低洼荒地或路堑下坡一侧堆放。沿河路基的废石方，条件允许时，以部分占用河道，但不能造成河道上游壅水，危及路基及附近农田。如需在路堑上侧弃土，要求堆放平整，顶面具有适当横坡，并设置平台三角土埂及排水沟渠，如图 0-6-7 所示。积砂或积雪地段的弃土堆，为有利防砂防雪，一般设在迎风一侧。路堑深度大于 1.5 m 时，弃土堆距坡顶至少 20 m。浅而开阔的路堑两旁不得设弃土堆。

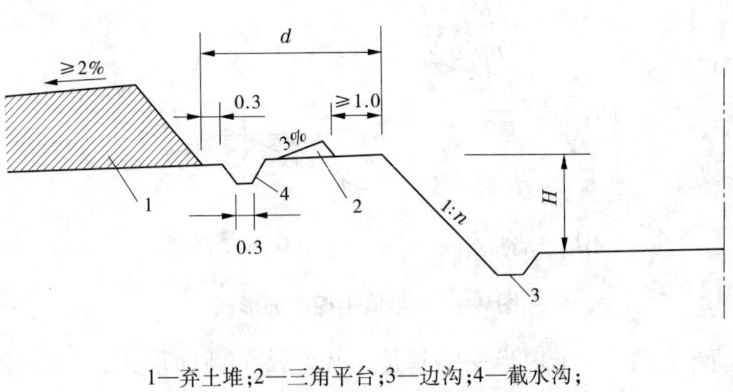

1—弃土堆；2—三角平台；3—边沟；4—截水沟；
d—弃土堆内侧坡脚与路堑坡顶的距离；*H*—路堑高度

图 0-6-7 弃土堆横断面 （单位：m）

1.3.2 护坡道与碎落台

当路堤较高时，为保证边坡稳定，在取土坑与坡脚之间或边坡坡面上，沿纵向保留或筑成有一定宽度的平台称为护坡道。其目的是加宽边坡横距，减缓边坡平均坡度，护坡道愈宽，愈有利于边坡稳定，但工程量随之增加，根据实际情况，宽度至少为 1.0 m，并随填土高度增加而增大。一般情况下，护坡道宽度 d 为：$h<3.0$ m，$d=1.0$ m；$h=3\sim6$ m，$d=2$ m；$h=6\sim12$ m，$d=2\sim4$ m。

碎落台通常设置在路堑边坡坡脚与边沟外侧边缘之间，有时也设在边坡中部，如图0-6-8所示，其作用是防止零星土石碎落物落入边沟。碎落台宽度一般为1.0～1.5 m，兼顾护坡道作用，又适当放宽。对风化严重的岩石边坡或不良土质边坡，一般为1.0～1.5 m，其顶部宽度大于0.5 m，墙高1～2 m。

1.3.3　堆料坪

为避免在路肩上堆放路面养护用料，在用地条件许可时，可在路肩外缘或边沟外缘设置堆料坪，一般每隔50～100 m设置一个，其长度为5～8 m，宽度为2 m左右，如图0-6-9所示。

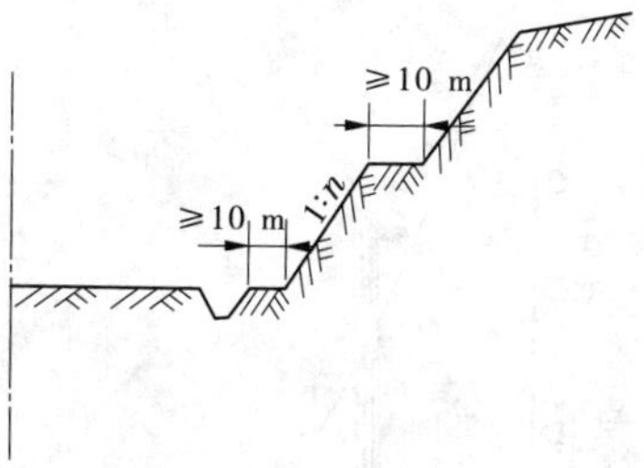

图0-6-8　碎落台示意图

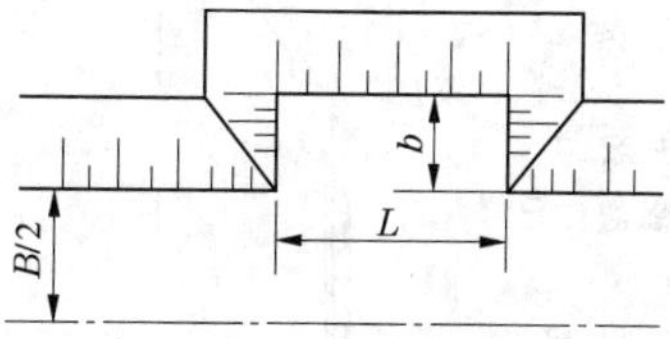

图0-6-9　堆料坪示意图

2　路基横断面设计成果编制

横断面设计成果主要是路基土石方数量计算表和横断面图。

2.1　路基标准横断面图

路基标准横断面图（图0-6-10）是路基横断面设计图中所出现的所有路基形式的汇总。它示出了所有设计线（包括边坡、边沟、挡墙、护肩等）的形状、比例及尺寸，用以指导施工。路基横断面设计图不必对每一个断面都进行详细的标注（其中很多断面的比例、尺寸都是相同的），避免了工作的重复与烦琐，也使横断面设计图比较简洁。

2.2　路基横断面设计图

路基横断面设计图是路基每一个中桩的法向剖面图，它反映每个桩位处横断面的尺寸及结构，是路基施工及横断面面积计算的依据，图中应给出地面线与设计线，并标注桩号、施工高度与断面面积。相同的边坡坡度可只在一个断面上标注，挡墙等圬工构造物可只绘出形状不标注尺寸，边沟也只需绘出形状。横断面设计图应按从下到上、从左到右的方式进行布置，一般采用1∶200的比例，如图0-6-11所示。

2.3　路基设计表

路基设计表严格地说不能只作为横断面设计的成果，它是路线设计成果的一个汇总，其前半部分是平面与纵面设计的成果。横断面设计完成后，再将“边坡”、“边沟”等栏填上。其中“边沟”一栏的“坡度”如不填写，表明沟底纵坡与道路纵坡一致，如果不一致，则需另外填写。

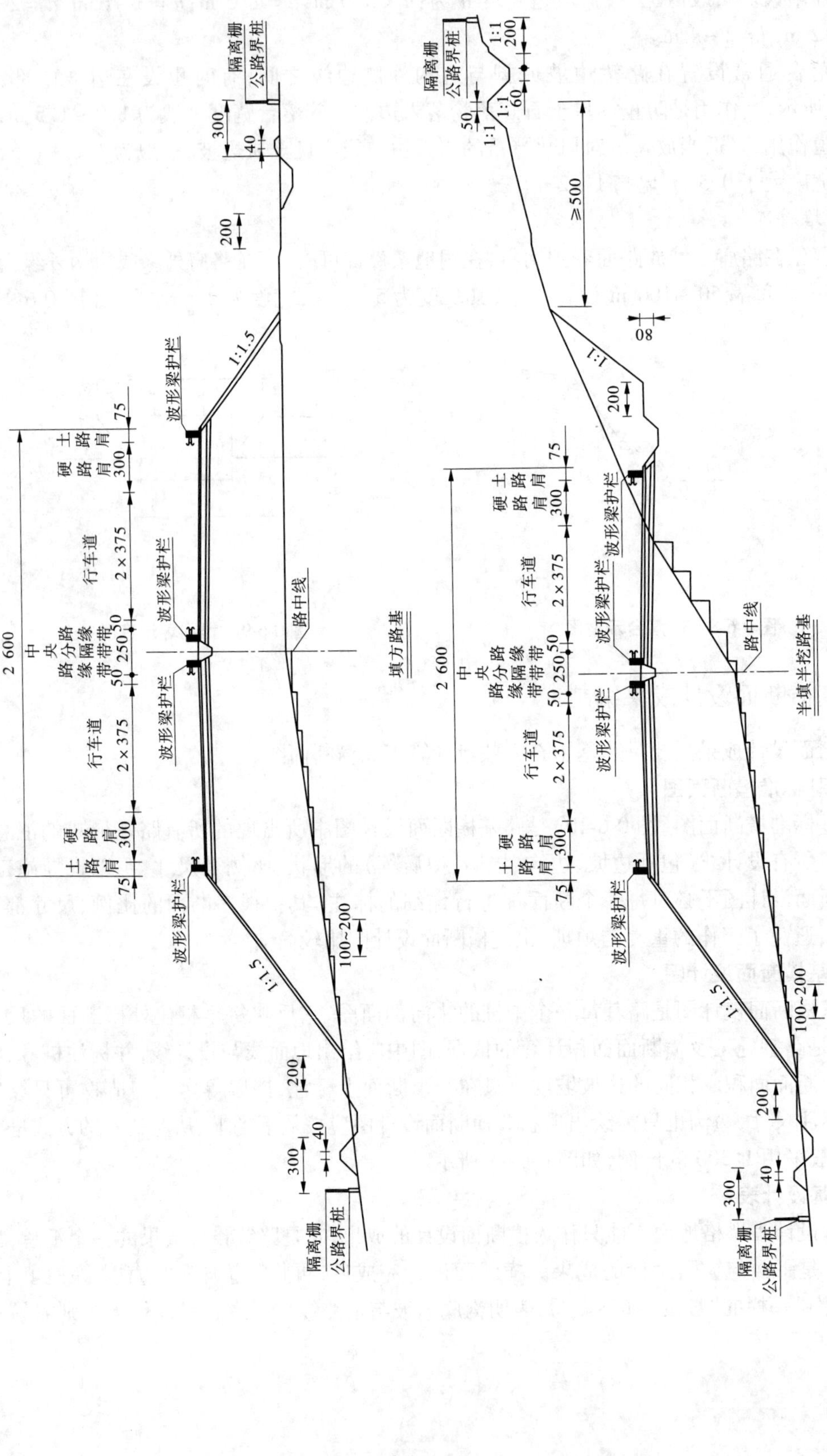

图 0-6-10　公路路基标准横断面图　（尺寸单位:cm）

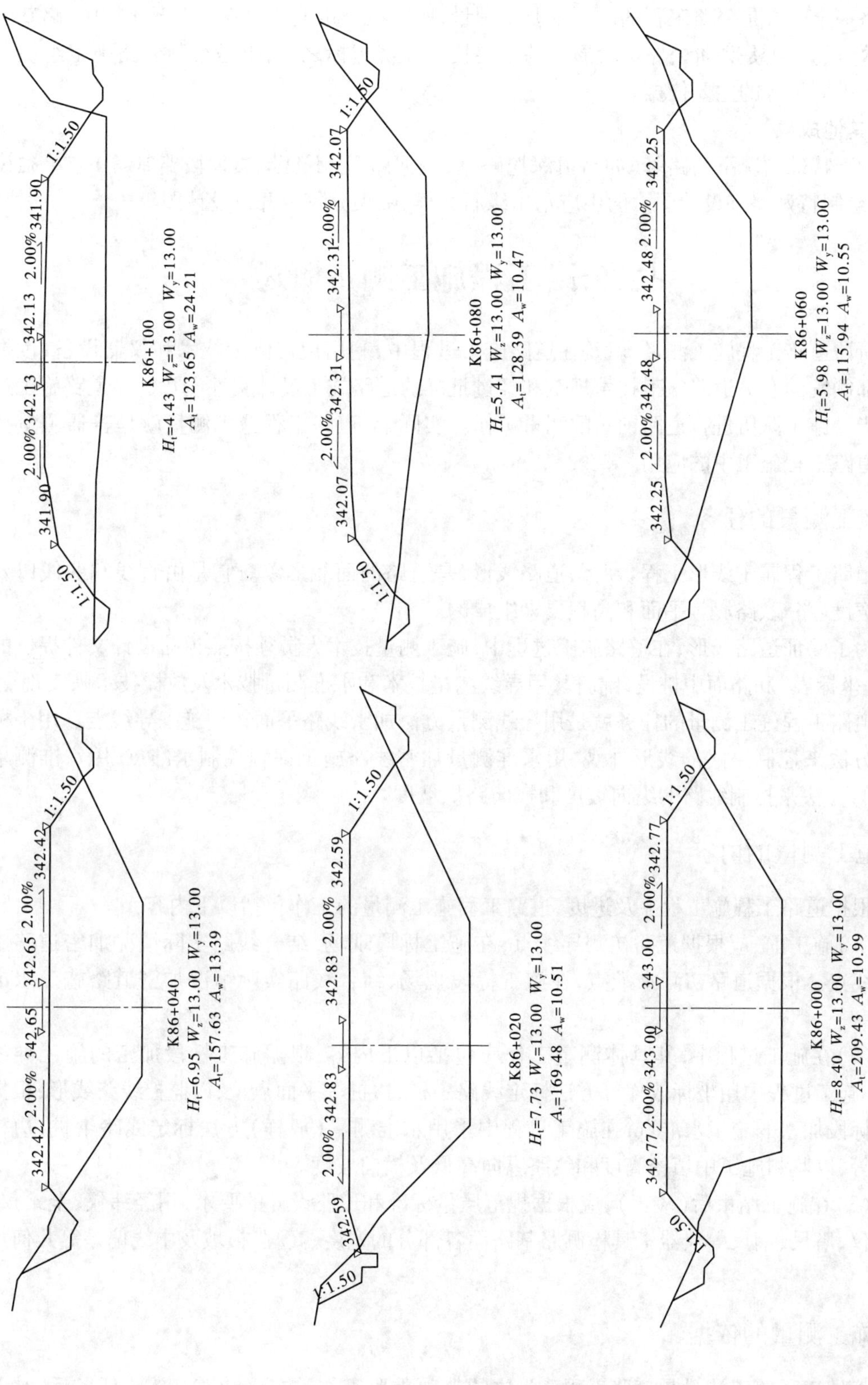

图 0-6-11 公路路基横断面设计图

2.4　路基土石方数量计算表

路基土石方是公路工程的一项主要工程量，所以在公路设计和路线方案比较中，路基土石方数量的多少是评价公路测设质量的主要技术经济指标之一，也是编制公路施工组织计划和工程概预算的主要依据。

2.5　其他成果

对于特殊情况下的路基（如高填深挖路基、侵河路基、不良地质地段路基等）应单独设计，并绘制特殊路基设计图。图中应示出缘石大样、中央分隔带开口设计图等。

七、公路工程施工测量概述

所谓道路工程施工测量，就是在道路施工过程中，利用现代测量技术和仪器设备，依据交通部颁发的有关道路施工技术规范和经过批准的道路施工设计文件、图纸，在道路施工过程中指导施工队伍进行道路铺筑的测量工作。实际上，道路工程施工测量就是普通测量技术在道路工程施工中的应用。

1　施工测量的任务

道路工程属于线形工程。所谓道路线形，是道路的面貌形象。它是由直线和曲线以及路面宽度、路堑、路堤等平面和高程要素组成的。

为了保证道路线形，在道路施工过程中，施工测量技术人员须按照道路设计文件提供的"逐桩坐标表"和路面中桩设计高程，用导线测量技术和水准测量技术及放样技术来实现。

道路工程施工测量的任务就是用导线测量方法加密线路平面控制施工导线点。用坐标放样方法来控制道路的线形外观，用水准测量加密线路施工高程控制水准点，用水准测量（放样）方法来控制线路的纵向坡度和横向路拱坡度。

2　施工测量的内容

根据道路工程施工程序及进度，道路工程施工测量的工作包括以下内容：

（1）施工前，应根据道路初测导线点，在施工标段现场，结合线路实际情况加密道路施工导线点。根据道路初测水准点，在施工标段现场，结合线路实际情况加密道路施工水准点。

（2）在施工过程中，其具体测量工作应包括以下内容：根据施工标段加密的施工导线点，在施工过程中用坐标放样等方法标定线路中桩、边桩等平面点位，以监控线路线形；根据施工标段加密的施工水准点，在施工过程中采用水准测量（放样）方法标定线路中桩、边桩高程等，以监测施工中填挖高度和线路纵向高低及横向坡度。

（3）在施工结束后（竣工），应根据规范质量标准和道路设计的要求，用经纬仪、全站仪、水准仪、塔尺、钢尺等仪器工具检测路基路面各部分的宽度、高程、横坡及中线偏差等几何尺寸。

3　施工测量的依据

道路工程施工测量是道路工程建设中的一项重要工作。在接受道路施工任务后，从开工到竣工及道路施工过程中都要进行一系列的施工测量。

道路工程按施工顺序分为道路路基施工、道路底基层施工、道路基层施工和道路路面施工。为了确保道路施工质量,交通部发布了《道路路基施工技术规范》(JTG F10—2006)、《道路路面基层施工技术规范》(JTJ 034—2000)、《道路勘测规范》(JTG C10—2007)和《道路勘测细则》(JTG/T C10—2007)。这四种规范中有关施工测量的规定条款,就是道路工程施工测量的重要依据。道路工程施工测量必须按照这些规定条款执行。

4 施工测量对技术人员的要求

道路工程施工通常是在一条狭长地带进行的,故对测量技术的需求有其特殊性,但是道路工程施工测量技术并不复杂,均是常规的易操作的测量技术。然而问题不在于所应用测量技术的简易,而在于测量技术在线路施工中多次的重复操作,量大而繁,尤其是施工中的高程测量,如 1 km 长的道路,每 10 m 测设左、中、右三个桩位,则线路每结构层都要测 300 个点位高程,况且施工中随时都要补桩,这就要求施工测量员要有足够的耐心和细心,工作中千万不可疏忽大意,否则将为道路工程建设造成很大的损失。

对于从事道路施工的测量技术人员来说,准确的施工测量是保证道路施工顺利进行的关键。这就要求测量人员不仅能适应道路施工专业的特殊性,同时自身必须具备下列素质方面的条件,才能满足道路施工的要求:

(1)必须具备一定的测量专业知识和实际操作能力。能独当一面,独立处理道路施工中遇到的有关测量方面的问题。在任何艰苦复杂的条件下,都能保证道路施工进度和质量要求。

(2)具备一定的路桥施工知识和排水、防护工程施工知识,能够协助道路施工员处理路桥、涵洞、通道、排水系统、边坡防护工程等施工中遇到的一些问题。

(3)道路工程施工大部分是在野外进行的,条件、环境都比较艰苦,要求测量人员身体健康,能适应野外生活,适应各种恶劣的气候,能吃苦、不怕累,能够在艰苦环境下坚持工作,有敬业奉献精神。

(4)要勇于负责,并勇于承担责任,忠诚守信,廉洁奉公,对于施工中出现的虚假、以次充好等不良行为,要敢于制止,以确保道路工程的质量。

(5)必须具备高度的责任心。道路工程施工测量所做的工作是道路施工的基础依据,测量工作过程中的任何一点疏忽和差错,都将影响施工的进度和质量,造成返工事故,因此施工测量人员必须要有高度的责任心,工作中要胆大心细,经常校核,发现问题,及时纠正。

(6)现代公路工程施工,机械化程度高,施工进度很快,要求施工测量员必须及时放样。因此,施工测量员必须会操作现代先进测量设备全站仪及可编程的现代小型科学计算机,并要求具有熟练操作水准仪的技能。

八、桥梁结构认知

1 桥梁的基本组成部分

桥梁一般由上部结构、下部结构、支座和附属部分等 4 部分组成。

通常人们习惯上称桥跨结构为桥梁的上部结构,称桥墩和桥台(包括基础)为下部结构,如图 0-8-1 所示。

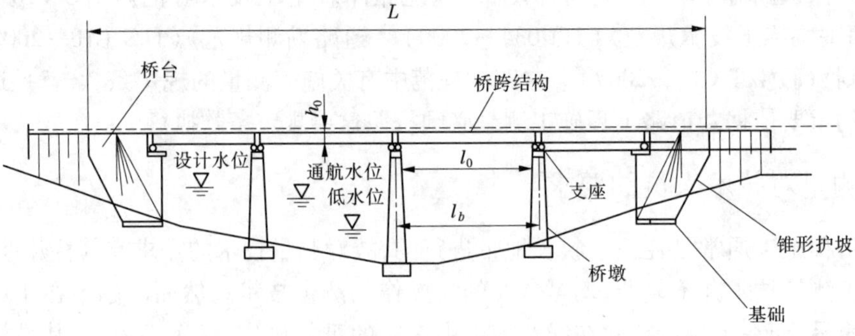

图 0-8-1　桥梁结构

1.1　桥梁结构

上部结构指桥梁位于支座以上的部分,通常称桥跨结构,桥跨结构是在线路中断时跨越障碍物的主要承重结构。它的主要作用是承受其上桥面荷载和交通荷载。

下部结构通常包括桥墩、桥台和基础,如图 0-8-2 所示。

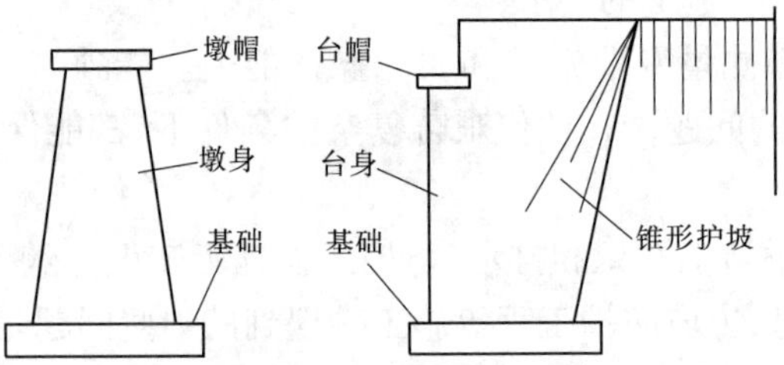

图 0-8-2　桥梁下部结构

桥墩和桥台是支撑桥跨结构并将恒载和车辆等活载传至基础的结构物。通常设置在桥两端的称为桥台,它除支撑桥跨结构作用外,还起到衔接桥梁和路堤的作用,并抵御路堤土压力,防止路堤填土的滑坡和塌落。

桥墩和桥台使全部荷载传至地基的底部,通常称为基础。桥墩和桥台传来的全部荷载包括竖向荷载及地震力、船舶撞击力等引起的水平荷载。基础是桥梁结构的根基,是确保桥梁能安全使用的关键。由于基础往往深埋在土层之中,并且需在水下施工,故也是桥梁建筑中施工比较困难的一部分。

支座是连接桥梁上部结构和下部结构的重要结构部件。它能将桥梁上部结构的反力和变形(位移和转角)可靠地传递给桥梁下部结构,从而使结构的实际受力情况与计算的理论图式相符合。

附属工程是在桥梁建筑工程中,除上述基本结构外,根据需要还常常修筑护岸、导流结构物和导航装置。桥梁的附属设施有桥面铺装、排水防水系统、栏杆、伸缩缝和灯光照明等。

河流中的水位是变动的,在枯水季节的水位称为低水位,洪峰季节河流中的最高水位称为高水位。桥梁结构中按规定的设计洪水频率计算所得的高水位称为设计洪水位。在通航河流,满足正常通航净空要求的最高水位称为设计通航水位。

1.2　桥梁布置和结构有关的主要尺寸与术语名称

(1)标准跨径,对于梁式桥或板式桥是指两相邻桥墩中线之间的距离,或桥墩中心线至桥台台背前缘之间的距离;对于拱桥,则是指净跨径。

(2)净跨径:对于梁式桥是指设计洪水位上相邻两个桥墩(桥台)之间的净距,用 l_0 表示。对于拱式桥是每孔拱跨两个拱脚截面最低点之间的水平距离。

(3)总跨径:在单孔桥中即为桥梁的净跨径,在多孔桥中是指多孔桥梁中各孔净跨径的总和,以 $\sum l_0$ 表示。它反映了桥下宣泄洪水的能力。

(4)计算跨径:对于有支座的桥梁,是指桥跨结构相邻两个支座中心之间的水平距离,以 l 表示。对于图 0-8-3 所示的拱式桥,是两相邻拱脚截面形心之间的水平距离。桥跨结构的力学计算式以计算跨径 l 为基准。

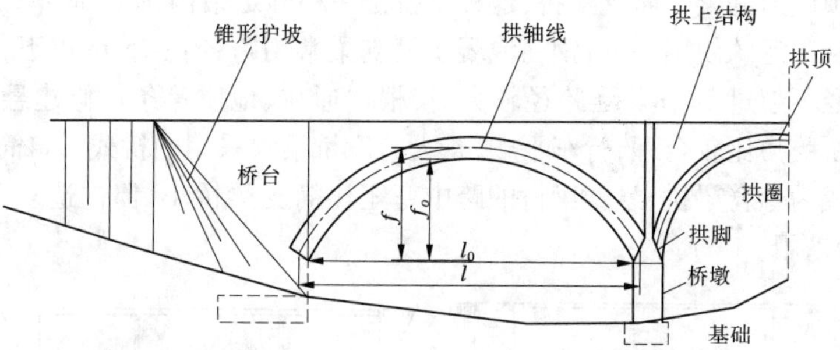

图 0-8-3　拱式桥的基本组成

(5)桥梁全长:简称桥长,是桥梁两端两个桥台的侧墙或八字墙后端点之间的距离,以 L 表示。

(6)桥梁高度:简称桥高,是指桥面与低水位之间的高差,以 H_1 表示。桥高在某种程度上反映了桥梁施工的难易性。

(7)桥下净空高度,简称净高,是设计通水位至桥跨结构最下缘之间的距离,以 H 表示。它应能保证安全排洪,并不得小于对该河流通航水位所规定的净空高度。

(8)建筑高度:是指桥上行车路面标高至桥跨结构最下缘之间的距离,以 H_0 表示。它不仅与桥跨结构的体系和跨径大小有关,而且还随行车部分在桥上布置的高度位置而异。公路定线中所确定的桥面标高与通航净空顶部标高之差,称容许建筑高度。显然,桥梁的建筑高度不得大于其容许建筑高度,否则就不能保证桥下的通航要求。

(9)净矢高:对于拱式桥,是从拱顶截面下缘至相邻两拱脚截面下缘最低点连线的垂直距离,以 f_0 表示(见图 0-8-3)。

(10)计算矢高:是从拱顶截面形心至相邻两拱脚截面形心连线的垂直距离,以 f 表示(见图 0-8-3)。

(11)矢跨比:是拱桥中拱圈的计算矢高 f 与计算跨径 l 之比,以 f/l 表示(见图 0-8-3),也称拱矢度,它是反映拱桥受力特性的一个重要指标。

2　桥梁的主要类型

目前人类所见到的桥梁,种类繁多。它们都是在长期的生产活动中,通过反复实践和不断总结发展起来的。

为了对桥梁的基本体系有个概略的认识，下面加以简要说明。

桥梁按结构的受力体系可分为梁式、拱式和悬索式三种基本体系。其中梁式以受弯为主，拱桥以受压为主，悬索以受弯为主。现代的桥梁结构也一样，不过其内容更加丰富，形式更加多样，材料更加坚固，技术更进步。下面从受力特性、建桥材料、适用跨度等方面来阐述桥梁各种体系的特点。

2.1　梁式桥

梁式桥在竖向荷载作用下，支座只产生竖向反力（见图 0-8-4），梁中内力主要是弯矩和剪力，以受弯为主。梁式桥可分为简支梁桥、连续梁桥和悬臂梁桥。图 0-8-4 所示为各种体系的基本图式。目前简支梁桥和连续梁桥应用最为普遍。公路上应用最广的是预制装配式钢筋混凝土和预应力混凝土简支梁桥，这种梁桥是一种静定结构，受力简单，施工方便，在小跨度桥梁中得到广泛的使用，一般钢筋混凝土简支梁常用跨径在 25 m 以下，预应力混凝土简支梁常用跨径不超过 50 m。当跨径较大时，根据通航、地质等条件修建悬臂梁桥和连续梁桥。连续梁桥受力比较合理，行车平顺，是大跨度桥梁常采用的桥式。将简支梁桥梁体加长至支点外就成为悬臂梁桥，悬臂梁桥的跨中弯矩比简支梁桥小，但构造复杂，行车不够平顺，目前已较少采用。

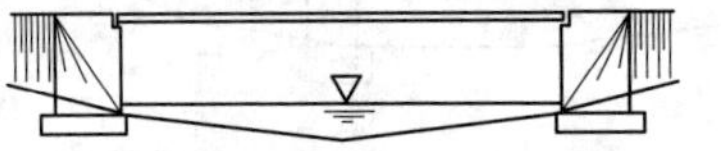

(a)简支梁桥

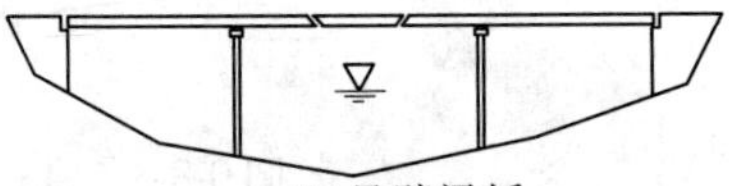

(b)悬臂梁桥

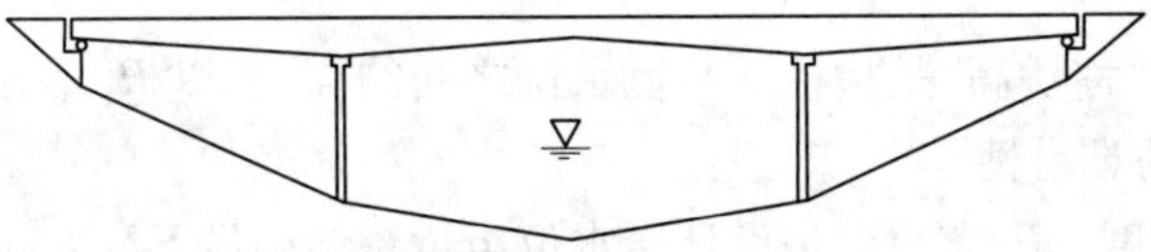

(c)连续梁桥

图 0-8-4　梁式桥

2.2　拱式桥

拱式桥的主要承重结构是拱圈或拱肋（见图 0-8-5），这种结构在竖向荷载作用下桥墩或桥台将承受水平推力，同时这种水平推力将显著抵消荷载所引起的在拱圈内的弯矩作用。因此，与同跨径的梁相比，拱的弯矩和变形要小得多。鉴于拱圈的承重结构以受压为主，常用抗压能力强的圬工材料（如砖、石、混凝土）和钢筋混凝土来建造。图 0-8-5所示为拱式桥的基本图式和力学图式。

由于拱桥跨越能力大，造型美观，在地基较好的情况下，一般在跨径 500 m 以内均可作为比选方案。

由于拱式桥是推力结构，其墩台基础必须承受强大的拱脚内力。拱式桥对地基要求高，施工较复杂，适建于地基和地质条件较好的桥址。在地基条件不适合修建具有很大推力的拱桥情况，可修建水平推力由受拉系杆来承受的系杆拱桥。图 0-8-5 所示拱式桥为一座系杆拱桥，系杆一般可由钢、钢筋混凝土、预应力混凝土或钢绞线索做成。

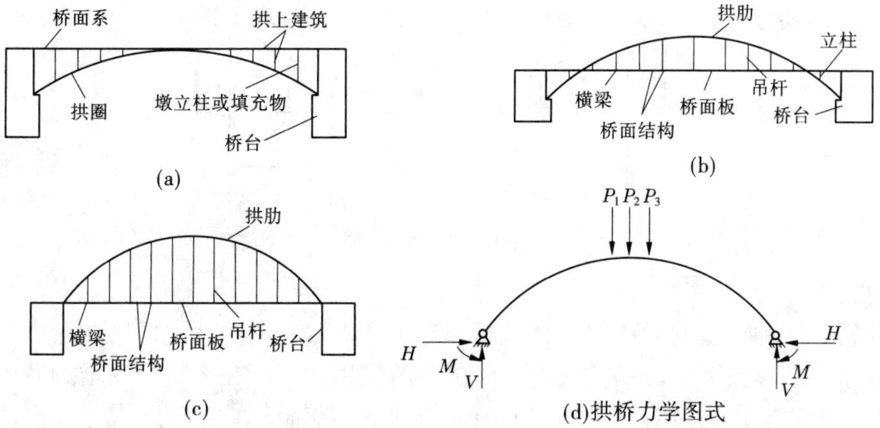

图 0-8-5 拱式桥

2.3 刚架桥

刚架桥是一种梁与墩台刚性连接成整体的结构(见图 0-8-6(a)),由于梁柱结点是刚性连接的,在竖向荷载作用下,柱脚处具有水平反力和支座弯矩(见图 0-8-6(b))。梁部主要受弯,但弯矩较同跨径的简支梁小,跨中建筑高度可做得较小,一般适用于需要较大桥下净空和建筑高度受到限制的情况,如立体交叉桥和跨线桥。普通钢筋混凝土刚架桥的梁柱节点处一般较容易产生裂缝。

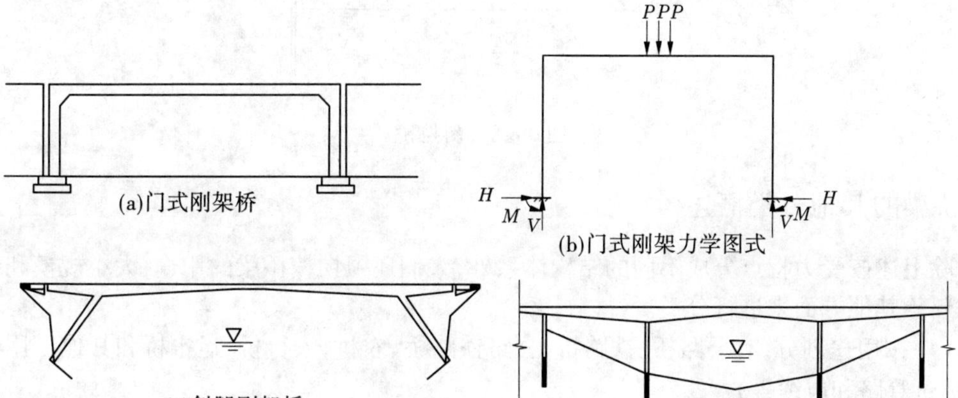

图 0-8-6 刚架桥

2.4 悬索桥

悬索桥又称吊桥,主要由缆索、桥塔、锚碇、吊杆和加劲梁组成,如图 0-8-7 所示。悬索桥是以悬挂在两端边塔架上的强大缆索作为主要承重构件的,通过吊杆使缆索承受很大的拉力,缆索跨过塔顶锚固在锚碇上,必须在两岸桥台后方修筑巨大的锚碇结构。悬索桥具有成卷钢缆易于运输,结构组成构件自重较轻,跨越能力比其他桥型大的特点,常用于跨越大江大河和跨海的特大桥。然而悬索桥相对于其他体系而言,自重轻,结构刚度差,在车辆荷载和风荷载作用下,具有较大的变形和振动。

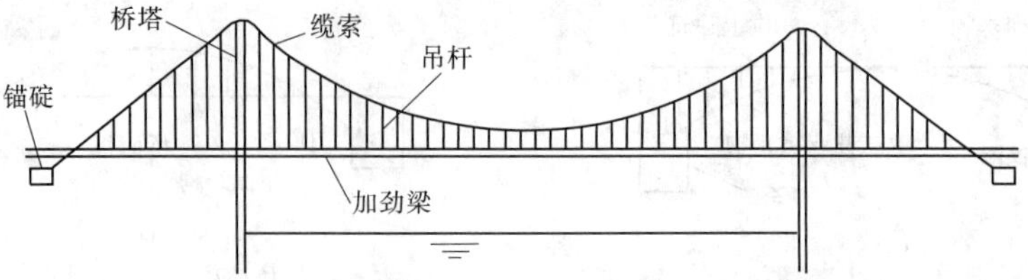

图 0-8-7　悬索桥

2.5　斜拉桥

斜拉桥是一种典型的索梁组合体系桥梁(见图 0-8-8),斜拉桥由斜拉索、塔和主梁组成。斜拉索一端锚在塔上,一端锚在梁上,拉索的作用相当于在主梁跨内增加若干弹性支撑。同时斜拉索利用锚固系统,一端锚固在塔柱上,一端锚固在主梁上,其水平分力相当于对主梁施加了一个预应力。从而使主梁内力分布均匀,大大减小了建筑高度,结构自重显著减轻,既节省了材料,又大幅度增加了桥梁的跨越能力。与悬索桥相比,斜拉桥不需要笨重的锚固装置,抗风能力也优于其他悬索桥。

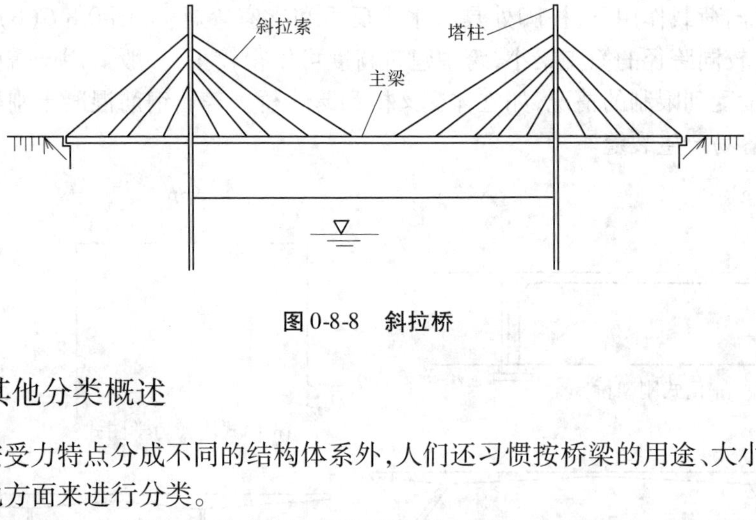

图 0-8-8　斜拉桥

3　桥梁的其他分类概述

除上述按受力特点分成不同的结构体系外,人们还习惯按桥梁的用途、大小规模和建桥的材料等其他方面来进行分类。

(1)按用途划分,有公路桥、铁路桥,公路铁路桥、农桥,人行桥、运水桥和其他专用桥梁(如通过管路和电缆等)。

(2)按工程规模划分。桥梁总长和单孔跨径都是桥梁建设规模的标志,按桥梁跨径和全长的不同,分为特大桥、大桥、中桥、小桥和涵洞。

《公路桥涵设计通用规范》(JTG D60—2004)规定的划分标准如表 0-8-1 所示。

表 0-8-1　桥梁、涵洞跨径分类

桥涵分类	多孔跨径总长(m)	单孔跨径 L_K(m)
特大桥	$L>1\,000$	$L_K>150$
大桥	$100\leqslant L\leqslant 1\,000$	$40\leqslant L_K\leqslant 150$
中桥	$30<L<100$	$20\leqslant L_K<40$
小桥	$8\leqslant L\leqslant 30$	$5\leqslant L_K<20$
涵洞	—	$L_K<5$

(3)按主要承重结构所用的材料划分,有钢桥、混凝土桥、钢筋混凝土结合梁桥、石桥、木桥等。混凝土桥又分为钢筋混凝土桥、预应力混凝土桥、部分预应力混凝土桥。工程上把混凝土桥和砖石桥称为圬工桥。木材易腐,而且资源有限,因此除少数临时性的桥梁外,一般不采用。

(4)按结构体系划分,最基本的为梁桥、拱桥和索桥等。这三种桥型是大自然赋予人类的,经人们在自然中不断发掘、改造和完善,形成了千姿百态的梁、拱、索及其与墩、塔、柱等构件合成的各种组合体系桥梁。例如,仅梁桥就有简支梁、连续梁,用杆件拼成的桁梁,以及梁与墩柱刚性连接而形成的刚架桥、梁与索组合构成的斜拉桥等;梁的截面又可做成矩形、T形、箱形等。

(5)桥梁按平面布置分类,有正桥、斜桥、弯桥、坡桥和匝道桥等。正桥是指桥梁所在的线路与所跨河流或线路正交的情况,绝大多数桥梁都做成正桥。当桥梁与所跨河流或线路斜交时,桥梁在平面上设计成平行四边形,称为斜桥;曲线线路上通常把桥梁设计成与线路一致的曲桥。斜桥和弯桥的设计与施工都比较麻烦,其好处是给线路设计带来较多的方便和自由。城市立交桥常设坡度很大的坡桥和匝道桥,使高处的主车道与低处的另一线路在占地不多的情况下迅速相连。所谓匝道桥,就是呈螺旋状下降的空间曲线桥。

(6)按上部结构的行车道位置,分为上承式桥、下承式桥和中承式桥。桥面布置在主要承重结构之上者称为上承式桥,桥面布置在承重结构之下的称为下承式桥,桥面布置在桥跨结构高度中间的称为中承式桥。

此外,还有很多其他分类方式,如按梁的截面形式分为T梁桥、箱形桥等;按跨越对象分为跨河桥、跨谷桥、跨线桥、旱桥等。有时也按桥梁施工和架设方法分类。桥梁还有固定式桥、开启桥和活动桥之分。

九、涵洞结构认知

涵洞是公路或铁路与沟渠相交的地方使水从路下流过的通道,作用与桥相同,但一般孔径较小,形状有管形、箱形及拱形等。此外,涵洞还是一种洞穴式水利设施,有闸门以调节水量。

1 涵洞的分类

1.1 按构造形式分类

按照构造形式,涵洞可分为圆管涵、拱涵、盖板涵、箱涵。

(1)圆管涵。由洞身及洞口两部分组成,如图0-9-1、图0-9-2所示。洞口是洞身、路基和水流三者的连接部位,主要有八字墙和一字墙两种洞口形式。

圆管涵的管身通常由钢筋混凝土构成,管径一般有0.75 m、1 m、1.25 m、1.5 m和2 m等五种,管径的大小根据排水要求选择,多采用预制安装,预制长度通常为2 m。当采用0.5 m或0.75 m管径时用单层钢筋,而孔径在1 m及1 m以上时采用双层钢筋。0.5 m管径时其管壁厚度不小于6 cm,0.75 m管径时管壁厚度不小于8 cm,1 m管径时管壁厚度不小于10 cm,1.25 m及1.5 m管径时管壁厚度不小于12 cm。

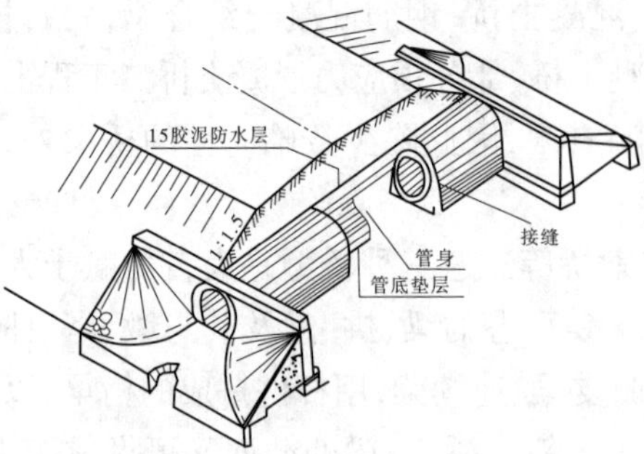

图 0-9-1　圆管涵各部分组成

图 0-9-2　圆管涵八字墙

(2)拱涵。主要由拱圈、护拱、涵台、基础、铺底、沉降缝及排水设施组成。适用于跨越深沟或高路堤。如图 0-9-3、图 0-9-4 所示。

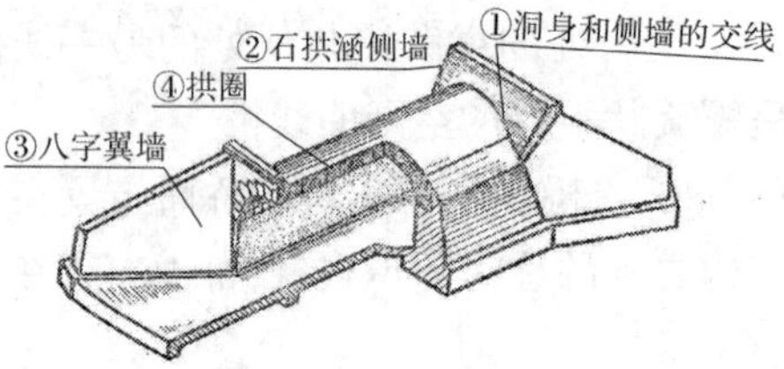

图 0-9-3　拱涵各部分组成

图 0-9-4　拱涵示意图

(3)盖板涵。主要由盖板、涵台、洞身铺底、伸缩缝、防水层等构成。钢筋混凝土盖板涵适用于无石料地区且过水面积较大的明涵或暗涵。石盖板涵适用于石料丰富且过水流量较小的小型涵洞。如图 0-9-5、图 0-9-6 所示。

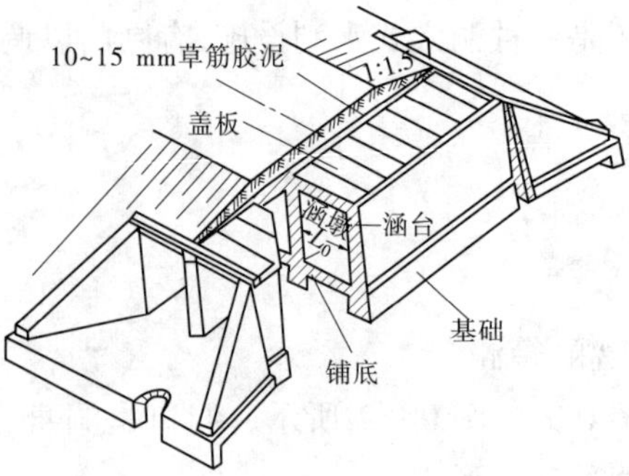

图 0-9-5　盖板涵各部分组成

图 0-9-6　盖板涵

(4)箱涵。主要由钢筋混凝土涵身、翼墙、基础、变形缝等组成。箱涵为整体闭合式钢筋混凝土框架结构,所以具有良好的整体性及抗震性能。一般仅在软土地基上采用。如图 0-9-7所示。

图 0-9-7　箱涵示意图

1.2　按填土情况不同分类

按照填土情况不同分类,涵洞可以分为明涵和暗涵。

(1)明涵:洞顶无填土,适用于低路堤及浅沟渠处。

(2)暗涵:洞顶有填土,且最小的填土厚度应大于 50 cm,适用于高路堤及深沟渠处。

1.3　按建筑材料分类

按建筑材料分类,涵洞可分为砖涵、石涵、混凝土涵及钢筋混凝土涵等。

1.4　按水力性能分类

按水力性能分类,涵洞可分为无压力式涵洞、半压力式涵洞、压力式涵洞。

(1)无压力式涵洞:入口处水流的水位低于洞口上缘,洞身全长范围内水面不接触洞顶的涵洞。

(2)半压力式涵洞:入口处水流的水位高于洞口上缘,部分洞顶承受水头压力的涵洞。

(3)压力式涵洞:涵洞进出口被水淹没,涵洞全长范围内全断面泄水。

2　涵洞的构造

涵洞主要分为洞口和涵身两大部分。

2.1　洞口构造

洞口是洞身、路基、河道三者的连接构造物。常用的洞口形式有端墙式、八字式、走廊式和平头式四种。无论采用何种形式,河床必须铺砌。

(1)八字式:敞开斜置,两边八字形翼墙墙身高度随路堤的边坡变化。工程量小,水力性能好,施工简单,造价低,是最常用洞口形式。如图 0-9-8 所示。

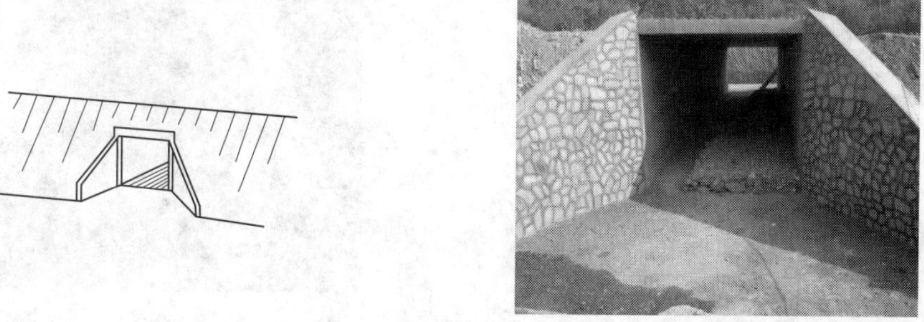

图 0-9-8　八字墙洞口

(2)端墙式:洞口建筑为垂直涵洞纵轴线、部分挡住路堤边坡的矮墙,涵身高度由涵前壅水高度或路肩高度决定。构造简单,但水力性能不好,仅适用于小流速、低冲刷的渠道。如图 0-9-9 所示。

图 0-9-9　端墙式洞口

(3)锥坡式:在端墙式的基础上将侧向伸出的锥形填土表面予以铺砌。圬工体积较大,不够经济,但稳定性好,适用于较高大的涵洞,也是较常用的形式。如图 0-9-10 所示。

图 0-9-10　锥坡式洞口

(4)直墙式:可视为敞开口为零度角的八字式洞口。适用于净宽窄而深并且和涵洞宽度一样的渠道。因翼墙短,造价低,多与消力池配置适用。如图 0-9-11 所示。

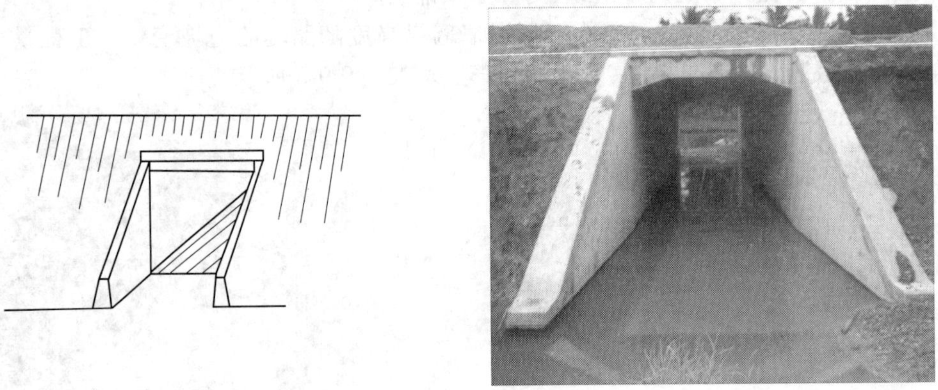

图 0-9-11　直墙式洞口

(5)涵洞出入口其他构造。

帽石:出入口板顶及翼墙顶部为挡土而设。一般采用 20 cm 厚、40 cm 宽的 C30 混凝土。如图 0-9-12 所示。

端(翼)墙及其基础:常用的有八字翼墙、端墙形式。一般填方地段均采用八字翼墙的形式,有利于挡涵后路基填土。当处于挖方内设涵时,可以考虑采用端墙式。通常采用 C20 混凝土或 C20 混凝土块。八字翼墙一般包含 1 m 的盖板,端墙一般为 2 m,在既有线增建二线接长涵或其他特殊情况时,根据涵节调整需要,可以适当调整出入口长度。

图 0-9-12　钢筋混凝土盖板箱涵

2.2　涵身构造

如图 0-9-12 所示涵身构造由以下几部分组成。

2.2.1　盖板

为避免板顶积水,一般做成两端稍薄、中间厚的梯形截面钢筋混凝土盖板。普通填土盖板采用 C25 钢筋混凝土,高填土盖板涵填土盖板采用 C30 钢筋混凝土。盖板一般按每块 1 m 宽预制,特殊情况下使用 0.75 m 宽的盖板。斜交盖板做成平坡,板顶通过 C15 混凝土形成流水坡。

2.2.2　边墙

放坡的混凝土梯形截面墙身,C20 混凝土,起支撑盖板作用,墙顶做成企口,以固定盖板。当填土高度较高时,也有采用穿孔锚钉将盖板连接在边墙上的。

2.2.3　基础

涵洞基础作为涵洞结构的重要组成部分,对结构的安全起着至关重要的作用。基础厚度一般按照参考图办理,采用明挖扩大基础的形式。一般地基情况下,当基底应力大于 150 kPa 时,采用刚性联合基础,即可满足设计承载能力的要求。刚性联合基础就是把两边墙底部基础连接成为整体,并满足规范关于刚性角的最小要求,所以,刚性联合基础的厚度是随着孔径在变化。但是,涵洞基底地质情况千变万化,基础的处理是必不可免的:

(1)基底地质情况变好:当涵洞基底为岩石的弱风化带时,为减少岩石开挖及基础圬工,可采用分离式基础或将刚性基础适当减薄。

(2)基底地质情况变差:当基底应力达不到 150 kPa 时,对基底应予以加固:

①基底软弱土层厚度小于 3 m 时,换填砂夹卵石或砂夹碎石处理。

②基底软弱土层厚度大于 3 m 的,采用桩基础处理,常见的有碎石桩、喷桩等。

通过技术经济比较,基础适当配置钢筋,减少混凝土用量,采用钢筋混凝土刚性联合基础也是可行的。

【习题与思考】

1. 公路运输与其他运输方式相比,具有哪些特点?

2. 我国把公路划分成几级? 公路等级的选用一般要考虑哪些方面的因素?

3. 什么是公路的控制要素?《标准》提出的公路设计控制要素主要有哪些?

4. 简述线路设计与测量之间的关系,画图表说明。

5. 道路圆曲线的曲线要素如何计算? 主点里程如何计算? 各中线点独立坐标如何计算?

6. 什么叫缓和曲线? 为什么要在圆曲线上引入缓和曲线?

7. 什么叫完全对称综合曲线? 什么叫完全非对称综合曲线?

8. 如何计算综合曲线要素? 如何计算综合曲线主点里程? 其独立坐标如何计算?

9. 公路的纵断面指的是什么? 公路的横断面指的是什么?

10. 竖曲线的曲线要素、主点里程、主点高程、竖曲线上任意点高程如何计算?

11. 如何绘制线路纵断面图? 线路纵断面图表达了哪些内容?

12. 常见的路堤形式有哪些?

13. 路基横断面成果包括哪些内容?

14. 道路工程施工测量的工作有哪些?

15. 桥梁由哪几部分构成?

16. 桥梁的主要类型有哪几种? 各有什么特点?

17. 按照构造形式分,涵洞分为哪几种?

18. 涵洞主要分为哪两部分? 常用的洞口形式有哪几种?

19. 涵身构造由哪几部分组成?

项目 1　公路中线测设

【项目导航】

高等级公路(尤其是高速公路)建设在全国范围内大规模兴起,带来了道路勘测设计的一场革命。无论是设计理论和方法,还是勘测手段和设备,都发生了很大的变化,特别是全站仪和 GPS 测量技术在公路设计与施工中得到了广泛的应用。

遵照《测绘法》的有关规定,大中型建设工程项目的坐标系统应与国家坐标系统一致,或与国家坐标系统相联系。现在二级以上公路勘测设计,都是先建立道路控制,然后勘测设计与施工测量都是依据布设的控制点坐标和高程进行路线测设与施工放样,这种方法称为"控制点测设道路法"。

用控制点测设道路,以其精确、方便、灵活、高效、误差不积累等优越性,在道路勘测设计与施工中得到最为广泛的应用,成为道路(尤其是高等级公路)测设的主要手段和方法。

要想实现用控制点测设道路,就必须使线路上任意一点的坐标都和控制点坐标采用同一套坐标系统,这样的坐标系统,称为线路坐标系统。计算道路中线上任意一点的线路坐标是利用控制点测设道路过程中最重要的环节。

这一工作,在室内可根据交点设计坐标、中线起点的设计里程、各曲线的曲线要素等设计数据,利用相应的线路坐标计算程序,推算出所有中桩的里程和平面坐标。这种线路坐标计算程序,在大多数较新型的全站仪、GPS－RTK 设备中都有装载;也可自行编制相关的计算程序,安装在 E－500、PDA 或便携式计算机中,现场根据所需里程随时计算或全部计算完毕后传输到放样设备中使用。

公路中线测量是将公路设计中心线测设到实地上,并沿线路设置里程桩。公路中线的基本平面线形由直线、圆曲线和缓和曲线组成。由圆曲线和缓和曲线又可以组合成多种复杂线形。

公路中线测设的一般流程如图 1-0-1 所示。

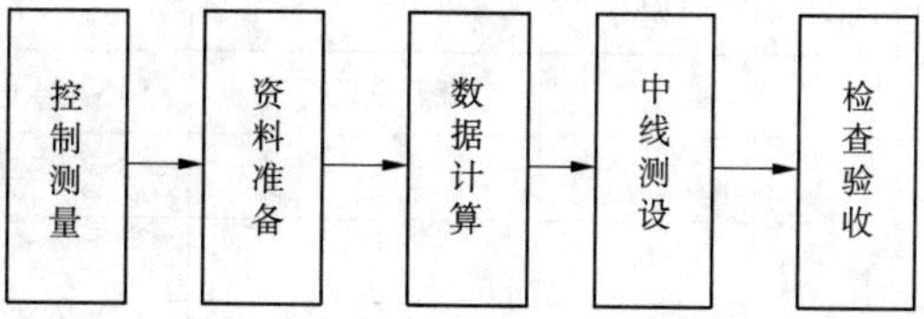

图 1-0-1　公路中线测设流程

本项目由以下三项任务组成:

任务 1　全站仪道路中线测设;

任务 2　GPS－RTK 道路中线测设;

任务 3　互通立交匝道中线测设。

【学习目标】

(1)掌握全站仪和 GPS－RTK 道路程序计算线路坐标的方法;
(2)会利用全站仪和 GPS－RTK 进行道路中线放样;
(3)会进行互通立交匝道线性线路坐标计算并进行放样;
(4)培养团队合作意识,加强责任意识;培养工作安全意识,提高职业素养。

任务 1　全站仪道路中线测设

【任务描述】

某市拟修建一条公路,设计人员经过外业的实地勘察,在已经测绘了的地形图上,用相应的软件设计出了道路的定线参数,如表 1-1-1 和表 1-1-2 所示。现准备采用全站仪道路程序直接进行道路中线的放样,要求每 100 m 放样一点,请进行具体的施测工作。

表 1-1-1　交点法道路定线参数表

交点号	交点坐标(m)		交点桩号	曲线要素值(m)		
	N (X)	E (Y)		半径	缓和曲线参数	缓和曲线长度
1	2	3	4	5	6	
JD_0	1100	1050	K0 +000			
JD_1	1300	1750		100	80	64
JD_2	1750	1400		200	0	
JD_3	2000	1800				

表 1-1-2　元素法道路定线参数

定线元素	里程	N(m)	E(m)	方位角	距离(m)	半径(m)	长度(m)
起点	K0 +000	1100	1050				
直线				74°03′17″	545.543		
缓和曲线						100(Z)	64
圆曲线						100(Z)	131.354
缓和曲线						100(Z)	64
直线				322°07′30″	166.004		
圆曲线						200(Y)	334.648
直线				57°59′41″	250.084		

【任务分析】

该任务给出了道路设计的定线参数,按照以前学习的知识,可以直接计算出道路中线里程桩的坐标,然后将其上传到全站仪,用全站仪坐标放样的方法进行放样。但是现在大多数全站仪都内置了道路设计程序,通过参数的输入可以直接计算出任意中桩点的坐标。下面按照 TOP－330N 系列全站仪道路程序来实现道路中桩点的放样。

【任务流程】

任务流程如图 1-1-1 所示。

图 1-1-1　任务流程图

1　控制测量

1.1　平面控制点位置的选定

平面控制点位置的选定应符合下列要求:

(1)相邻点之间必须通视,点位能长期保存,相邻边长相差不宜过大。

(2)便于加密、扩展和寻找。

(3)观测视线超越(或旁离)障碍物应在 1.3 m 以上。

(4)平面控制点位置应沿路线布设,平均边长 500 m,且距路中心的位置宜大于 50 m 且小于 300 m,同时应便于测角、测距及地形测量和定测放线。

(5)平面控制点的设计,应考虑沿线桥梁、隧道等构造物布设控制网的要求。为了提高勘测精度和便于日后勘测工作的开展,在构建平面控制网时应在以下地段布设控制点对:①线路勘测起讫处;②线路重大方案起讫处;③线路重大工程,如隧道、特大桥、枢纽等地段;④航摄测段重叠处。

1.2　导线测量

传统的道路平面控制主要是导线测量,大部分测绘单位均采用全站仪来进行观测。由于导线延伸很长,为了避免误差累积并进行检核,要求每隔一定的距离(一般不大于 30 km)应与国家控制点或线路首级平面控制点联测。

1.3　GPS 测量

由于道路控制网大多以狭长形式布设,并且很多工程穿越山林,周围已知控制点很少,使得导线测量方法在网形布设、误差控制等多方面带来很大问题。同时传统方法作业时间也比较长,直接影响了工程建设的正常进展。现在线路平面控制测量一般采用 GPS 测量技术。自 GPS 技术引入该领域以来,测量效率及测量精度得到极大的提高。

在线路控制网中应用 GPS 技术的形式是沿设计线路建立狭长带状控制网。目前主要有两种情况,一种是全线控制点都采用 GPS 施测;一种是应用 GPS 定位技术加密国家控制点或建立首级控制网,然后再进行导线加密。在实际生产中较多地用了后者。

GPS 线路控制网布设应满足以下几条:

(1)作为导线起闭点的 GPS 点应成对出现,一个作为设站点,一个作为定向点。

(2)每对点必须通视,间隔以不大于 1 000 m 为宜(不宜短于 200 m)。

(3)每对点与相邻一对点的间隔不得大于 30 km。具体间隔视作业条件和整个控制测量工作计划而定,一般 5 ~10 km 布设一对点。这些点均沿设计线路布设,其图形类似线形锁。

图 1-1-2 为西安—南京线西安至南阳段 GPS 控制网的布设网型。

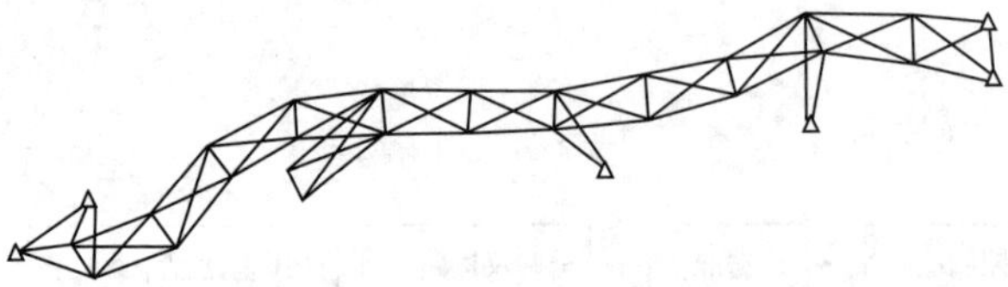

图 1-1-2　西安—南京线西安至南阳段 GPS 控制网

西安—南京线西安至南阳段线路长 450 km,勘测设计工作由铁道部第一勘测设计院承担。线路通过秦岭山脉东段和豫西山区。GPS 定位测量是为初测导线提供起闭点。GPS 网由 13 个大地四边形和 2 个三角形组成。待定点(GPS 控制点)24 点为 12 个点对,相邻点对间平均距离 18 km。联测了 6 个国家控制点,选用其中 5 个点作为已知点参与平差。

GPS 线路控制网施测过程中不可避免地会出现长短边过于悬殊的情况(基线有几百米的,也有十几千米的,见图 1-1-3)。由于长边的系统误差比短边系统误差明显要大,因而长边绝对精度要比短边低很多,若不加区别地将全部基线纳入网中进行平差计算,势必将长边误差传递到短边中,大大削弱短边的精度,影响整个控制网的点位精度。因此,数据处理时一般将形成异步环的较长边仅用于基线成果的检核,不纳入网平差计算的范畴(见图 1-1-4),以提高整个 GPS 网的点位精度。

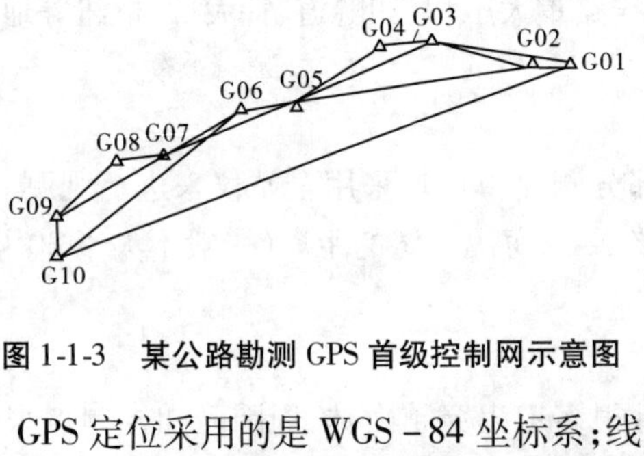

图 1-1-3　某公路勘测 GPS 首级控制网示意图

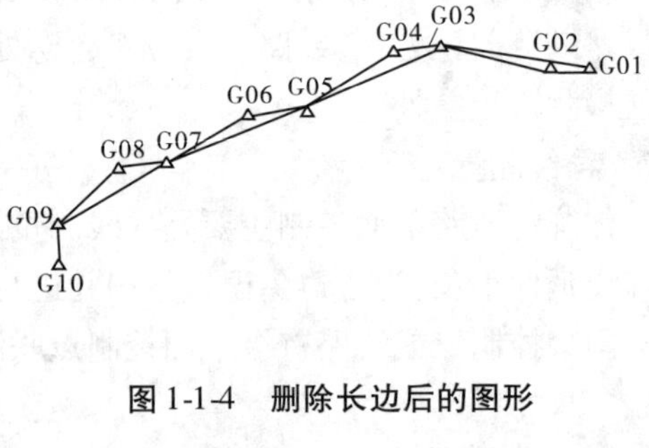

图 1-1-4　删除长边后的图形

GPS 定位采用的是 WGS - 84 坐标系;线路测量中常用的椭球有北京 54 坐标系或西安 80 坐标系,通常采用高斯平面直角坐标系。因此,在布设公路 GPS 控制网时,必须与已知控制点联测,以便将 WGS - 84 坐标系中的坐标转换到所需坐标系。

2　数据准备

2.1　起始点数据

起始点数据包括起始点的坐标、起始点的桩号,以及缺省的放样间距。

2.2　水平定线数据

拓普康道路软件在道路定线时有两种方法可供选择:元素法和交点法。

2.2.1　元素法参数准备

(1)直线:由长度 L 和方位角 AZ 来描述。

(2)圆曲线:由其曲率半径 R、长度 L 及转向(Z/Y)来描述。

(3)缓和曲线:由其曲率半径 R、长度 L 及转向(Z/Y)来描述。进出方向确定该缓和曲线为入缓和曲线还是出缓和曲线。入缓和曲线半径是由无穷大渐变到 R,相反出缓和曲线是从 R 渐变到无穷大。

2.2.2　交点法参数准备

交点法是由交点坐标、圆曲线半径 R、缓和曲线参数 A_1 和缓和曲线参数 A_2 来确定的。

3　全站仪道路设计

3.1　元素法

(1)GTS－330N 开机,先初始化道路数据,清空以前的道路数据。

●初始化道路数据

操作过程	操作	显示
①按[MENU]键，再按[F4](P↓) [F1],[F4]，进入程序菜单2/2	[MENU] [F4] [F1] [F4]	程序　2/2 F1:面积 F2:点到线测量 F3:道路　P↓
②按[F3],[F3]键 (参阅第×页“初始化道路数据”)	[F3] [F3]	初始化数据 删除道路数据! >OK?　[否][是]
③一旦按下[F4](是)键，则除坐标数据文件外所有道路数据将被删除。按下[F4]键	[F4]	

(2)输入道路起始点:

N＝1100.000　E＝1050.000　桩号:K0＋000 m　间距:100 m

●输入起始点

操作过程	操作	显示
①按[MENU]键，再按[F4](P↓),[F1],[F4]键进入程序菜单页2/2	[MENU] [F4] [F1] [F4]	程序　　2/2 F1:面积 F2:点到线测量 F3:道路　　P↓
②按[F3],[F1],[F1]键 (参阅第×页“输入起始点”)	[F3] [F1] [F1]	起始点 N>1100.000 m E:1050.000 m 输入 …… 回车
③输入坐标N,E ④按[ENT]键	输入坐标 [ENT]	起始点 桩号>0.000 m 间距:100.000 m 输入 …… 回车
⑤输入桩号、间距 ⑥按[ENT]键	输入数据 [ENT]	<设置！>
		输入数据 F1:起始点 F2:水平定线

这里要输入道路起始点的坐标、桩号及间距。需要注意的是：如果起始点桩号用K0+000表示，则桩号输入0。如果起始点桩号不是K0+000而是K5+382.678，则应该输入5382.678(K5表示5 km,382.678表示382.678 m，所以该点的里程应该是5 km+382.678 m，即5382.678 m)。

(3)输入第一段直线：

L(距离)=545.543　　AZ(方位角)=74°03′17″

●输入直线数据

操作过程	操作	显示
		F1:直线 F2:圆曲线 F3:缓和曲线 F4:交点
①按[F1],进入直线输入页面	[F1]	直线　　01 L> 545.543 m AZ:74° 03′ 17″ 输入 …… 回车
②输入L(长度) ③按[ENT]键	输入L [NET]	直线　　01 L> 545.543 m AZ:74° 03′ 17″ 输入 …… 回车
④输入AZ(方位角) ⑤按[ENT]键	输入AZ [ENT]	…… <设置！>

(4)输入缓和曲线入口段：

R(半径)=100 m　L(缓和曲线长度)=64 m　转向：向左方向：入口

●输入缓和曲线数据

操作过程	操作	显示
		F1:直线 F2:圆曲线 F3:缓和曲线 F4:交点
①按[F3],进入缓和曲线输入页面*1	[F3]	缓和曲线　03 R>　100.000 m L:　64.000 m 输入 …… 回车
②输入R(半径) ③按[ENT]键	输入R [ENT]	缓和曲线　03 R>　100.000 m L:　64.000 m 输入 …… 回车
④输入L(缓和曲线长度) ⑤按[ENT]键	输入L [ENT]	……
⑥选择转向:向左或者向右 ⑦按[ENT]键	[F1] 或者[F2] [ENT]	缓和曲线　03 转向>向左 方向>入口 向左 向右 … 回车
⑧选择方向:进口或者出口 ⑨按[ENT]键	[F1] 或者[F2] [ENT]	缓和曲线　03 转向>向左 方向>入口 入口 出口 … 回车 <设置！>
*1:缓和曲线不能作为第一个道路数据输入。		

(5)输入圆曲线数据：

R(圆曲线半径)=100.000 m　L(圆曲线长度)=131.354　转向：向左

●输入圆曲线数据

操作过程	操作	显示
		F1:直线 F2:圆曲线 F3:缓和曲线 F4:交点
①按[F2],进入圆曲线输入页面*1	[F2]	圆曲线　02 R>　100.000 m L:　131.354 m 输入 …… 回车
②输入R(半径) ③按[ENT]键	输入R [ENT]	圆曲线　02 R>　100.000 m L:　131.354 m 输入 …… 回车
④输入L(弧长) ⑤按[ENT]键	输入L [ENT]	……
⑥选择转向:向左或者向右 ⑦按[ENT]键	[F1] 或者[F2] [ENT]	圆曲线　02 转向>向左 向左 向右 … 回车 <设置！>
*1:圆曲线不能作为第一个道路数据输入。		

(6)输入缓和曲线出口段:

R(圆曲线半径)=100.000 m　L(缓和曲线长度)=64.000 m　转向:向左方向:出口

●输入缓和曲线数据

操作过程	操作	显示
		F1:直线 F2:圆曲线 F3:缓和曲线 F4:交点
①按[F3],进入缓和曲线输入页面*1	[F3]	缓和曲线　03 R>　100.000 m L:　64.000 m 输入 …… 回车
②输入R(半径) ③按[ENT]键	输入R [ENT]	缓和曲线　03 R>　100.000 m L:　64.000 m 输入 …… 回车
④输入L(缓和曲线长度) ⑤按[ENT]键	输入L [ENT]	……
⑥选择转向:向左或者向右 ⑦按[ENT]键	[F1] 或者[F2] [ENT]	缓和曲线　03 转向>向左 方向>出口 向左 向右 … 回车
⑧选择方向:进口或者出口 ⑨按[ENT]键	[F1] 或者[F2] [ENT]	缓和曲线　03 转向>向左 方向>出口 入口 出口 … 回车
出口		<设置!>
*1:缓和曲线不能作为第一个道路数据输入。		

(7)输入第二段直线:

L(长度)=166.004 m　AZ(方位角)=322°07′30″

●输入直线数据

操作过程	操作	显示
		F1:直线 F2:圆曲线 F3:缓和曲线 F4:交点
①按[F1],进入直线输入页面	[F1]	直线　01 L>　166.004 m AZ:322° 07′ 30″ 输入 …… 回车
②输入L(长度) ③按[ENT]键	输入L [ENT]	直线　01 L>　166.004 m AZ:322° 07′ 30″ 输入 …… 回车
④输入AZ(方位角) ⑤按[ENT]键	输入AZ [ENT]	…… <设置!>

(8)输入第二段圆曲线:

R(半径)=200.000 m　L(圆曲线)=334.648 m　转向:向右

●输入圆曲线数据

操作过程	操作	显示
		F1:直线 F2:圆曲线 F3:缓和曲线 F4:交点
①按[F2],进入圆曲线输入页面*1	[F2]	圆曲线　02 R>　200.000 m L:　334.648 m 输入 …… 回车
②输入R(半径) ③按[ENT]键	输入R [ENT]	圆曲线　02 R>　200.000 m L:　334.648 m 输入 …… 回车
		……
④输入L(弧长) ⑤按[ENT]键	输入L [ENT]	
⑥选择转向:向左或者向右 ⑦按[ENT]键	[F1] 或者[F2] [ENT]	圆曲线　02 转向>向右 向左 向右 … 回车
		<设置！>
*1:圆曲线不能作为第一个道路数据输入。		

(9)输入第三段直线:L(长度)=250.084 m　AZ(方位角)=57°59′41″

●输入直线数据

操作过程	操作	显示
		F1:直线 F2:圆曲线 F3:缓和曲线 F4:交点
①按[F1],进入直线输入页面	[F1]	直线　01 L> 250.084 m AZ:57° 59′ 41″ 输入 …… 回车
②输入L(长度) ③按[ENT]键	输入L [ENT]	直线　01 L> 250.084 m AZ:57° 59′ 41″ 输入 …… 回车
④输入AZ(方位角) ⑤按[ENT]键	输入AZ [ENT]	……
		<设置！>

到此,元素法设计道路完毕,可以按 ESC 退出到道路初始界面。

3.2 交点法

(1)GTS－330N 开机,先初始化道路数据,清空以前的道路数据。

●初始化道路数据

操作过程	操作	显示
①按[MENU]键，再按[F4](P↓) [F1],[F4]，进入程序菜单2/2	[MENU] [F4] [F1] [F4]	程序　　2/2 F1:面积 F2:点到线测量 F3:道路　　P↓
②按[F3],[F3]键 (参阅第×页“初始化道路数据”)	[F3] [F3]	初始化数据 删除道路数据! >OK?　[否][是]
③一旦按下[F4](是)键，则除坐标数据文件外所有道路数据将被删除。按下[F4]键	[F4]	

(2)输入道路起始点:

JD_0:N＝1100.000　E＝1050.000　桩号:K0＋000 m　间距:100 m

●输入起始点

操作过程	操作	显示
①按[MENU]键，再按[F4](P↓),[F1], [F4]键进入程序菜单页2/2	[MENU] [F4] [F1] [F4]	程序　　2/2 F1:面积 F2:点到线测量 F3:道路　　P↓
②按[F3],[F1],[F1]键 (参阅第×页“输入起始点”)	[F3] [F1] [F1]	起始点 N>1100.000 m E:1050.000 m 输入 …… 回车
③输入坐标N,E ④按[ENT]键	输入坐标 [ENT]	起始点 桩号>0.000 m 间距:100.000 m 输入 …… 回车
⑤输入桩号、间距 ⑥按[ENT]键	输入数据 [ENT]	<设置！>
		输入数据 F1:起始点 F2:水平定线

(3)输入第一个交点：

JD_1：N＝1300.000　E＝1750.000　R＝100.000 m　A_1＝80.000 m　A_2＝80.000 m

●输入交点数据

操作过程	操作	显示
		F1:直线 F2:圆曲线 F3:缓和曲线 F4:交点
①按[F4],进入交点输入页面	[F4]	交点　01 N> 1300.000 m E: 1750.000 m 输入 …… 回车
②输入N坐标 ③按[ENT]键	输入N [ENT]	交点　01 N> 1300.000 m E: 1750.000 m 输入 …… 回车
④输入E坐标 ⑤按[ENT]键	输入E [ENT]	R> 100.000 m A_1: 80.000 A_2: 80.000 输入 … 跳过 回车
⑥输入R(半径)[*1] ⑦按[ENT]键	输入R [ENT]	R> 100.000 m A_1: 80.000 A_2: 80.000 输入 … 跳过 回车
⑧输入A_1(缓和曲线参数)[*1] ⑨按[ENT]键	输入A_1 [ENT]	R> 100.000 m A_1: 80.000 A_2: 80.000 输入 … 跳过 回车
⑩输入A_2(缓和曲线参数)[*1] ⑪按[ENT]键	输入A_2 [ENT]	…… <设置！>

*1:若该数据无需输入,则可按[跳过]键；

● 在输入交点数据时，若下一个数据不再是交点数据,则不论其R、A_1、A_2值如何,道路计算时均视其为直线。

(4)输入第二个交点:

JD_2:N = 1750.000　E = 1400.000　R = 200.000 m　$A_1 = A_2 = 0$

●输入交点数据

操作过程	操作	显示
		F1:直线 F2:圆曲线 F3:缓和曲线 F4:交点
①按[F4],进入交点输入页面	[F4]	交点　02 N> 1750.000 m E: 1400.000 m 输入 …… 回车
②输入N坐标 ③按[ENT]键	输入N [ENT]	交点　02 N> 1750.000 m E: 1400.000 m 输入 …… 回车
④输入E坐标 ⑤按[ENT]键	输入E [ENT]	R> 200.000 m A_1: 0.000 A_2: 0.000 输入 … 跳过 回车
⑥输入R(半径)*1 ⑦按[ENT]键	输入R [ENT]	R> 200.000 m A_1: 0.000 A_2: 0.000 输入 … 跳过 回车
⑧输入A_1(缓和曲线参数)*1 ⑨按[ENT]键	输入A_1 [ENT]	R> 200.000 m A_1: 0.000 A_2: 0.000 输入 … 跳过 回车
⑩输入A_2(缓和曲线参数)*1 ⑪按[ENT]键	输入A_2 [ENT]	…… <设置! >

*1:若该数据无需输入,则可按[跳过]键;

● 在输入交点数据时,若下一个数据不再是交点数据,则不论其R、A_1、A_2值如何,道路计算时均视其为直线。

(5)输入终点:

JD_3:N = 2000.000　E = 1800.000　$R = 0$　$A_1 = A_2 = 0$

●输入交点数据

操作过程	操作	显示
		F1:直线 F2:圆曲线 F3:缓和曲线 F4:交点
①按[F4],进入交点输入页面	[F4]	交点 03 N> 2000.000 m E: 1800.000 m 输入 …… 回车
②输入N坐标 ③按[ENT]键	输入N [ENT]	交点 03 N> 2000.000 m E: 1800.000 m 输入 …… 回车
④输入E坐标 ⑤按[ENT]键	输入E [ENT]	R> 0.000 m A_1: 0.000 A_2: 0.000 输入 … 跳过 回车

到此,交点法设计道路完毕,可以按 ESC 退出到道路初始界面。

4　全站仪道路放样

(1)选择坐标数据文件。如需调用某个文件中的坐标作为测站点和后视点,则可按如下步骤选择文件。

操作过程	操作	显示
①按[MENU]键, 再按[F4](P↓), [F1],[F4]键,进入程序菜单页2/2	[MENU] [F4] [F1] [F4]	程序 2/2 F1:面积 F2:点到线测量 F3:道路 P↓
②按[F3],[F2]键 (参阅第×页“选择文件”)	[F3] [F2]	道路放样 F1:测站设置 F2:道路放样 F3:选择文件
③按[F3]键	[F3]	选择文件 FN:________ 输入 调用 … 回车
④输入待调用文件的名字(或者在调用列表中选定)	选择文件	……
⑤按[ENT]键	[ENT]	

(2)调用坐标数据,设置测站和后视定向。

●测站设置与后视定向

操作过程	操作	显示
①按[MENU]键,再按[F4](P↓),[F1],[F4],进入程序菜单2/2	[MENU] [F4] [F1] [F4]	程序　　2/2 F1:面积 F2:点到线测量 F3:道路　　P↓
②按[F3],[F2],[F1]键 (参阅第×页“测站设置”)	[F3] [F2] [F1]	测站设置 F1:测站设置 F2:后方交会
③按[F1]键*1	[F1]	测站设置 F1:坐标数据 F2:道路数据
④输入测站点,可按[F1](坐标数据)或者[F2](道路数据)键 坐标数据:测站点坐标由坐标数据文件中调用; 道路数据:测站点坐标由给定道路数据计算得到 (本例选择道路数据)	[F1]	测站点 点号：1 输入 调用 坐标 回车
⑤输入测站点,按[ENT]键	输入测站点 [ENT]	后视 点号：2 输入 调用 坐标 回车
⑥输入后视点，按[ENT]键	输入后视点 按[ENT]键	
⑦照准后视点	照准后视点	后视 $H(B)$=223° 16′ 00″ >照准?　　[是][否]
⑧按[F3](是)	[F3]	<设置！> 道路放样 F1:测站设置 F2:道路放样 F3:选择文件

*1:欲采用后方交会法进行测站设置和后视方向，可选择[F2](后方交会),详情见“后方交会法”。

(3)道路放样。

●道路放样

操作过程	操作	显示
①按[MENU]键,再按[F4](P↓),[F1],[F4],进入程序菜单2/2	[MENU] [F4] [F1] [F4]	程序　2/2 F1:面积 F2:点到线测量 F3:道路　P↓
②按[F3],[F2],[F2]键 (参阅第×页“道路放样”)	[F3] [F2] [F2]	道路放样 桩号：1000.000 输入 ⋯⋯ 回车
③输入数据	输入数据	道路放样 桩号:1200 输入 ⋯⋯ 回车
④按[ENT]键	[ENT]	桩号:1200 ＞中线 左边线 右边线⋯回车
⑤选择偏距,按[F2]键 (本例选择右边)*1	[F2]	桩号：1200 ＞右边 =5 [−][−][CLR][ENT]
⑥输入偏距值	输入偏距值	
⑦按[ENT]键 显示放样点坐标	[ENT]	桩号:1200.00R5.0 N:1788.671 m E:1521.369 m ＞OK?　[是][否]
⑧按[F3]键 显示放样点的距离和方向角 *HR*:放样点的水平角计算值 *HD*:仪器到放样点的水平距离计算值	[F3]	计算 *HR*=0° 26′ 10″ *HD*=189.424 m 角度 距离⋯回车
⑨按[F1](角度)键 桩号:放样点 *HR*:实际测量的水平角 *dHR*:对准放样点转动的水平角=实际水平角−计算的水平角 当*dHR* =0° 00′ 00″,即表明放样方向正确	[F1]	桩号:1200.00R5.0 *HR*:223° 16′ 00″ *dHR*:−137° 10′ 10″ 输入 ⋯ 坐标 ⋯
⑩按[F1](距离)键 *HD* :实测的水平距离 *dHD* :对准放样点尚差的水平距离 =实测距离−计算距离	[F1]	*HD*:　100.000 m *dHD*:　0.000 m 模式 角度 坐标 继续
⑪按[F3](坐标)键 显示坐标数据	[F3]	N:　70.000 m E:　50.000 m 模式 角度⋯继续
⑫按[F4](继续)键,进行下一个放样点的测设	[F4]	

*1:若不选择偏距,可按[ENT]键。

究竟是选择元素法还是交点法,要根据给出的已知数据进行选择,放样时设置好测站和后视,放样方法与全站仪坐标放样方法相同,在这里就不作过多的说明。

【知识点】

1　道路中的测量符号

测量符号可采用英文(包括国家标准或国际通用)字母或汉语拼音字母。当工程需要引进外资或为国际招标项目时,应采用英文字母;为国内招标时,可采用汉语拼音字母。一条公路宜使用一种符号。公路勘测规范对公路测量符号有统一规定,常用符号列于表1-1-3。

表1-1-3　公路测量符号

名称	中文简称	汉语拼音或国际通用符号	英文符号
交点	交点	JD	I. P.
转点	转点	ZD	T. P.
导线点	导点	DD	R. P.
水准点		B. M.	B. M.
圆曲线起点	直圆	ZY	B. C.
圆曲线中点	曲中	QZ	M. C.
圆曲线终点	圆直	YZ	E. C.
复曲线公切点	公切	GC	P. C. C.
第一缓和曲线起点	直缓	ZH	T. S.
第一缓和曲线终点	缓圆	HY	S. C.
第二缓和曲线终点	圆缓	YH	C. S.
第二缓和曲线起点	缓直	HZ	S. T.

2　道路中线在地面上的表示方法

2.1　中桩及其里程

地面上表示中线位置的桩点称为中线桩,简称中桩。中桩的密度根据地形情况而定。对于直线段,平原微丘区间隔不大于50 m,山岭重丘区间隔不大于25 m;对于曲线段,间隔5~25 m一个中桩。

中桩除标定道路平面位置外,还标记道路的里程。所谓里程,是指从道路起点沿道路方向计算至该中桩点的距离,其中曲线上的中桩里程是以曲线长计算的。具体表示方法是将整公里数和后面的尾数分开,中间用"+"号连接。如离起点距离为14 368.472 m的中桩里程表示为14+368.472,在里程前还常常冠以字母K表示,即写成:K14+368.472。

2.2　中桩的分类

道路上所有桩点分为三类:道路控制桩、一般中线桩、加桩和断链桩。

2.2.1　道路控制桩

道路控制桩是指对道路位置起决定作用的桩点。主要包括直线上的起终点、交点 *JD*、

转点 ZD、曲线上的曲线控制点和各个副交点。

2.2.2　一般中线桩

一般中线桩是指中线上除控制桩外沿直线和曲线每隔一段距离钉设的中线桩,它都钉设在整50 m或20 m的倍数处。一般中线桩还包括下面几种桩:百米桩,即里程为整百米的中线桩;公里桩,即里程为整公里的中线桩。

2.2.3　加桩

加桩主要是沿道路中线上有特殊意义的地方钉设的中线桩,包括地形加桩和地物加桩。

地形加桩是指沿中线方向地形起伏变化较大的地方钉设的加桩,它对于以后设计施工尤其是纵坡的设计起很大的作用;地物加桩则是指沿中线方向遇到对道路有较大影响的地物时布设的加桩,如遇到河流、村庄等,则在两侧均布设加桩,遇到灌溉渠道、高压线、公路交叉口等也都要布置加桩。所有的加桩都要注明里程,里程标注至米即可,特殊情况下可取位至0.1 m。

凡在下列位置应设加桩:

(1)路线纵横向地形变化处;

(2)路线交叉处;

(3)拆迁建筑物处;

(4)桥梁、涵洞、隧道等构造物处;

(5)土质变化及不良地质地段起、终点处;

(6)省、地(市)、县级行政区划分界处;

(7)改建公路变坡点、构造物和路面面层类型变化处。

2.2.4　断链桩

中线测量一般是分段进行的。由于地形地质等各种情况常常会进行局部改线或者由于计算或丈量发生错误时,会造成已测量好的各段里程不能连续,这种情况称为断链。如图1-1-5所示。

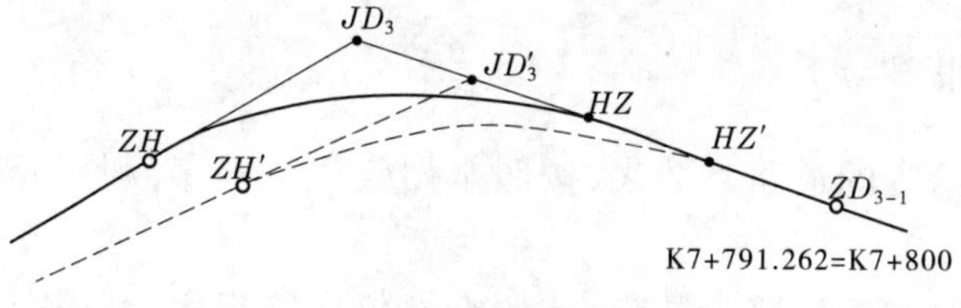

图1-1-5　断链

由于交点 JD_3 改线后移至 JD_3',原中线改线至图中虚线位置,使得从起点至转点 ZD_{3-1} 的距离比原来减少。而从 ZD_{3-1} 往前已进行了中线测量,如将所有里程改动或重新进行中线测量,则外业工作量太大。为此,可在现场断链处即转点 ZD_{3-1} 的实地位置设置断链桩,用一般的中线桩钉设,并注明两个里程,将新里程写在前面,也称来向里程,将原来的里程写在后面,也称去向里程,并在断链桩上注明新线比原来道路长或短了多少。由于改线后道路缩短,来向里程小于去向里程,这种情况称为短链。如果由于改线后新道路变长,则使得来向里程大于去向里程,那么就称为长链。断链的处理方法见图1-1-6。

断链桩一般应设置在百米桩或十米桩处,不要设置在有桥梁、村庄、隧道和曲线的范围内,并作好详细的断链记录,供初步设计和计算道路总长度作参考。

3 里程桩设置

道路控制桩一般采用5 cm×5 cm×(30~50 cm)的木质桩。一般中线桩采用(4~5 cm)×(1~1.5 cm)×(25~30 cm)的木质或竹质板桩。桥隧控制桩一般为混凝土桩。位于岩石、原有道路或建筑物上的桩志,可采用铁钉标志或用油漆绘制点位符号。

所有中桩标志应采用黑色或红色油漆书写标志名称及里程桩号。字母对着道路的起始方向。

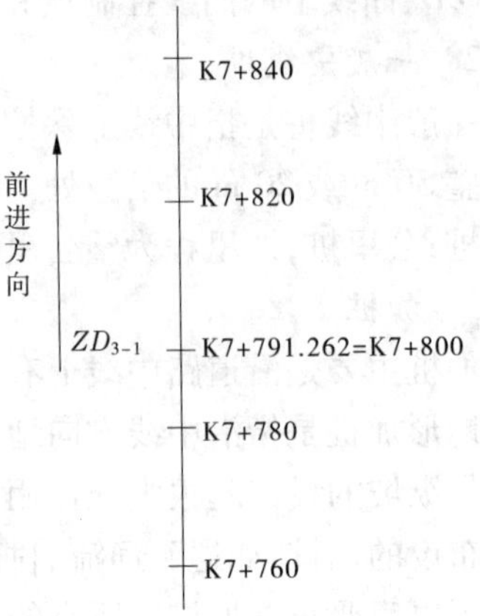

图1-1-6 断链的处理方法

交点桩、转点桩、曲线控制桩、公里桩、百米桩的指示桩等应写出里程号,不得省略。有比较方案时,按比较方案的顺序,桩号前应冠以A、B、…字样。分离式路基测量,其左右侧路线桩号前应冠左右字母符号,并以左侧路线为全程连续计算桩号。

【任务实训】

1 实训目的

(1)掌握全站仪道路设计的程序。

(2)掌握全站仪道路放样的方法。

2 仪器设备及物品

全站仪1台,棱镜杆与棱镜1套,道路设计参数表,小钉子或木桩若干。

3 实训内容与要求

(1)每小组按照给定的道路参数表,按照全站仪道路程序,利用元素法计算中桩点坐标。

(2)每小组按照给定的道路参数表,按照全站仪道路程序,利用交点法计算中桩点坐标。

(3)设置好测站点和后视点。

(4)从起点开始,按照每5 m一个中桩点进行放样。

(5)标记桩号。

4 参考资料

《拓普康全站仪说明书》,《道路放样参数表》。

5　注意事项

(1)应按照元素法和交点法的输入要求,输入道路参数。
(2)放样时,要注意棱镜常数、温度、气压是否输入正确。
(3)放样时,要注意放样的精度是否在2 cm之内。
(4)注意桩号是否标记正确。
(5)以小组为单位组织实施,并注意仪器安全。

6　上交资料

(1)每小组在地面标定设计好的道路中线并标记桩号。
(2)教师进行实地检查、检核。

【习题与思考】

1. 什么是加桩?在哪些地段需要进行加桩?
2. 中桩的密度根据地形情况而定。对于直线段,平原微丘区间隔不大于______,山岭重丘区间隔不大于______;对于曲线段,间隔一个中桩。
3. 道路控制桩包括哪些?
4. 总结TOPCOM全站仪元素法和交点法计算道路中线的区别。
5. 简述全站仪道路中线放样的步骤。

任务2　GPS - RTK道路中线测设

【任务描述】

某市拟修建一条公路,设计人员经过外业的实地勘察,在已经测绘了的地形图上,用相应的软件设计出了道路的定线参数,如表1-2-1和表1-2-2所示。现准备采用GPS - RTK道路程序直接进行道路中线的放样,要求每50 m放样一点,请你进行具体的施测工作。

表1-2-1　交点法道路定线参数

交点号	交点坐标(m)		交点桩号	曲线要素值(m)		
	N (X)	E (Y)		半径	缓和曲线参数	缓和曲线长度
JD_0	1100	1050	K0 +000			
JD_1	1300	1750		100	80	64
JD_2	1750	1400		200	0	
JD_3	2000	1800				

表 1-2-2　元素法道路定线参数

定线元素	里程	N(m)	E(m)	方位角	距离(m)	半径(m)	长度(m)
起点	K0 +000	1100	1050				
直线				74°03′17″	545.543		
缓和曲线						100(*Z*)	64
圆曲线						100(*Z*)	131.354
缓和曲线						100(*Z*)	64
直线				322°07′30″	166.004		
圆曲线						200(*Y*)	334.648
直线				57°59′41″	250.084		

【任务分析】

目前的 RTK 技术产品一般都具有线路坐标计算程序、坐标放样等功能。当把线形数据输入到 GPS - RTK 手持机中后,即可利用待放中桩里程实时计算各中桩线路坐标。如果不具备相应功能,把事先计算好的全线中桩线路坐标传输到手持机中也是一个不错的办法。为了方便加桩,最好按 1 m 间隔计算中桩坐标;另外,应把线路坐标转换成 GPS - RTK 手持机能够识别的格式。

由于 GPS 测量时采用 WGS - 84 坐标系统,而计算出的中桩坐标采用线路坐标系统。所以,在实测前还应解算坐标转换参数,以便把 GPS 测量结果自动转换到线路坐标系统。有了转换参数便可在野外进行道路测设工作。所有中线点位放样完毕,道路中线自然形成。

下面按照南方灵锐 S86 GPS - RTK 电子手簿中工程之星 3.0 内置的道路设计程序进行道路的设计并进行道路的放样。

【任务流程】

任务流程如图 1-2-1 所示。

图 1-2-1　任务流程图

1　仪器的架设与设置

仪器的架设与设置参照《GNSS 操作与数据处理》和《灵锐 S86 参考手册》进行。

具体的步骤如下:

(1)基准站架设与天线高量取;

(2)基准站模式与内置电台模式的选择设置;

(3)通过蓝牙建立手簿和基站接收机的连接;

(4)基准站的启动;

(5)流动站模式与内置电台模式的选择设置;

(6)通过蓝牙建立手簿和流动站接收机的连接。

2 新建任务

(1)打开“工程之星3.0”,点击“工程”,选择“新建工程”(见图1-2-2)。进入“新建工程”,输入名称,点击“确定”(见图1-2-2)。进入“工程设置”界面(见图1-2-2)。

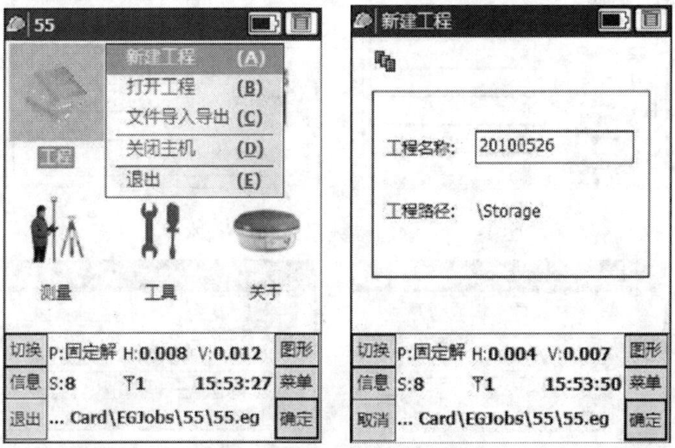

图1-2-2 新建工程

(2)“工程设置”界面,选择“坐标系”页面,点击“编辑”(见图1-2-3)。进入“坐标系统编辑”界面,点击“增加”或“编辑”(见图1-2-3)。进入“增加参数系统”(见图1-2-4)。

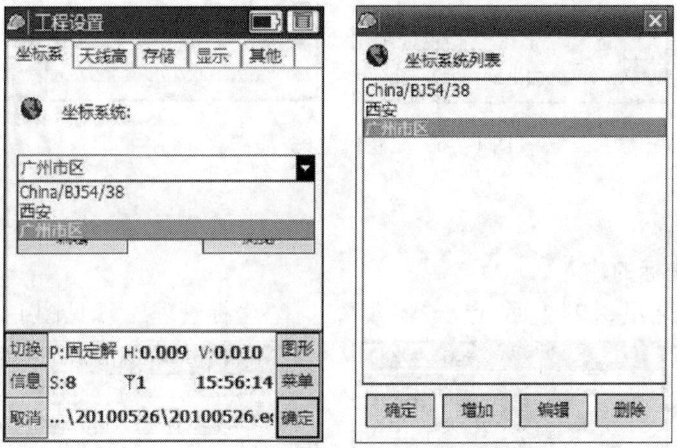

图1-2-3 工程设置与坐标系统

(3)“增加参数系统”界面,选择“投影”页面,输入系统名,选择椭球,设置投影方式、中央子午线、东加常数、投影比例尺等信息(见图1-2-4)。选择“水平”页面,设置四参数,如果要求四参数,该项无需设置(见图1-2-4)。

(4)进入“天线高”页面,选择“杆高”并输入杆高,点击“确定”(见图1-2-5)。选择“存储”和“显示”页面,设置后,点击“确定”(见图1-2-5)。返回“工程之星3.0”界面。

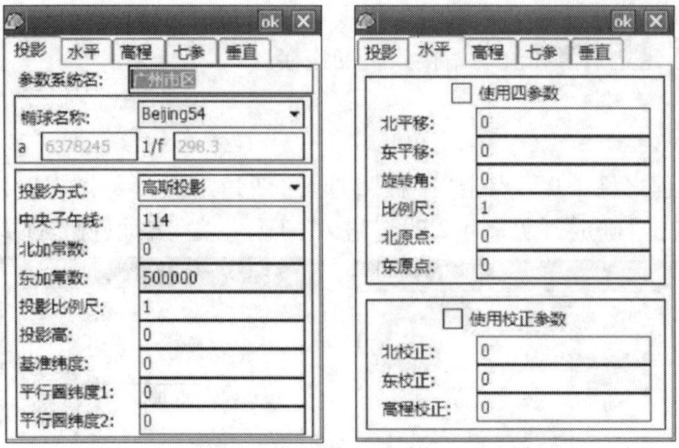

图 1-2-4　增加参数系统(投影、水平)

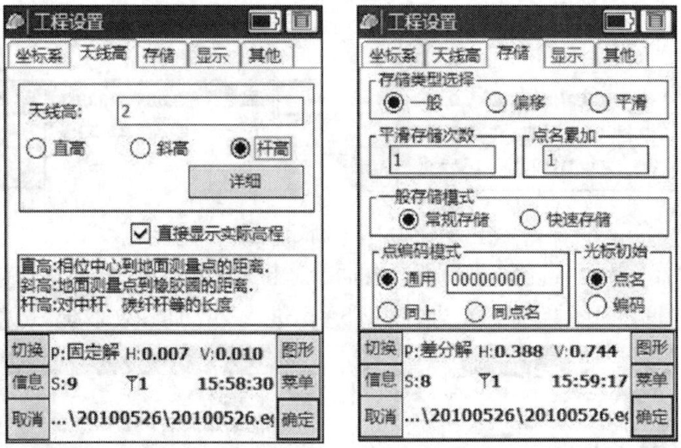

图 1-2-5　工程设置(天线高、存储)

3　坐标转换

3.1　地方已知坐标的输入

操作:"工程之星 3.0"界面,点击"输入",选择"坐标管理库"(见图 1-2-6)。进入"坐标

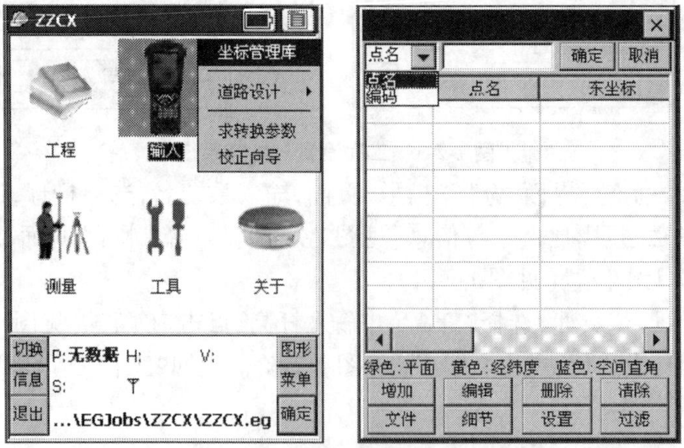

图 1-2-6　坐标管理库

管理库”界面，点击“增加”（见图1-2-6）。进入图1-2-7，输入坐标名称、北坐标、东坐标、高程、编码，并从坐标类型下拉框中选择“平面坐标”，从属性类型中选择“控制点”，点击“确定”（见图1-2-7）。进入图1-2-7界面，新添加的坐标显示在列表中（添加更多地方已知坐标的操作与此相同）。

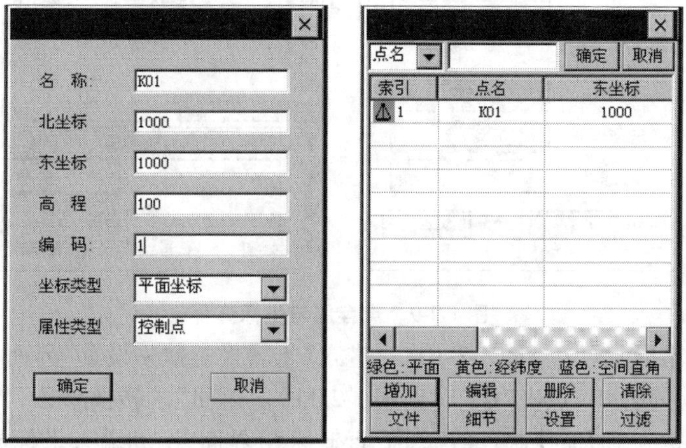

图1-2-7　增加地方坐标

3.2　点测量（获得WGS-84坐标）

坐标转换时，需要足够数目的已知WGS-84坐标，如果没有则需采用点测量获取。

“工程之星3.0”界面，点击“测量”，选择“点测量”（见图1-2-8）。进入“点测量”界面，将对中杆立于待测点上，达到固定解时，手簿上按“A”存储坐标（见图1-2-8）。进入图1-2-8，修改点名或默认，输入天线高，选择“杆高”，点击“OK”存储完成。如果要查看存储的坐标，可在“坐标管理器”中查看（见图1-2-9）。

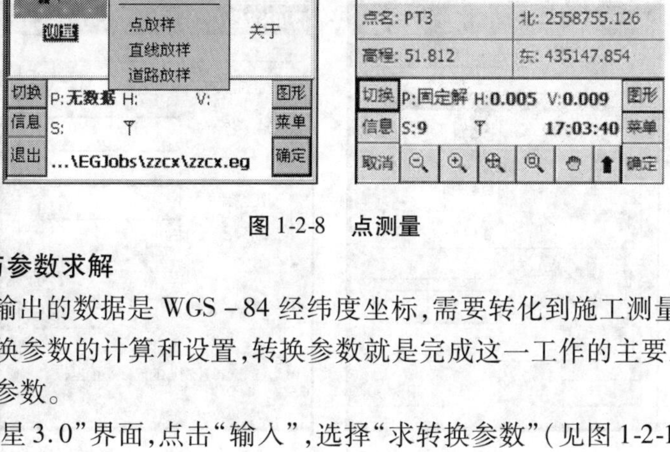

图1-2-8　点测量

3.3　坐标转换与参数求解

GPS接收机输出的数据是WGS-84经纬度坐标，需要转化到施工测量坐标，这就需要软件进行坐标转换参数的计算和设置，转换参数就是完成这一工作的主要工具。求转换参数主要是计算四参数。

（1）“工程之星3.0”界面，点击“输入”，选择“求转换参数”（见图1-2-10）。进入“求转

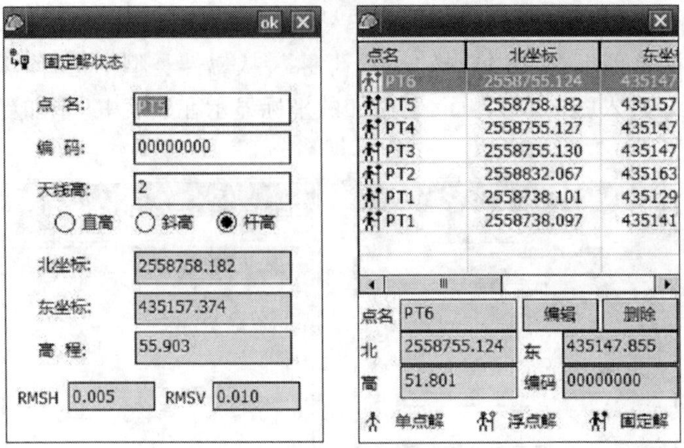

图 1-2-9　点存储与坐标查看

换参数”界面，点击“设置”（见图 1-2-10）。进入“求转换参数 - 设置”界面，点击坐标转换方法下拉框，选择“一步法”，点击“OK”（见图 1-2-11）。返回“求转换参数”界面，点击“增加”（见图 1-2-10）。进入“增加控制点（已知平面坐标）”界面，手动输入坐标或点击【】图标（见图 1-2-11）。进入“坐标管理库”界面（见图 1-2-12）。

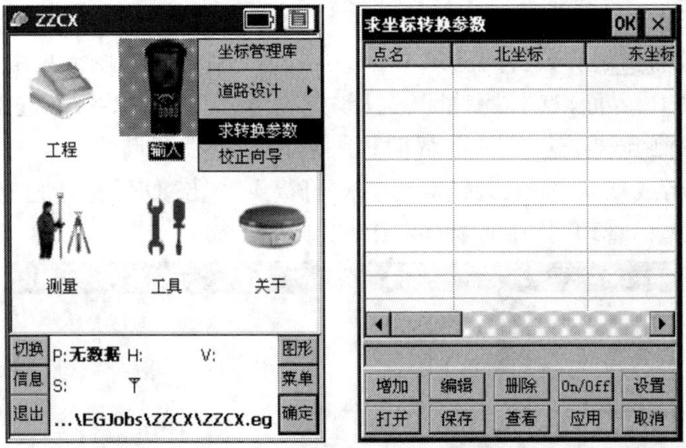

图 1-2-10　求转换参数

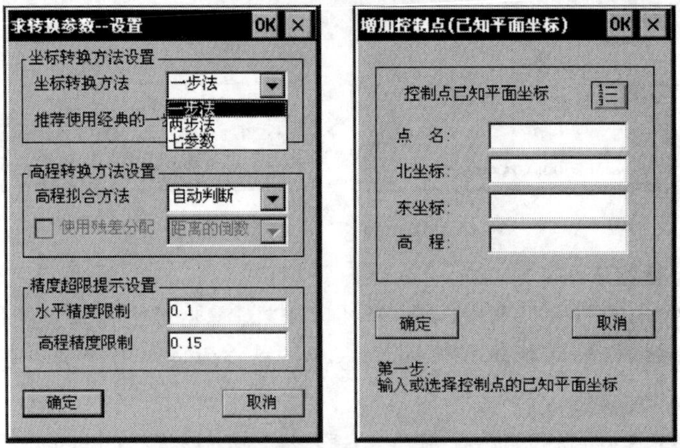

图 1-2-11　求转换参数 - 设置与增加控制点（已知平面坐标）

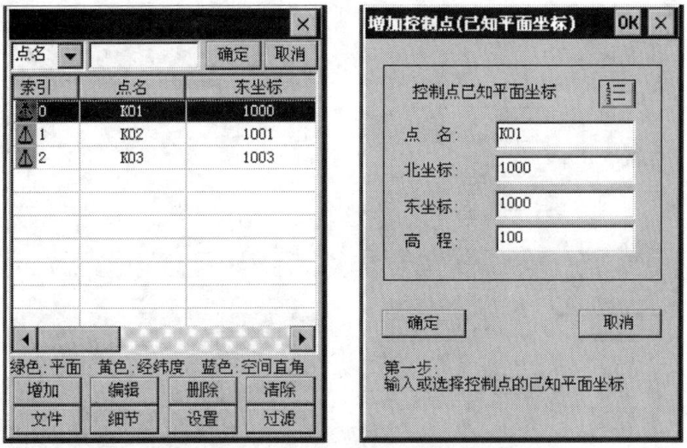

图1-2-12　坐标管理库与增加控制点

(2)“坐标管理库”界面,选择坐标,点击“确定”(见图1-2-12)。进入“增加控制点(已知平面坐标)”界面,选择的坐标显示如图1-2-12所示,点击“OK”(见图1-2-12)。进入“增加控制点(大地坐标)”界面(见图1-2-13)。

(3)“增加控制点(大地坐标)”界面,选择其中一种方式获得WGS-84坐标,读取当前点坐标时,须将对中杆立于该点上获得。在此,点击“从坐标管理库选点”(见图1-2-13)。进入“坐标管理库”界面,选择坐标,点击“确定”(见图1-2-13)。进入图1-2-14。

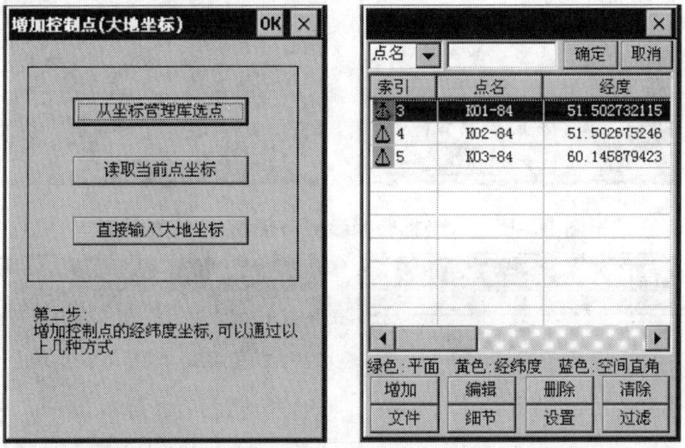

图1-2-13　增加控制点(大地坐标)与坐标管理库

(4)图1-2-14中,增加控制点(大地坐标)无问题时,点击“确定”(见图1-2-14)。进入“求坐标转换参数”界面,拖动滑动条滑动(见图1-2-14)。进入图1-2-14,查看水平、高程精度及平面、高程是否参与求解,点击“On/Off”。进入“使用/不使用设置”界面,选择参与坐标参数计算时是否使用平面、高程,点击“确定”(见图1-2-15)。返回“求坐标转换参数”界面(见图1-2-15),继续添加剩余的匹对的坐标,添加后,如图1-2-16所示。

(5)图1-2-14中,添加完成后,点击“保存”(见图1-2-16)。如果参数求解有问题,会出现精度超限,需认真检查。合限后,点击“确定”(见图1-2-16)。进入“保存文件”界面,输入文件名,点击“OK”(见图1-2-17)。进入“求坐标转换参数”界面,并出现“保存成功”提示,点击“OK”,点击“应用”(见图1-2-17)。进入图1-2-18。

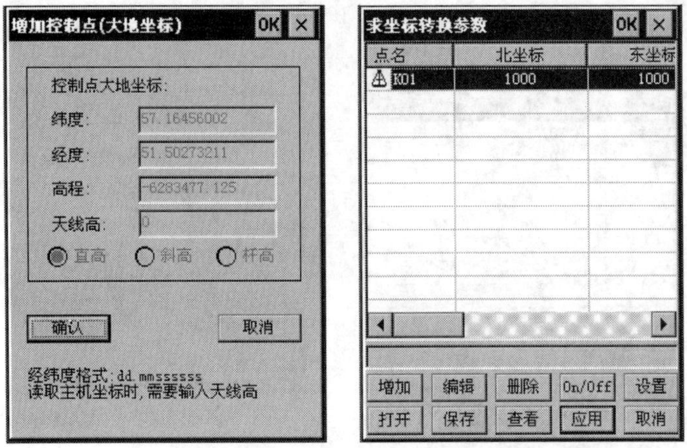

图 1-2-14　增加控制点(大地坐标)与求坐标转换参数

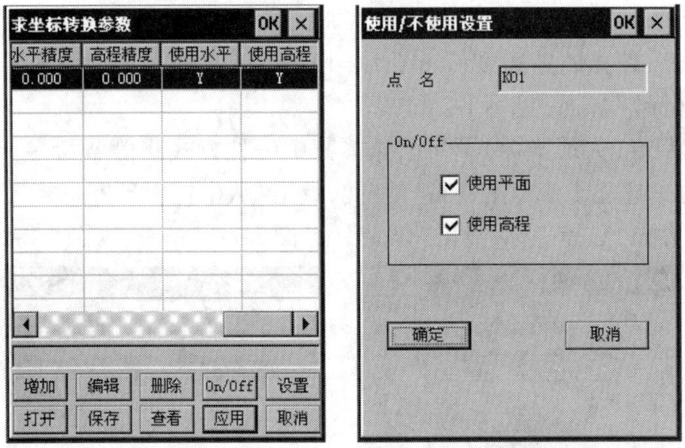

图 1-2-15　求坐标转换参数与使用/不使用设置

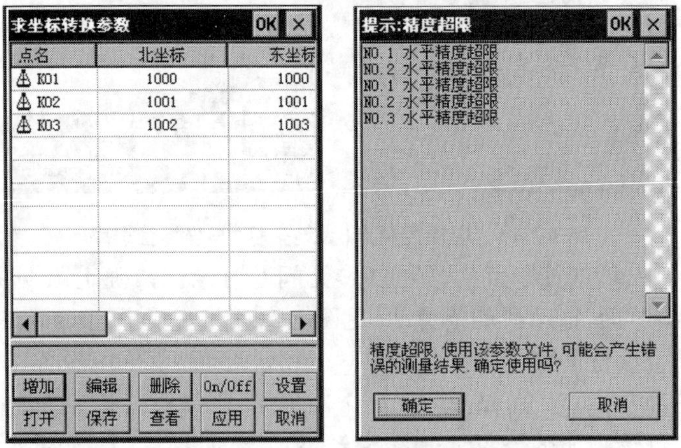

图 1-2-16　求转换参数与精度超限

(6)图 1-2-18 中,确定赋值,点击“是”。完成转换,返回主界面。

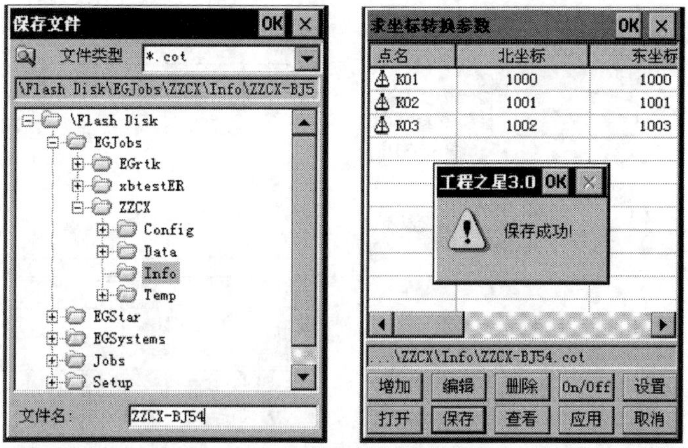

图 1-2-17　**保存文件与保存成功**

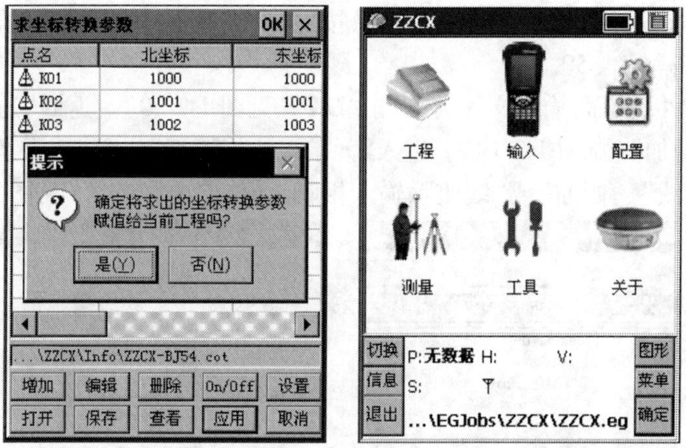

图 1-2-18　**求坐标转换参数与工程之星 3.0 界面**

4　道路设计

道路设计功能是根据线路设计所需要的设计要素,软件按要求计算出线路点坐标和图形。道路设计菜单包括两种道路设计模式:元素模式和交点模式。

4.1　元素模式

“元素模式”是道路设计中惯用的一种模式,它是将道路线路拆分为各种道路基本元素(点、直线、缓曲线、圆曲线等),并按照一定规则把这些基本元素逐一添加组合成线路,从而达到设计整段道路的目的。

(1)“工程之星 3.0”界面,点击“输入”,选择“道路设计”,选择“元素模式”(见图 1-2-19)。进入“道路设计 - 元素模式”界面,选择“整桩号”或“整桩距”,输入起点里程与间隔,点击“新建”(见图 1-2-19)。进入“保存文件”界面(见图 1-2-20)。

说明:“间隔”为生成线路点坐标的间隔;“整桩号”、“整桩距”是生成坐标的方式;“里程”为起始点里程。在添加各种元素数据之前,需要“新建文件”或者“打开文件”。元素模式的文件格式后缀名为 *.rod,如果没有新建或者打开已有文件,系统会提示:“数据文件名为空,请新建或打开文件!”

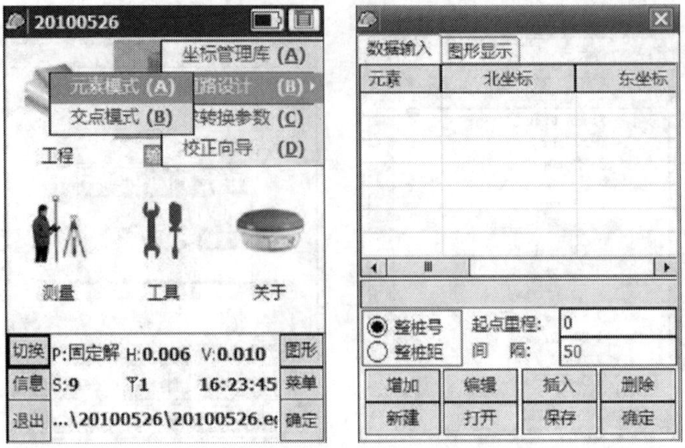

图 1-2-19　道路设计 - 元素模式

根据任务要求,用元素法进行道路设计,按照表 1-2-2,在这一界面输入起始点里程为 0,选择整桩号,间隔输入 50。

(2)"保存文件"界面,输入文件名,点击"OK"(见图 1-2-20)。返回"道路设计 - 元素模式"界面,点击"增加"(见图 1-2-19)。进入"元素模式 - 增加"界面,从元素类型中选择增加的元素"点"、"直线"、"圆曲"或"缓曲",输入相应数值,点击"确定"(见图 1-2-20)。

图 1-2-20　保存文件与元素模式 - 增加

说明:点要素输入 *X* 坐标和 *Y* 坐标,直线元素输入方位角和长度,圆曲输入半径、长度,缓曲输入长度。

根据任务要求,我们用元素法进行道路设计,按照表 1-2-2 在这一界面输入:

选择点,输入坐标 N = 1100　E = 1050(其他均不用输入),然后确定。点击"增加"(见图 1-2-19)。

选择直线,输入方位角 74°03′17″和距离 545. 543(其他均不用输入),然后确定。点击"增加"(见图 1-2-19)。

选择缓曲,输入长度"64"(其他均不用输入),然后确定。点击"增加"(见图 1-2-19)。

选择圆曲,输入半径" - 100"(注意:左转半径前输入" - "号,右转半径前输入" + "号),长度输入"131. 354"(其他均不用输入),然后确定。点击"增加"(见图 1-2-19)。

选择缓曲,输入长度“64”(其他均不用输入),然后确定。点击“增加”(见图1-2-19)。

选择直线,输入方位角“322°07′30″”和距离“166.004”(其他均不用输入),然后确定。点击“增加”(见图1-2-19)。

选择圆曲,输入半径“200”(注意:左转半径前输入“-”号,右转半径前输入“+”号),长度输入“334.648”(其他均不用输入),然后确定。点击“增加”(见图1-2-19)。

选择直线,输入方位角“57°59′41″”和距离“250.084”(其他均不用输入),然后确定。

添加完成后,数据输入如图1-2-20所示,点击“图形显示”。进入“图形显示”界面(见图1-2-19)。“数据输入”界面,依次点击“保存”,“确定”完成。保存的同时,生成了同名的*.ROD文件、数据成果文件*.DAT文件。

4.2　交点模式

(1)“工程之星3.0”界面,点击“输入”,选择“道路设计”,选择“交点模式”(见图1-2-21)。进入“道路设计-交点模式”界面,选择“整桩号”或“整桩距”,输入起点里程与间隔,点击“新建”(见图1-2-21)。进入“保存文件”界面(见图1-2-21)。

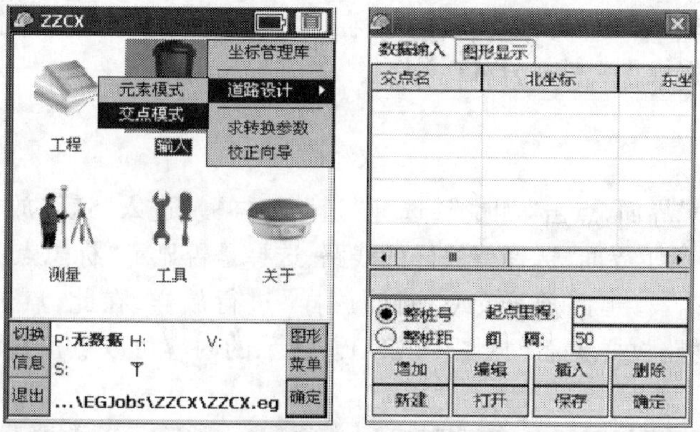

图1-2-21　道路设计-交点模式

根据任务要求,用元素法进行道路设计,按照表1-2-2,在这一界面输入起始点里程为0,选择整桩号,间隔输入50。

(2)“保存文件”界面,输入文件名,点击“OK”(见图1-2-22)。返回“道路设计-交点模式”界面,点击“增加”(见图1-2-21)。进入“交点模式-增加”界面,输入相应数值,点击“确定”(见图1-2-22)。返回“道路设计-交点模式”界面(见图1-2-21)。

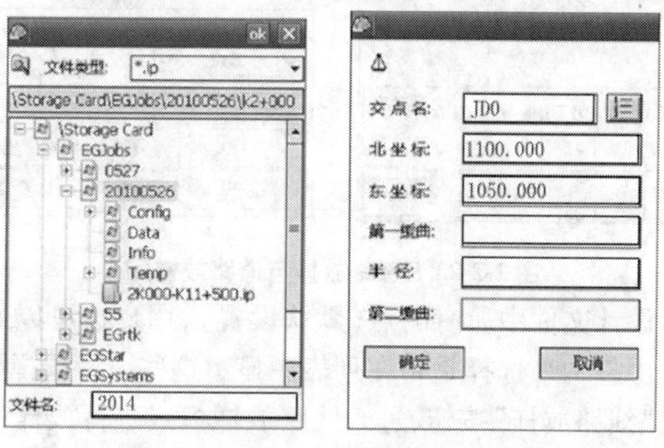

图1-2-22　保存文件与交点模式-增加

说明：输入交点坐标（可以列表选择也可图形选择）左缓长、右缓长及半径，如果没有缓曲的部分，输入零或不输入，第一个交点和最后一个交点没有左、右缓曲长及半径输入，第二个交点处必须输入坐标，程序依次自动计算其他交点的里程。

根据任务要求，用交点法进行道路设计，按照表1-2-1在这一界面输入：

JD_0 北坐标：1100.000，东坐标：1050.000（注意：第一个交点和最后一个交点没有左、右缓曲长及半径，可以不用输入），然后点确定，点击“增加”（见图1-2-21）。

JD_1 北坐标：1300，东坐标：1750.000，第一缓曲长：64，半径：100，第二缓曲长：64，然后点确定，点击“增加”（见图1-2-21）。

JD_2 北坐标：1750.000，东坐标：1400.000，半径200（注意：若没有缓和曲线，则第一缓曲长和第二缓曲长可以不输入），然后点确定。点击“增加”（见图1-2-21）。

JD_3 北坐标：2000.000，东坐标：1800.000（注意：第一个交点和最后一个交点没有左、右缓曲长及半径，可以不用输入），然后点确定。

添加完成后，数据输入如图1-2-22所示，点击“图形显示”。进入“图形显示”界面（见图1-2-21）。“数据输入”界面，依次点击“保存”，“确定”完成。保存的同时，生成了同名的＊.ROD文件、数据成果文件＊.DAT文件。

5　道路放样

“工程之星3.0”界面，点击“测量”，选择“道路放样”。进入“道路放样”界面，点击“目标”，进入图1-2-23所示界面，选择待放样的线路，选择是否显示“标志点”、“加桩点”或“计算点”，点击“点放样”、“道路放样”或“断面放样”进行放样，在此，点击“道路放样”（见图1-2-23）。进入道路放样界面（见图1-2-24）。显示的内容可以点击显示按钮来选择（见图1-2-24）。

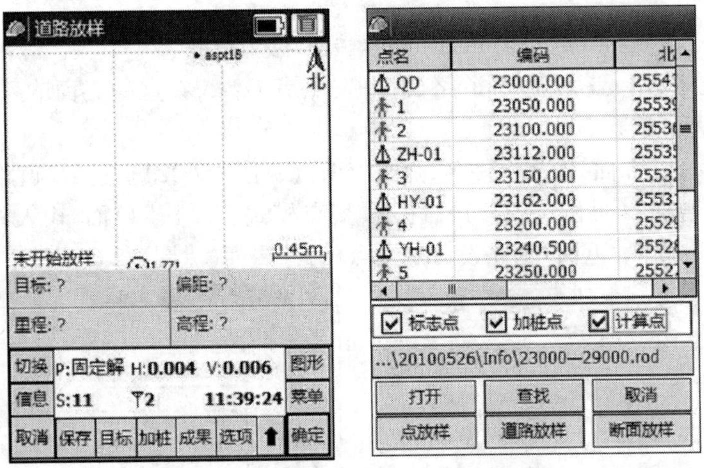

图1-2-23　道路放样与道路放样库

说明：列表中显示设计文件中所有的点（默认设置），用户也可以通过在列表下的标志、加桩、计算前的对话框中打钩来选择是否在列表中显示这些点。选择要放样的点，如果要进行整个线路放样，就按“线路放样”按钮，进入线路放样模式进行放样；如果要对某个标志点或加桩点进行放样，就按“点放样”按钮，进入点放样模式。如果要对某个中桩的横断面放样，就按“断面放样”。

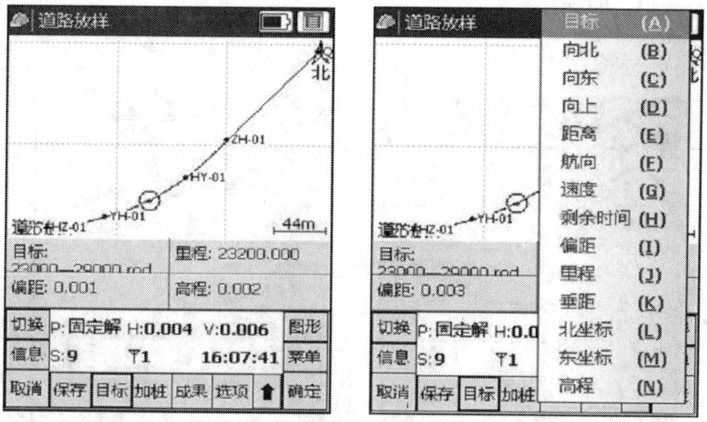

图 1-2-24 道路放样

说明：线路放样实际上是点放样的线路表现形式，即在点放样时以设计的线路图为底图，实时地显示当前点在线路上的映射点（当前点距线路上距离最近的点）的里程和前进方向的左或右偏距。在图1-2-23中会显示整个线路和当前测量点，并实时计算当前点是否在线路范围内，如果在线路范围内，就计算出到该线路的最近距离和该点在线路上的映射点的里程；如果不在线路范围内，就给出提示。

【知识点】

本任务中我们只重点介绍了南方GPS－RTK灵锐S86电子手簿的工程之星3.0当中的道路设计与放样程序。现在各个品牌的GPS－RTK电子手簿内置的放样程序都大同小异，基本都是交点法和元素法两种，下面简单介绍一下几种不同品牌的GPS－RTK手簿的内置道路程序。

1 LEICA GPS－1200道路放样程序

GPS－1200道路放样程序主体结构见图1-2-25，软件界面见图1-2-26。

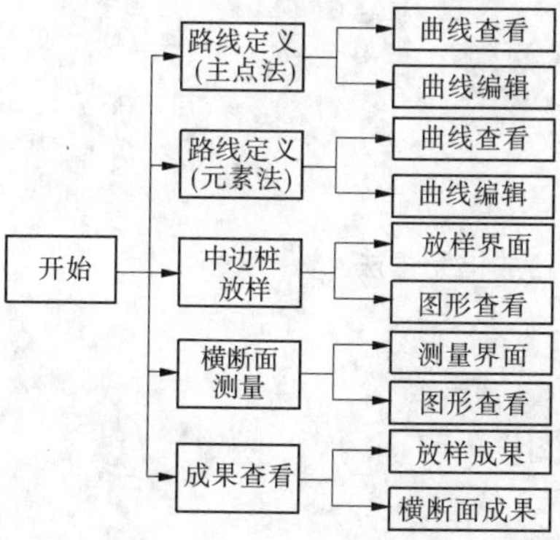

图 1-2-25 GPS－1200道路程序主体结构

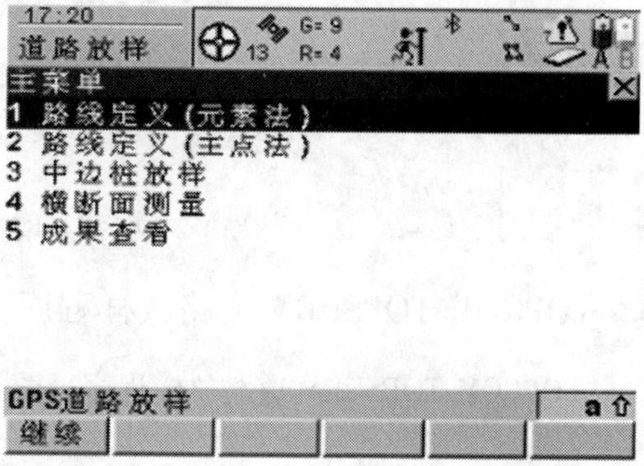

图 1-2-26 GPS－1200道路软件界面

2　中海达 Hi－RTK 道路放样程序

Hi－RTK 道路放样程序见图 1-2-27～图 1-2-29。

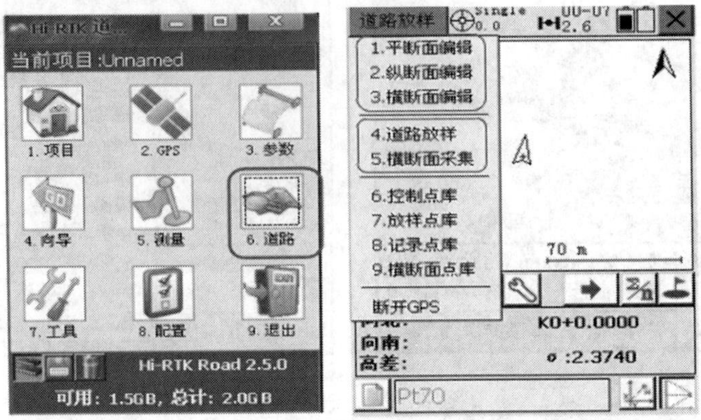

图 1-2-27　Hi－RTK 软件主体结构及道路放样

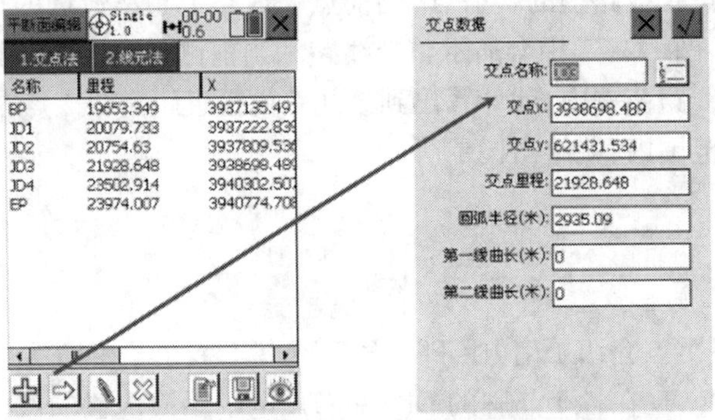

图 1-2-28　Hi－RTK 软件道路放样交点法

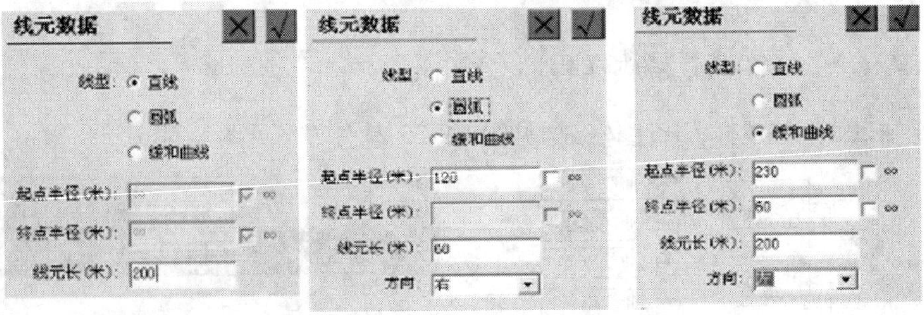

图 1-2-29　Hi－RTK 软件道路放样元素法

3　TOPCOM TOPSURV 道路放样程序

TOPCOM TOPSURV 道路放样程序见图 1-2-30，图 1-2-31。

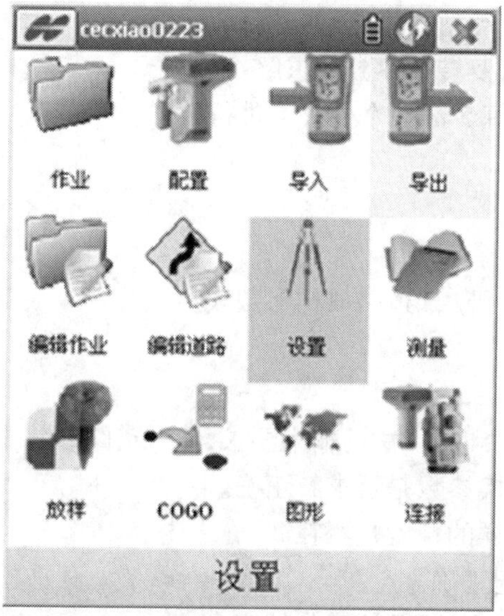

图1-2-30　TOPCOM TOPSURV 软件主界面

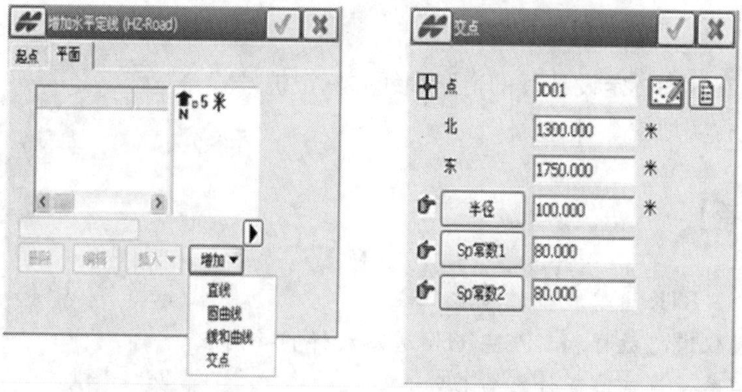

图1-2-31　TOPCOM TOPSURV 道路设计界面

【任务实训】

1　实训目的

（1）掌握 GPS－RTK 道路设计的程序。
（2）掌握 GPS－RTK 道路放样的方法。

2　仪器设备及物品

GPS 基准站1台，GPS 流动站1台，道路设计参数表，小钉子或木桩若干。

3　实训内容与要求

（1）每小组按照给定的道路参数表，利用道路程序，运用元素法计算中桩点坐标。
（2）每小组按照给定的道路参数表，利用道路程序，运用交点法计算中桩点坐标。

(3)会设置基准站和流动站并建立好链接。
(4)会进行工程设置以及转换参数的求解。
(5)从起点开始,按照每 5 m 一个中桩点进行放样。
(6)标记桩号。

4　参考资料

《工程之星 3.0 操作手册》,《道路放样参数表》。

5　注意事项

(1)放样时按照元素法和交点法的输入要求,输入道路参数。
(2)放样时,要注意转换参数是否求解正确。
(3)放样时,要注意放样的精度是否在 2 cm 之内。
(4)注意桩号是否标记正确。
(5)以小组为单位组织实施,并注意仪器安全。

6　上交资料

(1)每小组在地面标定设计好的道路中线并标记桩号。
(2)教师进行实地检查、检核。

【习题与思考】

1. 简述 GPS－RTK 道路放样的步骤。
2. 比较全站仪道路放样和 GPS－RTK 道路放样的异同点。
3. 元素法道路设计应准备什么数据?
4. 交点法道路设计应准备什么数据?

任务 3　互通立交匝道中线测设

【任务描述】

某市拟修建互通式立交,设计人员经过外业的实地勘察,在已经测绘了的地形图上,用相应的软件设计出了道路的平面线形(见图 1-3-1)和定线参数,一共四条匝道,分别是 A(见表 1-3-1),B(见表 1-3-2),C(见表 1-3-3),D(见表 1-3-4)。现准备对互通立交的四条中线进行测设,要求每 5 m 放样一点,并放样出曲线控制桩,请你进行具体的施测工作。

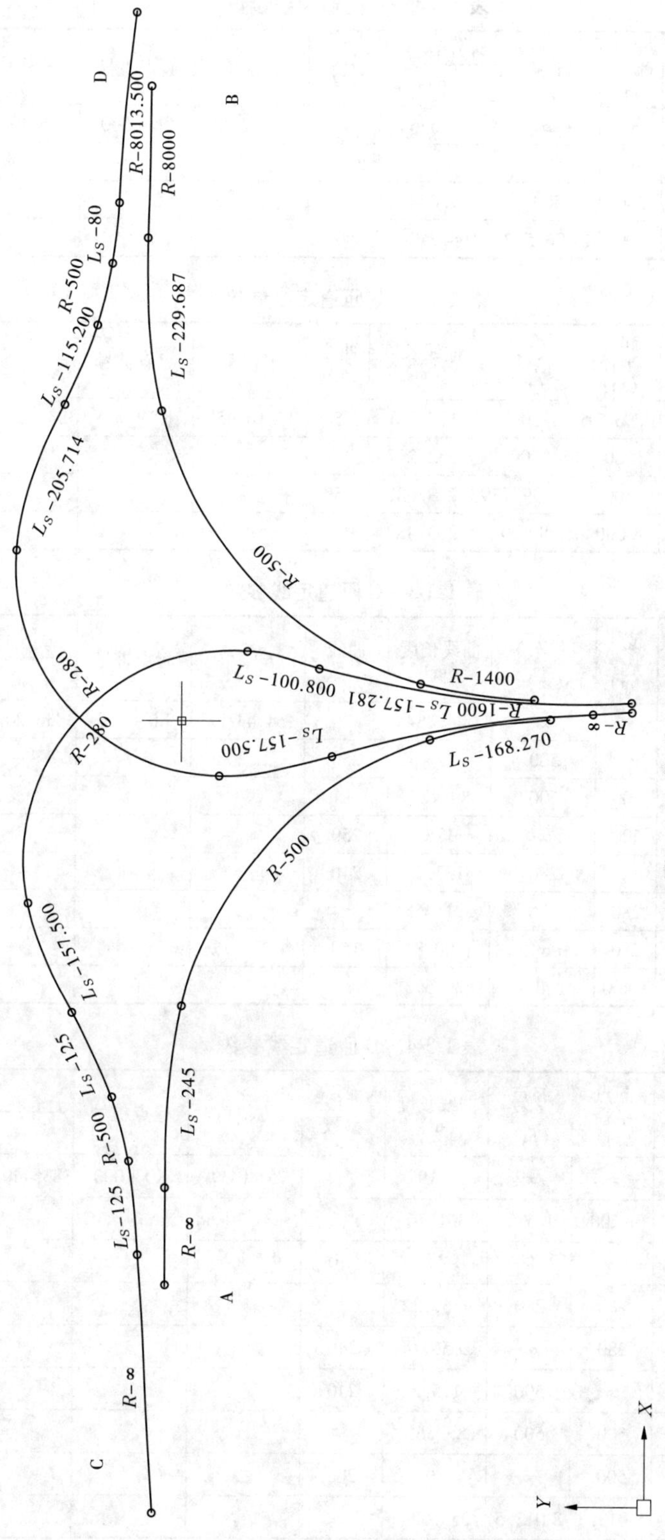

图1-3-1　某市互通立交平面图

表 1-3-1　A 匝道定线参数

匝道名称	曲线类型	偏向	起点半径(m)	终点半径(m)	曲线长度(m)	曲线参数	方位角	起点桩号	起点坐标(m)	
									X	Y
A	直线		∞	∞	129.676		168°27′40″	K0 +000	3836319.523	483051.955
	缓和曲线	右	∞	500	245	350				
	圆曲线	右	500	500	509.874					
	缓和曲线	右	500	1 596.507	168.270	350				

表 1-3-2　B 匝道定线参数

匝道名称	曲线类型	偏向	起点半径(m)	终点半径(m)	曲线长度(m)	曲线参数	方位角	起点桩号	起点坐标(m)	
									X	Y
B	缓和曲线	右	1 396.505	500	157.281	350	81°07′45″	K0 +000	3835452.468	482721.636
	圆曲线	右	500	500	532.247					
	缓和曲线	右	500	7 999.739	229.687	350				
	圆曲线	右	8 000	8 000	203.428					

表 1-3-3　C 匝道定线参数

匝道名称	曲线类型	偏向	起点半径(m)	终点半径(m)	曲线长度(m)	曲线参数	方位角	起点桩号	起点坐标(m)	
									X	Y
C	直线		∞	∞	344.884		164°44′19″	K0 +000	3836620.636	483005.638
	缓和曲线	左	∞	500	125	250				
	圆曲线	左	500	500	89.427					
	缓和曲线	左	500	∞	125	250				
	缓和曲线	右	∞	280	157.5	210				
	圆曲线	右	280	280	521.455					
	缓和曲线	右	280	∞	100.8	168				
	圆曲线	左	1 400	1 400	430.573					

表 1-3-4　D 匝道定线参数

匝道名称	曲线类型	偏向	起点半径(m)	终点半径(m)	曲线长度(m)	曲线参数	方位角	起点桩号	起点坐标(m)	
									X	Y
D	直线		∞	∞	53.107		75°40′39″	K0 +000	3835440.785	482587.684
	圆曲线	左	1 600	1 600	361.76					
	缓和曲线	右	∞	280	157.5	210				
	圆曲线	右	280	280	456.722					
	缓和曲线	右	280	∞	205.714	240				
	缓和曲线	左	∞	500	115.2	240				
	圆曲线	左	500	500	85.361					
	缓和曲线	左	500	∞	80	200				
	圆曲线	右	8 013.5	8 013.5	255.324					

【任务分析】

在前面两个任务中，学习了全站仪和RTK道路中线的设计与放样，但是有个前提是给出的圆曲线、缓和曲线参数都必须是完整的曲线。但是在匝道当中，往往会出现两个缓和曲线相连的情况，或者曲线不完整的情况。由于全站仪和RTK道路软件设计的缺陷，暂时还不能对这种非完全的曲线进行设计与计算。

在这个任务中只能改用纬地道路设计软件进行设计与计算，然后将数据上传到全站仪或者RTK，直接用坐标放样的方法进行放样。

【任务流程】

任务流程如图1-3-2所示。

图1-3-2　任务流程图

1　数据准备

1.1　起点

要输入起始方位角和起点坐标。

注意：纬地道路软件中只能输入弧度，本任务中给出的是角度，首先应该把起始方位角化为弧度（弧度=角度×π/180°）。

1.2　直线

要输入偏向、直线长度、起点半径和终点半径。

注意：直线的偏向左右均可；直线的半径为+∞，起点和终点都是+∞，在软件当中要输入9999。

1.3　圆曲线

要输入圆曲线长度、起点半径和终点半径。

注意：纬地道路软件中若输入曲线长度，则前面应加“-”号，若不加则表示为切线长度。圆曲线起点和终点半径均为R。

1.4　缓和曲线

要输入缓和曲线长度、缓和曲线参数、起点半径和终点半径。

注意：纬地道路软件中缓和曲线不应加“-”号；缓和曲线进入段半径是+∞到R，即9999到R；缓和曲线出段则为R到+∞，即R到9999。当缓和曲线不完整时，则要根据实际情况与半径来确定。

2　数据输入

下面以A匝道为例说明纬地道路软件的数据输入。数据如表1-3-1所示。

2.1　新建项目

打开纬地道路软件，在项目中选择新建项目（见图1-3-3），输入新建项目名称“A”，在项目文件路径中选择浏览，给出对应的位置（见图1-3-4）。

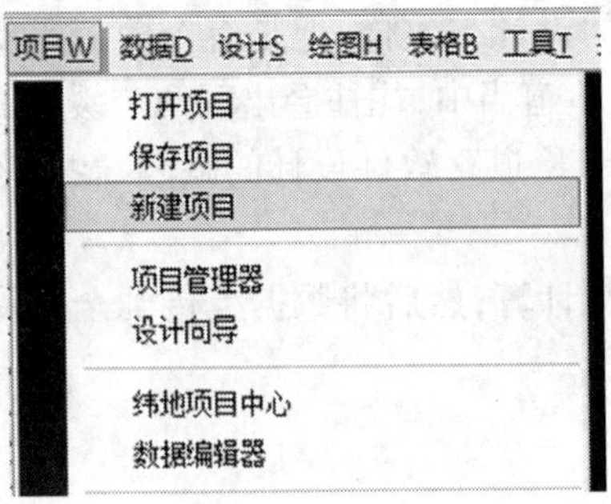

图1-3-3　新建项目

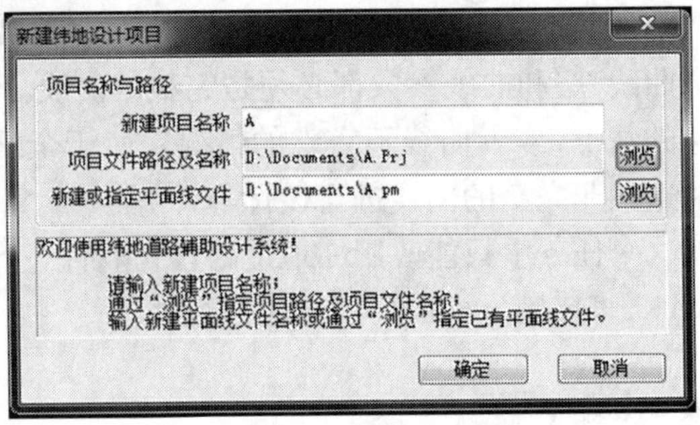

图1-3-4　输入名称，给出文件路径

2.2　选择立交平面设计

在纬地软件菜单栏中，选择“设计”—“立交平面设计”菜单（见图1-3-5）。

2.3　数据输入

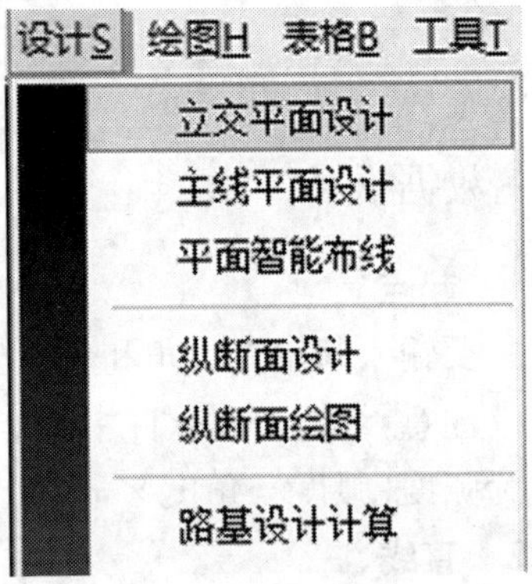

图1-3-5　立交平面设计菜单

（1）输入方位角和起点。在方式下拉菜单中选择“点加方位角”，在Fangw栏中输入方位角对应的弧度，以项目A为例，起始方位角为168°27′40″，则对应的弧度为2.94020446。在X1和Y1栏中输入起始点坐标“3836319.523”和“483051.955”（见图1-3-6）。

（2）输入直线。偏向选择右偏，曲线长度则对应直线长度129.676，起点半径9999，终点半径9999（见图1-3-6）。

（3）输入缓和曲线。选择插入，在新增曲线序号当中输入“1”（见图1-3-7）；在偏向中选择右偏，曲线长度输入“245”，曲线参数输入“350”，起点半径输入“9999”，终点半径输入“500”（见图1-3-7）。

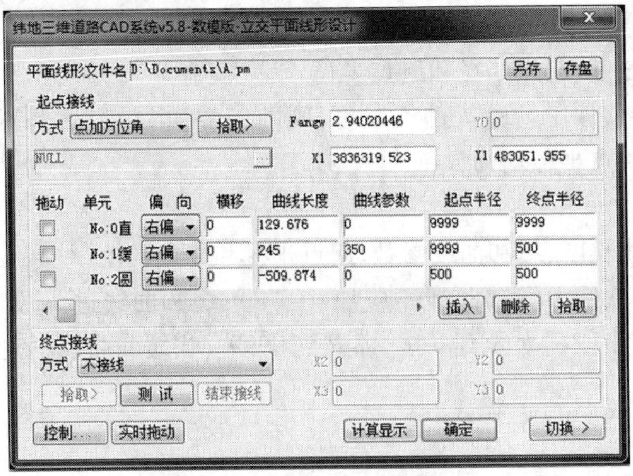

图1-3-6　立交平面设计

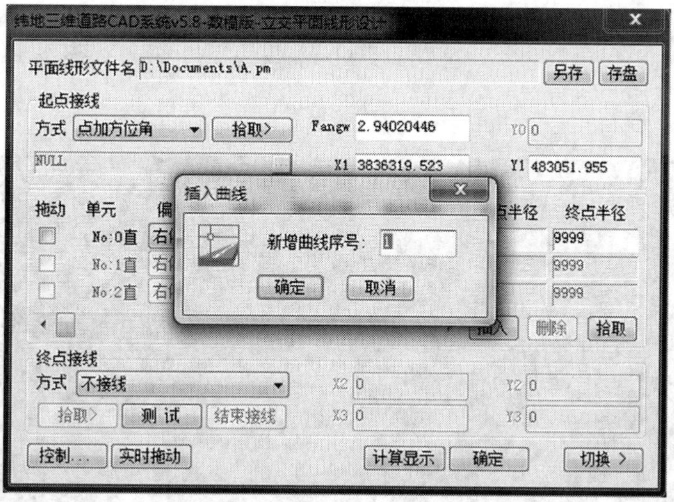

图 1-3-7　插入曲线

(4)输入圆曲线。选择插入,在新增曲线序号当中输入“2”(见图 1-3-7);在偏向中选择右偏,曲线长度输入“－509.874”,起点半径输入“500”,终点半径输入“500”(见图 1-3-8)。

(5)输入缓和曲线。选择插入,在新增曲线序号当中输入“3”(见图 1-3-7);在偏向中选择右偏,曲线长度输入“168.27”,曲线参数输入“350”,起点半径输入“500”,终点半径输入“1596.507”(见图 1-3-8)。

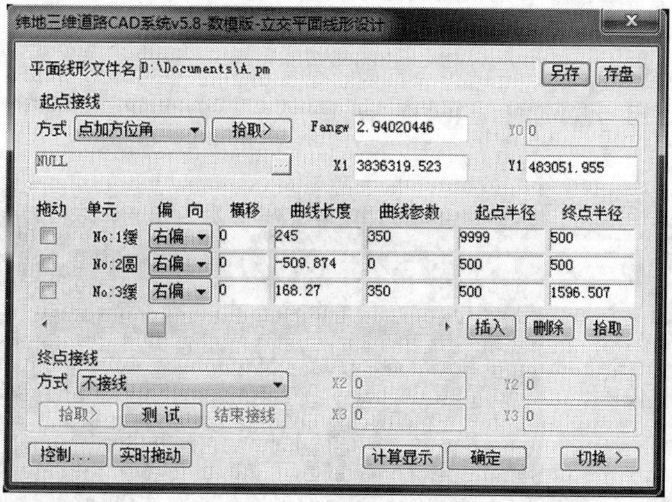

图 1-3-8　立交平面设计

(6)全部输入完毕后,点计算显示,此时曲线 A 自动显示在软件中并且计算完毕(见图 1-3-9)。

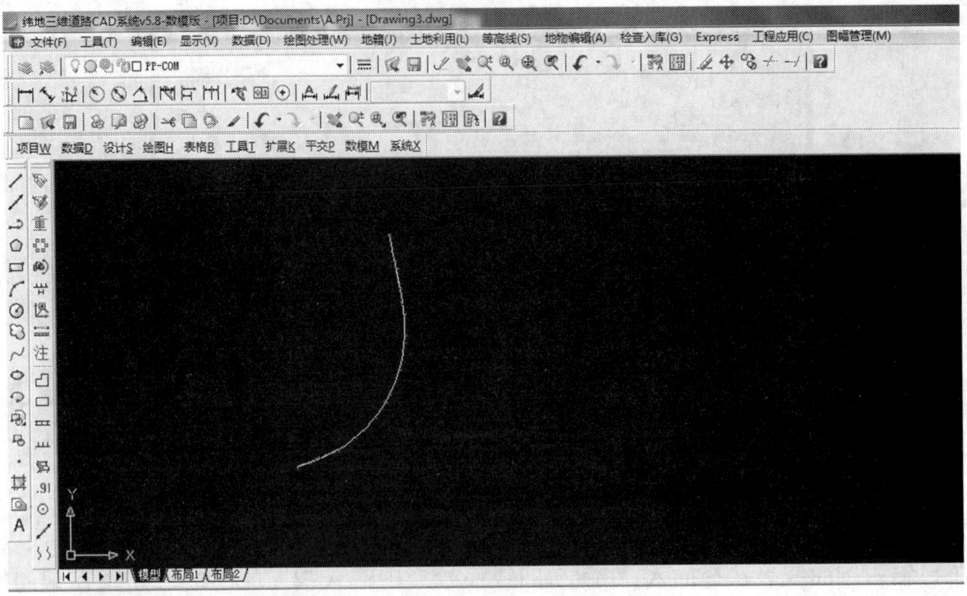

图 1-3-9　计算显示后的 A 匝道

3　坐标输出

3.1　输出立交曲线坐标表与主点坐标表

在表格菜单栏中选择绘制立交曲线坐标表输入基点,立交曲线坐标表显示在软件中。

在表格菜单栏中选择绘制主点坐标表输入基点,主点坐标表显示在软件当中(见图 1-3-10、表 1-3-5)。

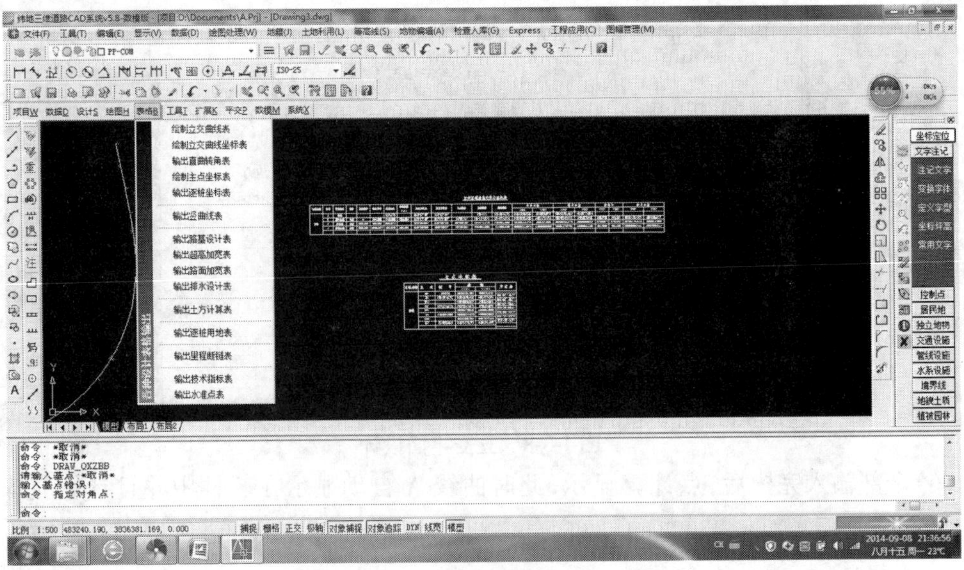

图 1-3-10　绘制立交曲线坐标表

表 1-3-5　主点坐标表

匝道名称	点名	桩号	坐标		方位角
			N(X)	E(Y)	
匝道	BP	K0 +000	3836319.523	483051.955	168°27′40.7″
	ZH	K0 +129.676	3836192.468	483077.894	168°27′40.7″
	IP0		3836031.929	483110.669	182°29′55.6″
	HY	K0 +374.676	3835949.871	483107.088	182°29′55.6″
	IP1		3835670.540	483094.898	240°55′33.7″
	YH	K0 +884.550	3835534.673	482850.533	240°55′33.7″
	IP2		3835500.764	482789.544	253°35′11.9″
	EP	K1 +052.820	3835472.751	482694.445	

3.2　输出逐桩坐标表

在表格菜单栏中选择绘制逐桩坐标表(见图 1-3-11),在指定桩号间距中输入 5 m,输出方式选择 Excel 97/2000/XP 格式,在绘图范围内选择全线,则起始桩号为 0.000,终止桩号为 1052.820(见图 1-3-11),然后选择输出。在弹出的对话框中选择确定。最后生成 Excel 格式的逐桩坐标表(取其中部分如表 1-3-6 所示)。

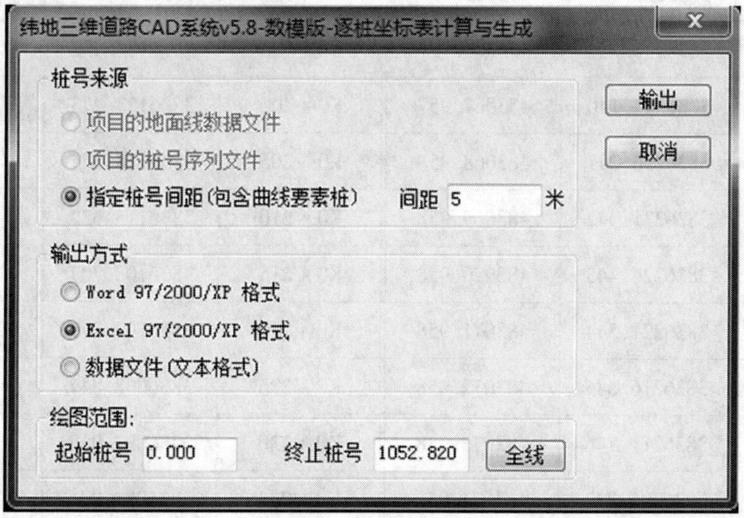

图 1-3-11　输出逐桩坐标表

表 1-3-6　逐桩坐标表

桩号	坐标		桩号	坐标	
	N(X)	E(Y)		N (X)	E (Y)
K0 +000	3836319.523	483051.955	K0 +125	3836197.049	483076.959
K0 +005	3836314.624	483052.955	K0 +129.676	3836192.468	483077.894
K0 +010	3836309.725	483053.955	K0 +130	3836192.150	483077.959
K0 +015	3836304.826	483054.955	K0 +135	3836187.251	483078.959
K0 +020	3836299.927	483055.956	K0 +140	3836182.352	483079.958
K0 +025	3836295.028	483056.956	K0 +145	3836177.452	483080.955
K0 +030	3836290.129	483057.956	K0 +150	3836172.552	483081.948
K0 +035	3836285.230	483058.956	K0 +155	3836167.651	483082.938
K0 +040	3836280.331	483059.956	K0 +160	3836162.749	483083.923
K0 +045	3836275.432	483060.956	K0 +165	3836157.846	483084.901
K0 +050	3836270.534	483061.956	K0 +170	3836152.941	483085.873
K0 +055	3836265.635	483062.957	K0 +175	3836148.035	483086.836
K0 +060	3836260.736	483063.957	K0 +180	3836143.127	483087.790
K0 +065	3836255.837	483064.957	K0 +185	3836138.217	483088.735
K0 +070	3836250.938	483065.957	K0 +190	3836133.304	483089.668
K0 +075	3836246.039	483066.957	K0 +195	3836128.390	483090.589
K0 +080	3836241.140	483067.957	K0 +200	3836123.473	483091.497
K0 +085	3836236.241	483068.958	K0 +205	3836118.554	483092.391
K0 +090	3836231.342	483069.958	K0 +210	3836113.632	483093.269
K0 +095	3836226.443	483070.958	K0 +215	3836108.707	483094.132
K0 +100	3836221.544	483071.958	K0 +220	3836103.779	483094.977
K0 +105	3836216.645	483072.958	K0 +225	3836098.847	483095.805
K0 +110	3836211.746	483073.958	K0 +230	3836093.913	483096.613
K0 +115	3836206.847	483074.958	K0 +235	3836088.976	483097.400
K0 +120	3836201.948	483075.959	K0 +240	3836084.035	483098.167

4　坐标上传

有了逐桩坐标表，根据全站仪或RTK，将坐标转换成全站仪格式或者RTK格式，用数据线、SD卡或者U盘上传至全站仪或者RTK，将其保存。

5　道路放样

参照全站仪坐标放样或者RTK坐标放样选择相应桩号对应的坐标进行放样即可。

【任务实训】

1　实训目的

(1)掌握纬地道路立交设计的方法；
(2)掌握全站仪或者RTK坐标放样的方法。

2　仪器设备及物品

计算机1台配备纬地道路设计软件，全站仪1台或者RTK 1套，棱镜杆与棱镜1套，道路设计参数表，小钉子或木桩若干。

3　实训内容与要求

(1)每小组按照给定的道路参数表，利用纬地道路设计软件，进行立交匝道平面设计。
(2)每小组输出一套立交主线逐桩坐标表。
(3)将坐标上传至全站仪或者RTK。
(4)根据给定的控制点设置测站，后视(如用RTK则根据控制点进行坐标转换)。
(5)从起点开始，按照每5 m一个中桩点进行放样。
(6)标记桩号。

4　参考资料

《纬地道路设计软件说明书》，《道路放样参数表》。

5　注意事项

(1)按照纬地道路软件的输入要求，输入道路参数。
(2)放样时，要注意棱镜常数、温度、气压是否输入正确。
(3)放样时，要注意放样的精度是否在2 cm之内。
(4)注意桩号是否标记正确。
(5)以小组为单位组织实施，并注意仪器安全。

6　上交资料

(1)每小组在地面标定设计好的道路中线并标记桩号。

（2）教师进行实地检查、检核。

【习题与思考】

1. 在纬地道路软件中进行立交平面设计时，起始方位角应输入__________。
2. 直线的半径为__________，在纬地道路中应输入__________。
3. 纬地道路软件中圆曲线长度为 546. 876 m，则在软件中应输入__________。
4. 运用纬地道路软件进行立交匝道平面设计都要准备哪些参数？
5. 简述运用纬地道路软件进行立交匝道平面设计的过程。

项目 2　公路工程的纵横断面测量

【项目导航】

公路工程的纵横断面测量是公路定测的主要工作，设计人员可以利用实测的纵、横断面图来设计路线的坡度、路基标高和填挖高度，同时进一步确定沿线桥梁、涵洞和隧道等工程设施的一些参数，并可以精确计算工程量。

路线纵断面测量的主要任务是沿路中线设立水准点，测定路中线上各里程桩和加桩的地面高程，然后根据各里程桩的高程，按照一定的比例尺绘制纵断面图，来表示线路纵向地形的变化，为纵断面设计提供依据。横断面测量的任务是测定线路各中桩处与中线相垂直方向的地面高低起伏情况，通过测定中线两侧地面变坡点至中线的距离和高差，进行横断面图的绘制，为路基横断面设计、土石方量的计算和施工时边桩的放样提供依据。横断面应逐桩施测，其施测宽度及断面点间的密度应根据地形、地质条件和设计需要而定。

公路工程纵横断面测量一般的工作流程如图 2-0-1 所示。

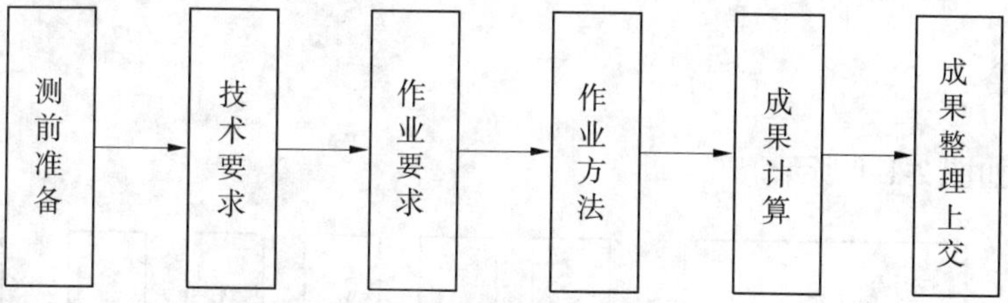

图 2-0-1　任务流程图

本项目由以下两项任务组成：

任务 1　路线纵断面测量；

任务 2　路线横断面测量。

【学习目标】

(1)掌握路线纵、横断面测量，基平测量和中平测量的概念。

(2)掌握纵、横断面测量的方法和步骤。

(3)熟练掌握路线纵断面中平测量记录计算的方法。

(4)能独立进行纵横断面图的绘制。

(5)会确定横断面方向。

(6)培养团队合作意识，加强责任意识；培养工作安全意识，提高职业素养。

任务1　路线纵断面测量

【任务描述】

某测区公路已完成了初测的工作，并在定测阶段也完成了中桩放样的任务。按照工作进程，下面需要按照技术设计要求，利用选用的满足要求的水准仪等仪器设备完成线路的纵断面测量的任务。

【任务分析】

纵断面测量主要包括基平测量、中平测量工作。本项任务要求工作者在掌握关于基平和中平测量的基本原理、基本方法和对仪器熟练操作的基础上，按照纵断面测量的基本技术规定，独立完成纵断面测量的任务。

在纵断面测量中，最后的成果中需要绘制纵断面图，这就要求工作者熟练掌握纵断面图的绘制方法。中平测量的测量方法有很多种，本任务在顾及相关规范规定的前提下，主要介绍水准测量法，使用 DS_3 水准仪进行路线纵断面的外业观测。

【任务流程】

任务流程如图2-1-1所示。

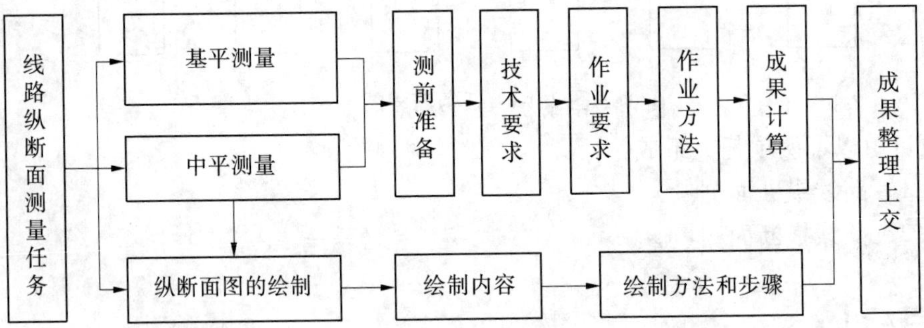

图2-1-1　任务流程图

1　线路纵断面测量任务

线路纵断面测量的任务包括基平测量、中平测量和纵断面图的绘制。纵断面图是线路设计和施工的重要资料，也是线路纵向设计的依据。

2　基平测量

基平测量就是沿线每隔一定距离设置一个水准点,并按四等水准测量的方法测定其高程,以便为中平测量提供基准高程点。

2.1　测前准备

基平测量前,应认真做好以下准备工作:

(1)路线起始点、终点和需长期观测的工程附近均应设置永久性水准点,永久性水准点应埋设标石,也可设置在永久性建筑物的基础上或用金属标志嵌在基岩上。

(2)水准点密度应根据地形和工程需要而定,在丘陵和山区每隔 0.5 ~ 1 km 设置一个,在平原地区每隔 1 ~ 2 km 设置一个。进行沿线水准点加密时,一般为 200 m 一个水准点。

2.2　技术要求

根据《公路勘测规范》(JTG C10—2007)中水准测量的精度要求,往返观测或两组单程观测的高差不符值应满足:

$$f_h \leqslant \pm 30\sqrt{L} \quad \text{mm}$$

式中　L——水准路线长度,km。

2.3　作业要求

基平测量时应遵循以下原则:

(1)应将起始水准点与附近的国家水准点联测,以获得绝对高程。

(2)在沿线水准测量中,也应尽量与附近国家水准点联测,形成附合水准路线,以获得更多的检核条件。

(3)当路线附近没有国家水准点或引测有困难时,也可根据国家小比例尺地形图选定一个与实地高程接近的作为起始水准点的假定高程。

2.4　作业方法

基平测量应使用不低于 DS_3 级水准仪,采用一组往返或两组单程在水准点之间进行观测。

2.5　成果计算

基平测量的记录计算方法采用四等水准测量的规定要求。若高差不符值在限差以内,取其高差平均值作为两水准点间高差,否则需要重测。最后由起始点高程及调整后高差计算各水准点高程。

3　中平测量

中平测量也称为中桩高程测量,就是根据基平测量设置的水准点,测量所有控制桩和中桩的高程。一般以相邻两水准点为一测段,从一个水准点开始,用视线高法逐点施测中桩的地面高程,附合到下一个水准点上。

3.1　测前准备

中平测量之前要先进行基平测量,选择起闭的基平水准点和转点,布设附合中平测量水准路线。

3.2　技术要求

根据《公路勘测规范》(JTG C10—2007),中平测量的精度要求如表 2-1-1 所示。

表 2-1-1　中平测量精度要求

线路	闭合差(mm)	两次测量之差(mm)
高速公路,一、二级公路	$\pm 30\sqrt{L}$	±5
三级及三级以下公路	$\pm 50\sqrt{L}$	±10

3.3　作业要求

中平测量应遵循下列规定和要求:

(1)中平测量应起闭于基平测量的水准点上。

(2)在施测过程中,应检查中桩、加桩的位置是否合适,里程桩号是否正确,若发现错误或遗漏,需进行补测和修正。

(3)转点起到传递高程的作用,因此转点标尺应立在尺垫上、稳固的桩顶或坚石上,视线长一般不要超过 150 m;中间点的尺子要求立在紧靠桩边的地面上。

(4)转点尺上读数至毫米,中间点尺上读数至厘米。

(5)为了削弱高程传递的误差,观测时应先观测转点,后观测中间点。

3.4　作业方法

中平测量常用的方法有水准测量法、电磁波测距三角高程测量法及 GPS - RTK 法,本任务主要介绍水准测量方法。中平测量通常采用附合水准测量法,每站可以有多个前视点。

如图 2-1-2 所示,BM_1、BM_2 为基平高程点,TP_1、TP_2 为转点,1、2、3 为测站点。

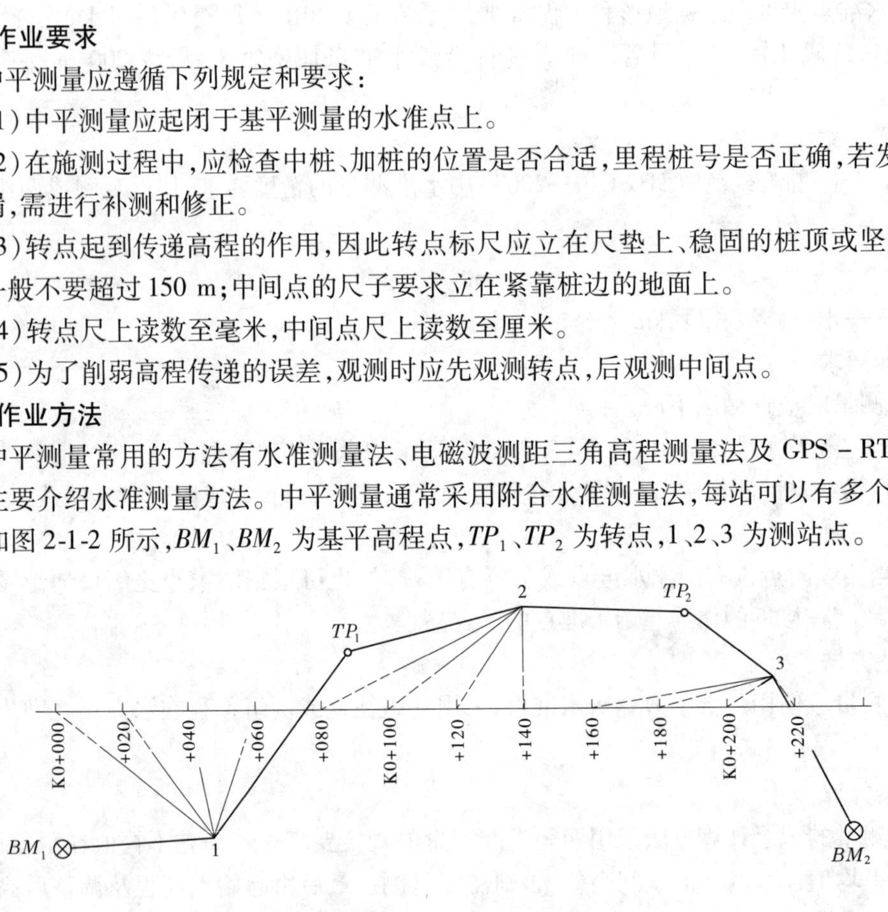

图 2-1-2　中平测量附合水准测量法作业过程示意图

(1)水准仪置于 1 测站后,后视水准点为 BM_1,读数为 1.986;前视转点为 TP_1,读数为 0.872,将观测结果分别记入表 2-1-2 中的“后视”和“前视”栏内。

(2)然后观测 K0 +000,…,K0 +060 等各中桩点,将读数分别记入“中视”栏。

(3)将仪器搬到 2 测站,后视转点为 TP_1,前视转点为 TP_2,然后观测各中桩地面点,用同法继续向前观测,直至附合到下一点水准点 BM_2,完成一测段的观测工作。

表 2-1-2　中平测量记录手簿

测站	测点	水准尺读数(m)			仪器视线高度(m)	高程(m)
		后视	中视	前视		
1	BM_1	1.986			180.679	178.693
	K0+000		1.57			179.109
	0+020		1.93			178.749
	0+040		1.56			179.119
	0+060		1.12			179.559
	TP_1			0.872		179.807
2	TP_1	2.283			182.09	179.807
	0+080		0.68			181.41
	0+100		1.59			180.50
	0+120		2.11			179.98
	0+140		2.66			179.43
	TP_2			2.376		179.714
3	TP_2	2.185			181.899	179.714
	0+160		2.18			179.719
	0+180		2.04			179.859
	0+200		1.65			180.249
	0+220		1.27			180.629
	BM_2			1.387		180.512

3.5　成果计算

(1)首先计算水准路线的闭合差。将所有后视点的读数 a 累加起来得 $\sum a$;将所有前视点的读数累加起来得 $\sum b$,则水准路线观测高差 $\sum h = \sum a - \sum b$,求出闭合差后,再与规定的限差比较,在满足要求时,不必进行闭合差的调整,可直接进行中桩高程的计算;否则,需重新进行观测。

(2)中间点的地面高程及前视点高程,一律按所属测站的视线高程进行计算。每一测站的计算公式如下:

视线高程 = 后视点高程 + 后视读数

转点高程 = 视线高程 - 前视读数

中桩高程 = 视线高程 - 中视读数

4 纵断面图的绘制

路线纵断面图是表示线路中线方向地面高低起伏形状和纵坡变化的剖视图，它是根据中平测量成果绘制而成的。在铁路、公路、运河、渠道的设计中，纵断面图是重要的资料。

4.1 绘制内容

如图 2-1-3 所示，在图的上半部，从左至右绘有两条贯穿全图的线，细折线表示中线方向的实际地面线；另外一条是粗线，表示带有竖曲线在内的经纵坡设计后的中线；此外，在图上还注有水准点位置、编号和高程，桥涵的类型、孔径、跨数、长度、里程桩号和设计水位，竖曲线示意图及其曲线元素，同其他公路、铁路交叉点的位置、里程和有关说明等。

在图 2-1-3 下半部分的几栏表格中，主要包括以下几项内容：

(1) 直线与曲线：直线与曲线为中线示意图，曲线部分用直角的折线表示，上凸的表示右偏，下凸的表示左偏，并注明交点编号和曲线半径。

(2) 里程：一般按比例标注百米桩和公里桩。

(3) 地面高程：按中平测量成果填写相应里程桩的地面高程。

(4) 设计高程：按中线设计纵坡计算的路基的高程。根据设计纵坡坡度 i 和相应的水平距离 D，按下式便可从 A 点的高程 H_A 推算 B 点的高程

$$H_B = H_A + iD_{AB} \tag{2-1-1}$$

(5) 坡度：从左至右向上斜的线表示上坡（正坡），向下斜的线表示下坡（负坡），斜线上以百分数注记坡度的大小，斜线下为坡长，水平路段坡为零。

(6) 土壤性质说明：标明路段的土壤性质情况。

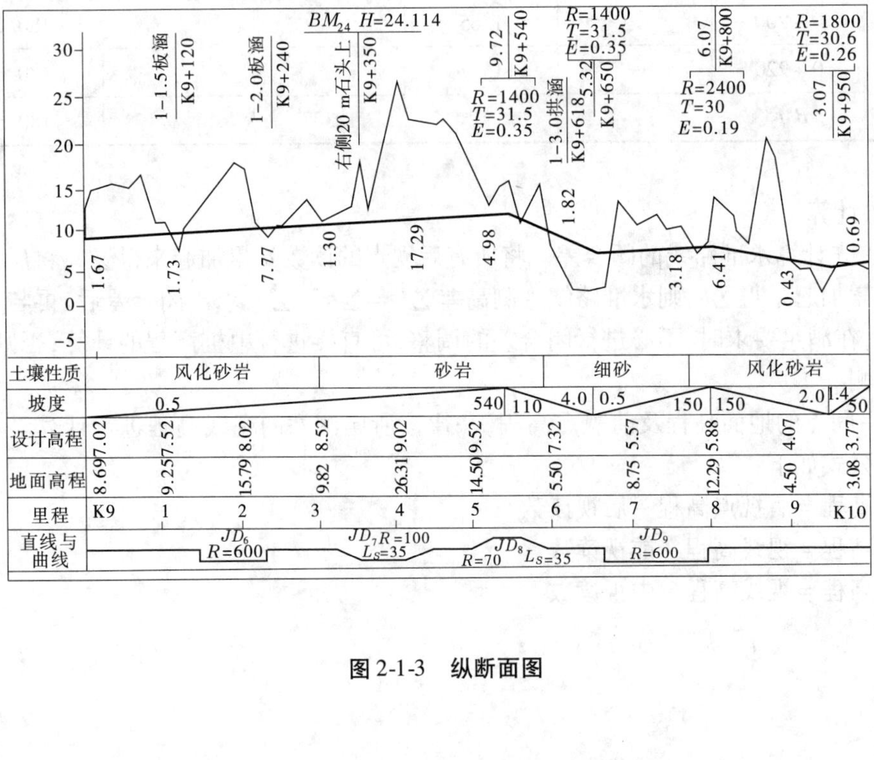

图 2-1-3 纵断面图

4.2 绘制方法和步骤

一般情况下，以中桩的里程为横坐标，比例尺与线路带状地形图的比例尺一致，中桩的地面高程为纵坐标，其比例尺为横坐标比例尺的10倍，如里程比例尺为1∶1 000时，高程比例尺为1∶100。

(1)按照选定的比例尺绘制表示里程和高程的坐标轴线，填写里程桩号、地面高程。

(2)绘制实际地面线。首先选定纵坐标的起始高程，使绘出的地面线位置适中。根据中桩的里程和高程，在图上按比例尺依次绘出各中桩的地面位置，再用直线将相邻点连接起来，就得到地面线。

(3)绘制设计竖曲线，并在相应位置填写土壤性质情况、设计坡度及距离、竖曲线设计要素、设计高程、计算和填写填挖高度。

(4)填写平曲线设计要素等数据和资料。

(5)标注水准点、涵洞等位置及相应数据和说明。

【任务实训】

1 实训目的

(1)掌握纵断面测量与记录计算的方法；

(2)掌握纵断面图的绘制方法。

2 仪器设备及物品

水准仪1台，水准标尺2根，尺垫2个，皮尺1把，测钎2根，记录板1个，中平测量手簿，记录板1块，铅笔，计算器，格网纸1张，油漆若干。

3 实训内容与要求

(1)每小组各选一段长度不少于200 m的路面作为实习线路，并选定起点位置和里程，以校内导线点作为基平高程点。

(2)用皮尺沿选择的线路，从起点开始测设里程，直线段不超过30 m、曲线段不超过20 m设置一个中桩，遇转弯段、线路交叉处、百米桩处均要加桩，并作标记。

(3)进行中平测量，并进行记录计算。

(4)以横坐标表示里程，比例尺为1∶1 000；以纵坐标表示高程，比例尺为1∶100，在坐标纸上绘制纵断面图。

4 参考资料

《公路勘测规范》(JTG C10—2007)。

5 注意事项

(1)中平测量必须起闭于基平高程点，其闭合差不超过$\pm 50\sqrt{L}$mm(L为路线的长度，单位为km)。

(2)参照以上规范的观测、记录要求。

(3)参照本教材手簿格式进行记录计算。

(4)以小组为单位组织实施,并注意仪器安全。

6 上交资料

(1)中平测量记录计算成果。

(2)中平测量附合水准测量法作业过程示意图。

(3)绘制的纵断面图。

【习题与思考】

1. 什么是基平测量?什么是中平测量?基平测量有哪些技术要求?
2. 试述纵断面测量的基本任务。
3. 举例说明平坦地段水准法中平测量计算中线点地面高程的方法。
4. 试述纵断面图的主要绘制步骤。
5. 请把路线纵断面中平测量记录表(表 2-1-3)补充完整。

表 2-1-3 中平测量记录表

测站	点号	水准尺读数(m)			仪器视线高程(m)	高程(m)	备注
		后视	中视	前视			
1	BM_1	2.191			14.505	12.314	
	0+000		1.62			12.89	
	+050		1.90			①	
	+100		0.62			13.89	ZY_1
	+120		0.91			13.57	
	TP_1			1.006		②	
2	TP_1	2.162			③	②	
	+140		0.50			15.16	
	+160		0.52			15.14	
	+180		0.82			14.84	QZ_1
	+200		1.20			④	
	+240		1.06			14.60	
	BM_2			1.521		⑤	14.142

任务2　路线横断面测量

【任务描述】

某测区已完成了路线的纵断面测量,根据中平测量的成果绘制了纵断面图。按照工作进程,下面需要作业组按照技术设计要求,利用选用的满足要求的仪器设备完成路线横断面的测量任务。

【任务分析】

横断面测量的任务主要包括横断面的选取、横断面方向的确定、横断面的施测和横断面图的绘制。本项任务要求工作者在掌握关于横断面测量的基本原理、基本方法和对仪器的熟练操作基础上,按照横断面测量的基本技术规定,独立完成路线横断面测量的任务。

在横断面测量中,涉及横断面图的绘制,所以本任务要求工作者在熟练掌握横断面测量方法的同时,还要会根据横断面测量的成果,绘制横断面图。横断面的测量方法有多种,根据常用的原则,本任务利用水准仪法进行路线的横断面的外业观测。

【任务流程】

任务流程如图2-2-1所示。

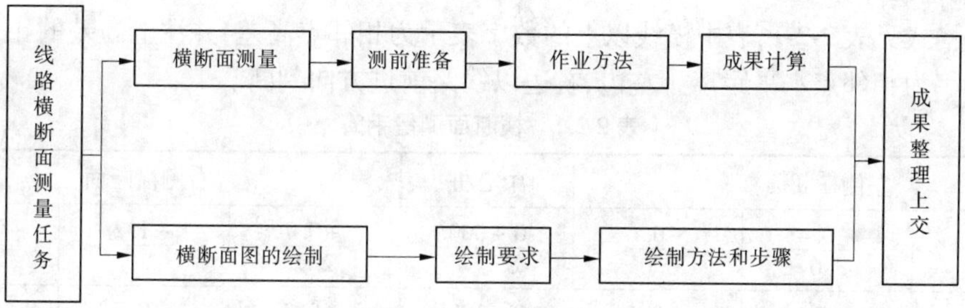

图2-2-1　任务流程图

1　线路横断面测量的任务

横断面测量是在线路各中桩处,测定垂直于道路中线方向的地面起伏情况,并按一定比例尺绘制出横断面图,作为路基设计、土石方计算、路基防护设计、施工放样的依据。

2　横断面测量

2.1　测前准备

在横断面测量施测前,需要做好以下准备工作:

(1)在进行横断面施测前,要先进行横断面宽度的选取工作。横断面测量的宽度,由路基宽度及地形情况而定,一般在中线两侧各测 15 ~ 50 m。对于地质不良、填高挖深及需要对路基进行防护设计的地段应适当加宽。

(2)横断面方向的确定。

横断面的方向,直线段应该与线路中线垂直,曲线段应该在该点的法线方向上。

2.2　作业方法

(1)如图 2-2-2 所示,在两断面间适当位置放置水准仪,后视已知中桩,然后逐个读取各横断面点标尺读数,求出高差。

(2)用皮尺丈量各点之间的平距。一站可以测若干个断面。

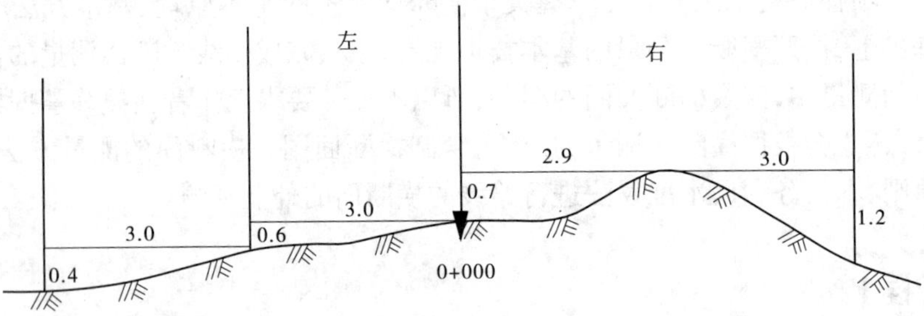

图 2-2-2　横断面测量

2.3　成果记录计算

记录格式见表 2-2-1,表中横线以上的数字表示为相邻点高差,并注上高差的正负,横线以下的数字为相邻点水平距离。左边、右边以线路前进方向判断。

表 2-2-1　横断面测量手簿

左侧横断面			中心桩	右侧横断面		
平	$\frac{-0.4}{3.0}$	$\frac{-0.6}{3.0}$	$\frac{0+000}{85.84}$	$\frac{+0.7}{2.9}$	$\frac{-1.2}{3.0}$	同坡
$\frac{-0.2}{2.3}$	$\frac{-0.3}{3.0}$	$\frac{-0.5}{3.0}$	$\frac{0+100}{85.37}$	$\frac{+0.5}{3.0}$	$\frac{-0.7}{3.0}$	$\frac{-0.3}{2.5}$
…	…	…	…	…	…	

3　横断面图的绘制

3.1　绘制要求

(1)水平比例尺和高程比例尺一般采用 1∶100 或 1∶200。

(2)在毫米方格纸上按照里程的编号依次绘制。

3.2　绘制方法

(1)先画线路中心线。

(2)根据横断面测量记录中相邻点的距离和高差,依次描绘各变坡点,以细实线连接相邻点,即为地面线。如图2-2-3所示。

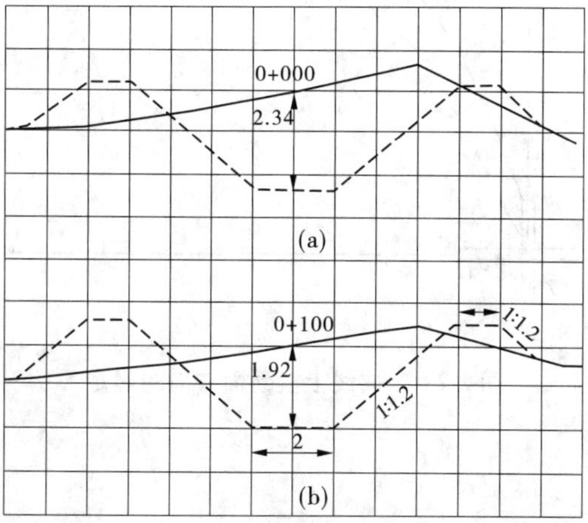

图2-2-3　横断面图

【知识点】

1　横断面方向的确定

1.1　直线上横断面方向的确定

在直线上横断面应与路线方向相垂直,一般采用简易直角方向架来定向,如图2-2-4所示,方向架为坚固木料制成,长约1.5 m,在上部两个垂直方向雕空,中间插入 ab、cd 互相垂直的两个觇板,下面镶以铁脚可以插入土中。将方向架插在中桩上,以 ab 觇板瞄准直线上另一中桩,则 cd 觇板即为横断面方向。

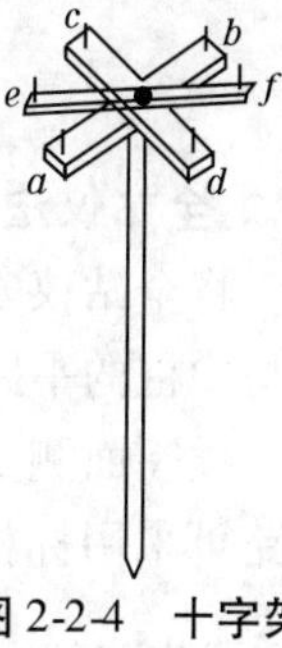

图2-2-4　十字架

1.2　曲线上横断面方向的确定

当中桩位于曲线上时,横断面方向应为该曲线的圆心方向,在实际工作中,多采用弯道求心方向架(在一般方向架上增加一活动觇板)获得。如图2-2-5所示,首先置求心方向架于曲线起点 ZY,用 ab 觇板瞄准 JD 方向,此时 cd 觇板即为圆心方向,然后旋转活动觇板 ef 瞄准曲线上 P_1 点,并用螺旋固定 ef 位置,合弦切角 α 不变,移方向架于 P_1 点,用 cd 觇板瞄准曲线起点 ZY,此时,ef 觇板所指的方向即为 P_1 点的圆心方向。

2　横断面测量方法

横断面测量中的距离和高差一般准确到0.1 m即可满足工程的要求。因此,横断面的测量方法多采用简易的测量工具和方法,以提高工作效率。除了本任务使用的水准测量法,

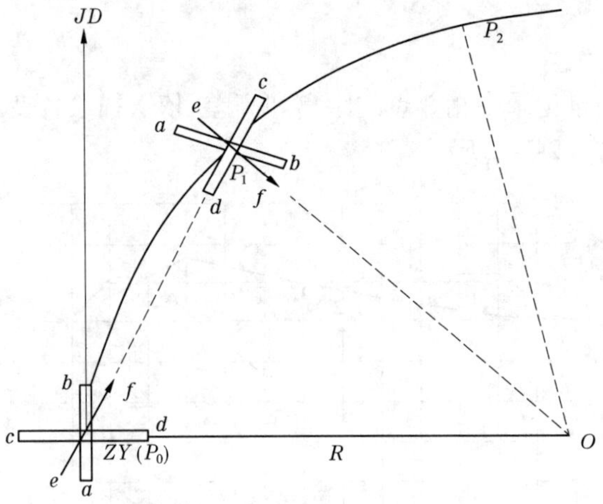

图 2-2-5　曲线上横断面方向的确定

还有两种方法。

2.1　标杆皮尺法

如图 2-2-6 所示,A、B、C 为横断面方向上所选定的变坡点,施测时,将标杆立于 A 点,皮尺靠中桩地面拉平,量出至 A 点的平距,皮尺截取标杆的高度即为两点的高差,同法可测出 A 至 B、B 至 C……等测段的距离和高差,此法简便,但精度较低。

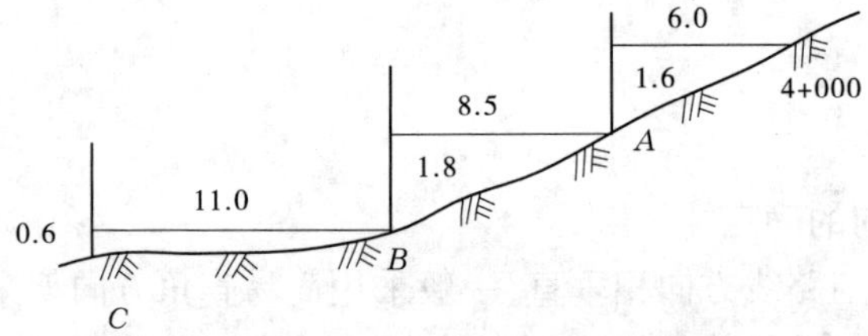

图 2-2-6　用标杆皮尺法测量横断面

2.2　全站仪法

将全站仪安置在控制点上,设置好仪器后,利用横断面测量功能,直接测量出地形特征点与中桩的平距和高程。该法适用于地形困难、山坡陡峻路线的横断面测量。

横断面测量中高速公路、一级公路一般采用水准仪皮尺法、经纬仪法,二级及二级以下公路可采用标杆皮尺法,但检测限差应符合规定。

3　横断面测量的精度要求

根据《公路勘测规范》(JTG C10—2007),横断面方向应与路线中线切线垂直,横断面中的距离、高差的读数应取位至 0.1 m,检测互差限差应符合表 2-2-2 的规定。

表2-2-2　横断面检测互差限差

公路等级	距离(m)	高差(m)
高速公路,一、二级公路	$\leqslant L/100+0.1$	$\leqslant h/100+L/200+0.1$
三级及以下公路	$\leqslant L/50+0.1$	$\leqslant h/50+L/100+0.1$

注:L为测点至中桩的水平距离,m;h为测点至中桩的高差,m。

【任务实训】

1　实训目的

(1)掌握横断面测量与记录计算的方法;

(2)掌握横断面图的绘制方法。

2　仪器设备及物品

水准仪1台,水准标尺2根,尺垫2个,皮尺1把,测钎2根,记录板1个,横断面测量记录手簿1本,记录板1块,铅笔、计算器,格网纸1张,油漆若干。

3　实训内容与要求

(1)每小组各选一段长度不少于200 m的路面作为实习线路,并选定起点位置和里程。

(2)直线段不超过30 m,曲线段不超过20 m,其他加桩处均应测绘横断面,横断面宽度可取中线两侧5~10 m。

(3)确定横断面方向,进行线路横断面测量,并进行记录计算。

(4)水平比例尺和高程比例尺均取为1∶200,在坐标纸上绘制横断面图。

4　参考资料

《公路勘测规范》(JTG C10—2007)。

5　注意事项

(1)参照以上规范的观测、记录的要求;

(2)参照本教材手簿格式进行记录计算;

(3)以小组为单位组织实施,并注意仪器安全。

6　上交资料

(1)横断面测量记录计算成果;

(2)横断面施测示意图;

(3)绘制的横断面图。

【习题与思考】

一、填空题

1. 路基横断面测量方法有________。

2. 路基横断面图的比例尺一般采用________。

二、选择题

1. 横断面测量的步骤正确的是(　　)。

A. 定方向,绘横断面图,测平距和高差

B. 测平距和高差,绘横断面图,定方向

C. 定方向,测平距和高差,绘横断面图

三、判断题

1. 横断面测量是测道路中线中桩的高程。(　　)

2. 横断面记录中,横线上面的数字是相邻点的高差,下面的数字是相邻点的水平距离。(　　)

3. 绘制横断面图时,地面线用细实线表示。(　　)

四、简答题

1. 试述横断面测量的基本步骤。

2. 试述绘制横断面图的步骤。

3. 横断面方向如何确定？横断面测量方法有哪些？如何记录横断面数据？

项目3　公路工程施工测量

【项目导航】

公路工程施工测量就是利用测量仪器和设备，依据设计图纸中公路的各项元素、控制点坐标和水准点高程，通过坐标放样方法来控制公路的线形外观，用水准测量（放样）方法来控制公路的纵横向坡度，为施工提供依据。

施工测量是保证施工质量的一个重要环节。在实际工作中，必须严格遵守《工程测量规范》、《公路勘测规范》、《公路路基施工技术规范》等有关规范、规程的要求。施工测量贯穿道路施工始终，从施工前的准备到施工全过程，都离不开施工测量。而且在每个阶段，随着工程的进展，施工测量要反复进行多次。

本项目包含三项任务：

任务1　控制点复测和加密；

任务2　公路工程路基施工测量；

任务3　公路工程路面施工测量。

【学习目标】

（1）熟悉公路工程施工测量的内容和作用；

（2）能够进行导线点复测、恢复和加密；

（3）能够进行水准点复测、恢复和加密；

（4）会进行路线中桩恢复测量；

（5）会进行道路边桩坐标计算；

（6）掌握道路边桩和边坡的测设方法与测设流程；

（7）掌握道路路槽放样的方法和作业流程；

（8）掌握道路路面测设方法和测设流程；

（9）会进行路面横断面上各结构层特征点的高程计算；

（10）通过本项目学习，培养独立的思考能力和计算能力。

任务1 控制点复测和加密

【任务描述】

施工部门在道路工程施工之前的测量任务有:

(1)对设计或监理部门提交的控制点成果进行复测,确保控制点的位置和坐标的正确性。

(2)根据公路勘测初测导线点,在施工标段现场,结合线路实际情况加密公路施工导线点。

(3)根据公路勘测初测水准点,在施工标段现场,结合线路实际情况加密公路施工水准点。

【任务分析】

控制点复测是施工测量前必不可少的准备工作。它包括导线控制点、路线控制桩和高程控制点的复测。另外,由于人为或其他原因,导线控制点和路线控制桩或丢失或遭到破坏,要对其进行补测;有的导线点在路基范围内,需将其移至路基范围之外。只有当这一切都完成无误,方能进行施工放样工作。另外,在施工过程中也要定期检核。应尽量使用精良的测量设备,采用先进的测设方法。

加密导线点的目的是方便线路平面位置的放样,并保证施工精度。道路施工实践告诉我们,在道路施工过程中,需要多次恢复路线中桩及边桩,因为施工中每天都有可能破坏这些桩位,这就需要在挖填一定高度后,重新放桩以保证路线线形。

在施工标段,布设合理的导线点位,能够方便而又准确地恢复中桩、边桩。道路施工实践证明,道路勘测设计阶段所布设的交点、导线点位在其分布和数量上都不能满足施工现场的需要。因此,施工单位必须根据所施工标段的实际需要和实际地形来加密导线点。把加密的导线点称为施工导线点,有的也称为临时导线点。

施工导线点的加密原则是从整体到局部,从高级到低级。因此,施工导线点的起终点必须是设计单位提供的导线坐标成果。

加密水准点的目的就是方便施工中的高程放样,并保证高程放样精度。实践证明,在公路施工过程中,繁复而大量的工作是测量路线中桩、边桩等桩位高程。施工中,挖方段、填方段高度每天都在发生变化。由于中桩、边桩等桩位易被破坏(挖掉或填掉),这就要求施工测量员必须在施工中随时掌握挖、填方的高度,以确保挖、填方工作的顺利进行,防止不必要的超填超挖或欠填欠挖,造成不必要的损失。

在施工标段增设加密合理的水准点位,既能很方便地就近控制路线的高程,又能保证施工精度。实践证明,公路勘测设计阶段所布设水准点的分布和密度都不能满足施工现场的需要,所以施工单位必须根据作业段的实际需要、实际地形来加密水准点。通常把加密的水准点叫作施工水准点。

施工水准点的加密原则是从高级到低级。因此,施工水准点的起终点必须是设计单位提供的水准点。

【任务流程】

任务流程如图3-1-1所示。

图3-1-1　任务流程图

1　收集并熟悉图表

在恢复道路路线前,测量人员需要熟悉设计图纸,了解设计意图、设计图纸招标文件及施工规范对施工测量精度的要求。

1.1　收集相关资料

通常情况下,道路施工测量应收集的设计文件图表主要有:

(1)道路平面总体设计图即路线平面图。

(2)路线纵断面图。

(3)路基横断面图。

(4)路面结构图。

(5)路基设计表。

(6)直线、曲线及转角表。

(7)埋石点成果表(包括导线点成果表、水准点成果表)。

(8)逐桩坐标表。

(9)路基标准横断面图。

1.2　熟悉图表

图表的相关内容,包括道路的总体设计图、纵断面图、路基横断面图、埋石点成果表、直线和曲线及转角表、逐桩坐标表等多项内容的熟悉。

熟悉各种图表的要点,包括路面宽度、线路纵坡度、边坡点所在桩号、竖曲线要素、圆曲线要素、缓和曲线起点桩号等。

2　设计交桩

施工单位进场后,由业主会同监理单位、设计单位、施工单位、当地建设指挥部,共同对路线的各种控制点桩进行交桩。按照监理程序,先移交给监理单位的测量工程师,监理单位的测量工程师随即对各种控制点桩进行测量;准确无误后,再将各控制点桩移交给施工单位的测量工程师进行复测。

3　控制点复测

施工单位的测量工程师在复测过程中所使用的全站仪、水准仪等仪器,必须交由有资质的部门进行检定。只有经过检定合格的测量仪器才能进行复测，否则监理单位有权利和义务对施工单位的测量仪器测得的数据不予认可和接受。

3.1　导线控制点复测

导线控制点复测时，应按规范规定的精度要求，逐点实测导线转折角 β_i 和导线边长 S_i。

首先应利用观测数据（β_i 和 S_i）进行导线平差，检查复测导线的方位角闭合差和导线全长相对闭合差是否符合规范规定。当两项闭合差全部合限时，说明复测导线本身的观测精度满足规范要求。

再利用设计图纸上提供的控制点坐标反算出导线转折角 β_i' 和导线边长 S_i'。当观测值与反算值满足式（3-1-1）时，则认为设计图纸上提供的导线控制点的平面坐标和位置是正确的。

$$\left.\begin{aligned}&\left|\beta_i-\beta_i'\right|\leqslant 2m_\beta\\&\left|\frac{S_i-S_i'}{S_i}\right|\leqslant\frac{1}{T}\end{aligned}\right\}\tag{3-1-1}$$

式中　m_β——相应导线等级的测角中误差；

$\frac{1}{T}$——相应等级的边长相对中误差。

3.2　高程控制点复测

高程控制点的检测一般使用水准测量方法进行。高速公路和一级公路的水准测量闭合差按四等水准控制，二级以下公路水准测量闭合差按五等水准控制。大桥附近的水准测量闭合差应按《公路桥涵施工技术规范》（JTJ 041—89）的规定办理。若满足精度要求，则认为设计图纸上提供的高程控制点高程是正确的。

一般情况下，道路两旁布设的导线点，其坐标和高程均在同一点上。因此，在满足精度要求的前提下，复测平面坐标的同时，可利用三角高程测量的方法检测高程。

值得注意的是，有的施工单位在复测导线点时，只检查本标段的点，而忽视了对前后相邻标段点的检查，这样就有可能在标段衔接处出现道路中线错位或断高。在实际工作中，应引起重视，防止此类问题发生。复测导线时，必须和相邻标段的导线闭合。

4　导线点加密

4.1　施工导线点的选点要求

（1）通视良好。实际测量中，施工导线点位一般都选在路堑堑顶的适当位置，以及路线结构物附近不易受施工干扰的地方。所布设的导线点既要保证导线点间能够通视，又要保证能够通视路线上中桩、边桩及坡脚桩，以便于放线，不需转站。

（2）点位桩要埋设牢固，便于保护。从施工初始到工程竣工，施工导线点使用频繁，路层每一结构面都要反复使用。

（3）施工导线点位的密度应能满足施工现场放样需要。施工导线点间距以 400 ~ 800 m 为宜。

（4）点位桩编号要醒目，易识别。

（5）便于仪器架设，方便观测员操作。

4.2　加密施工导线点的原则

(1)公路工程施工测量与其他测量工作一样,同样必须遵循由高级到低级的原则,即必须从设计单位提供的导线点到施工导线点。

(2)施工导线点的坐标系统必须与设计单位提供的导线点的坐标系统一致。

(3)施工导线起终点必须是设计单位提供的导线点,测定结果的限差,应符合规范要求。

(4)施工导线的测量精度必须满足施工放样精度,公路施工放样精度是依据规范规定的验收限差确定的。

(5)施工导线点的密度应满足施工放样的需要,放样点若离控制点远,则放样不方便,并且误差也大。放样时应一站到位,放样视距不宜超过500 m。

4.3　施工导线点的测设

(1)测设方案。适用于公路工程加密施工导线点的方案有:附合导线、闭合导线、支导线。

当施工标段只有一组起始数据时,可考虑选用闭合导线;当施工标段有两组起始数据时,可考虑选用附合导线;当有特殊需要时,可考虑选用支导线。

(2)测设方法。导线测量实际上就是测量相互连接折线的夹角和边长,简单地说就是量距和测角。

(3)测量精度。施工导线点是施工放样的依据,只有保证了施工导线点的精度,才能保证施工放样的精度。规范规定:"土(石)方路基中线允许偏差为50 mm",控制点的精度越高,则放样的精度就越高;控制点的精度低,则放样的精度就低。但把控制点的精度定得过高,就会增加控制测量的工作量;反之,就可能造成施工质量事故。

为了减小测量误差对放样点的影响,可适当增加控制点密度,缩小控制的距离;在测量施工控制导线时,必须满足规范对导线点的测量精度。

(4)近似平差计算。参阅控制测量相关内容。

5　水准点加密

5.1　施工水准点选点要求

(1)施工水准点的密度。施工水准点的密度要保证只架设一次仪器就可以放出或测量出所需要的高程。实践证明,在一个测站上水准测量前后视距最好控制在80 m,超过80 m则要转站才能继续往前测,如果多次转下去,误差便会增大。因此,为了保证测量精度,施工水准点间距最好在160 m范围内,在纵坡较大地段,水准点间距可根据实际地形缩短。

(2)在重要结构物附近,宜布设两个以上的施工水准点。放样时,用一点放样,另一点检查,从而保证放样高程的准确性。

(3)施工水准点位布设地点。在公路施工实践中,加密施工水准点位通常是布设在填方路段两侧20 m范围内的田坎,与挖方段交接的山坡脚(适宜高填方)等易于保存的地方。当路基工程施工完毕,挖方段的排水沟或坡脚砌体也已施工完毕,水准点位可布设在水泥抹面上。埋设好的水准点要做标记,方便以后使用。

(4)施工水准点应埋设牢固,并要妥善保护。实践证明,施工水准点自开工到竣工验收都在发挥作用,所以点位一定要牢固。用方桩做点位桩时,要打深打牢,并用水泥加固,桩顶上钉一铁钉，测水准时标尺立在钉上。

(5)施工水准点编号要醒目、清晰、易识别。施工中多用“公里数 + 号码”来编号，例如 $K60+120_{左}-1$、$K100+150_{右}-2$ 等，并把高程用红漆写在点号旁边，这样就能很明显地知道该点是控制哪一段的，并可校核所用点高程是否用错。

5.2 加密施工水准点的原则

(1)加密施工水准点须遵循由高级到低级的原则，即必须从设计单位提供的水准点到施工水准点。

(2)施工水准点高程系统必须与设计单位提供的高程系统相一致，不得自行选择高程系统。

(3)施工水准点的起终点必须是设计单位提供的水准点，测定结果的限差应符合规范要求。

(4)施工水准点的测量精度必须满足高程放样精度。高程质量标准见表 3-1-1 和表 3-1-2。

(5)施工水准点的密度应能满足高程放样的需要。

表 3-1-1 土(石)方路基允许偏差

项次	检查项目	允许偏差	
		高速公路、一级公路	其他公路
1	纵断高程(mm)	10 30	10 −50
2	平整度(mm)	30	50
3	横坡度(%)	±0.5	±0.5

表 3-1-2 公路路面质量标准

工程种类	项目	质量标准		
		高速公路	一级公路	其他公路
底基层	纵断高程(mm)	+5 −15	+5 −15	+5 −20
	平整度(mm)	15	15	20
	横坡度(%)	±0.3	±0.3	±0.5
基层	纵断高程(mm)	+5 −10	+5 −10	+5 −15
	平整度(mm)	10	10	15
	横坡度(%)	±0.3	±0.3	±0.5

5.3 施工水准点的测量方案

选择施工水准点的测量方案，应考虑以下因素：

(1)施工标段已知水准点的利用情况，前后相邻标段水准点的分布情况。

(2)施工标段挖方段、填方段情况。

(3)施工高程放样的需求。

根据施工规范，结合实际测量经验，适用于公路工程加密水准点的施工方案有：

(1)附合水准路线。

(2)闭合水准路线。

(3)复测水准路线,即往返测水准路线。

5.4 施工水准点的测量方法

施工水准点的高程通常使用水准测量的方法测定。水准测量就是利用水准仪、水准尺或塔尺(公路施工测量常用的尺子)测定点间高差的方法。只要知道一点的高程,就可计算出另一点的高程。公路施工测量采用向前法和复合水准测量法,而最常用的是向前法,它是用水准仪进行高程放样的主要方法,而复合水准测量法仅用于建立施工标段高程控制系统。

5.5 施工水准点的测量精度

为了满足高程放样的需要,可以适当合理地增加施工水准点的密度,应保证只架设一次仪器,就能放出或测出所需要的高程,这样,水准控制点与放样点距离不超过 80 m,既方便放样操作又能保证放样精度;在测量施工水准控制路线时,必须满足规范规定的水准点闭合差:

高速、一级公路为 $\pm 20\sqrt{L}$ mm,L 为水准路线长度,以 km 计。对于复测支水准路线,L 取单程长度。

二级以下公路为 $\pm 30\sqrt{L}$ mm,L 意义同上。

5.6 水准路线计算

公路工程施工实践中,施工水准测量计算常采用水准近似平差法。其计算步骤如下:

(1)检查和整理外业观测手簿。检查外业观测手簿的记录是否齐全,计算是否正确,有无违反规范的现象;计算各测段之观测高差、距离,并计算路线闭合差是否小于限差要求,如小于限差要求则可进行内业计算,如超限,则重测某些测段,直到满足限差要求。

(2)绘制观测路线略图。略图中的水准点要与实地的方位一致,路线用曲线连接(已知点用“⊗”表示,未知点用“○”表示)并在图上注明点名、各点间的观测高差和距离等,还要用箭头标出水准测量的观测方向。

(3)编制高程误差附表,完成水准路线的高程计算。

【任务实训】

1 实训目的

(1)掌握导线外业测量的程序、步骤和方法。

(2)掌握导线外业观测工作的内容及记录计算方法。

(3)掌握导线外业测量的技术要求和注意事项,锻炼导线观测、计算、检核技能。

(4)学会利用软件进行导线平差计算。

(5)掌握导线复测时判定已有导线成果质量是否准确可靠的方法。

2 仪器设备及物品

全站仪 1 台,棱镜 2 套,脚架 3 个,温度计,气压计,导线观测记录手簿,铅笔,记录板。

3　实训内容与要求

(1)每小组对实习场内已有的一条导线进行复测,按规定的精度要求,逐点实测导线的转折角和导线边长。

(2)对观测数据进行导线平差计算,要确保导线的方位角闭合差和导线全长相对闭合差符合规范规定。

(3)利用已有导线点的坐标反算出导线转折角 β_i' 和导线边长 S_i',利用公式 $|\beta_i - \beta_i'| \leqslant 2m_\beta$, $\left|\frac{S_i - S_i'}{S_i}\right| \leqslant \frac{1}{T}$ 来判断已有导线的成果是否准确可靠。

4　参考资料

《控制测量实习指导书》,《工程测量控制网平差系统》,《道桥测量》教材。

5　注意事项

(1)以小组为单位组织实施,并注意仪器安全。
(2)导线观测时使用三联脚架的方法观测。
(3)观测时要注意棱镜常数设置和气象改正。
(4)导线的观测和记录规范。
(5)注意各项限差要求。
(6)上机时要遵守机房管理规定。

6　上交资料

(1)导线外业观测记录手簿。
(2)导线平差报告。
(3)复测前后导线转折角和导线边长比较结果。
(4)导线复测成果报告。

【习题与思考】

1. 公路工程施工前的测量工作主要有哪些?
2. 如何判断设计部门提供的导线点的坐标和位置是否正确?
3. 为什么要进行导线点的加密?
4. 加密导线点的点位该如何选择?
5. 加密导线点的原则是什么?
6. 加密水准点的原则是什么?
7. 施工水准路线一般采用近似平差的方法进行计算,请叙述其计算步骤。

任务2　公路工程路基施工测量

【任务描述】

公路工程路基施工测量的任务是：

(1)按照设计要求，在施工现场监控线路的外貌形状：直线形、曲线形、超高形等。

(2)按照设计要求，在施工现场监控路基宽度、坡脚、堑顶。

(3)按照设计要求，在施工现场监控线路高低起伏、纵坡、横坡，指导填挖高度，使其达到设计标高，从而可以避免盲目施工及超填超挖、欠填欠挖。

【任务分析】

路基施工测量包括道路中线恢复、高程放样测量、路基边桩和边坡放样。随着路基的开挖与填筑，施工测量要反复进行多次。一般情况下，每填挖 1 m 左右，便要重新进行路基施工测量。

中线全面恢复以后，只是完成了路基施工放样的第一步，接下来还要进行高程的测量、放样，通过不断的高程的测量、放样，路基的填筑或开挖达到设计的高度。

高程测量和放样是设计标高控制相辅相成的两个方面。通过高程测量，可以知道当前施工点的标高，与设计标高还相差多少；通过高程放样，则严密控制了施工点的施工标高。在路基施工过程中，测量和放样交替使用。也就是说，高程测量指导施工过程，高程放样控制施工目标。

【任务流程】

任务流程如图 3-2-1 所示。

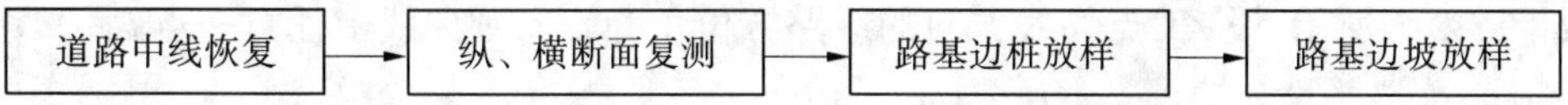

图 3-2-1　任务流程图

1　道路中线恢复

道路中线恢复，也就是前面所讲到的道路中线测设，就是根据道路沿线控制点将道路中线恢复出来。具体内容可参见有关章节和项目，在施工测量中常用的中线测量方法是全站仪极坐标法和 GPS－RTK 道路中线放样。

2 纵、横断面复测

道路经过勘测设计之后，往往要经过一段时间才能施工。假如在这段时间内，沿路线方向的地形发生了变化，则在施工前还要对中线的高程和横断面进行测量，与勘测设计的纵横断面进行比较。如相差较大，可将路线设计的施工标高加以改正，以便按改正后的施工标高施工，并重新进行土石方工程数量的计算，但必须经过监理工程师的认可。纵横断面复测的方法同纵横断面测量，具体可参阅本教材相关章节。

3 路基边桩放样

路基施工之前，在地面上把路基轮廓表示出来，也就是把路基两旁的边坡与原地面相交的坡脚点（坡顶点）找出来，钉上边桩，确定路基施工范围，以便正确施工。边桩的位置与路基的填挖高度、边坡坡度和实地地形有关。下面分四个步骤来说明。

3.1 中桩到边桩的坐标方位角（横断面方向）计算

横断面测量的方向，在直线段应与线路中线垂直，曲线段应该在该点的法线方向上。传统方法是采用十字架、求心十字架等方法确定。近年来一般是采用全站仪或 GPS－RTK 直接放样出横断面方向。这种方法的难点在于如何计算出线路横断面方向的坐标方位角。

3.1.1 直线段横断面方向的确定

对于道路直线段（见图 3-2-2），先利用线路两端交点坐标，求出道路中线前进方向的线路方位角 $\alpha_{中}$，然后利用式(3-2-1)即可求出任意一点 i 的横断面方向。

$$\alpha_{横} = \alpha_{中} \pm 90° \qquad (3\text{-}2\text{-}1)$$

其中，求 $\alpha_{左}$ 时用“－”号，求 $\alpha_{右}$ 时用“＋”号。注意要面向线路的前进方向来判断线路左右方向。

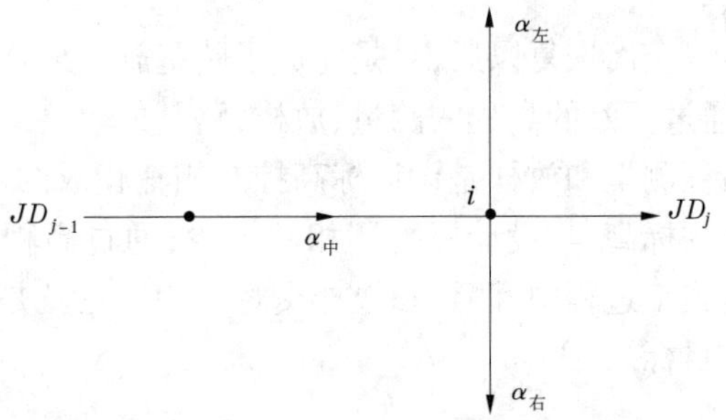

图 3-2-2　直线段横断面方向的确定

求出 $\alpha_{左}$、$\alpha_{右}$ 后，只要给定左右边桩距中桩的距离，很容易求出左右两边桩的线路坐标。

3.1.2 圆曲线段横断面方向的确定

如图 3-2-3 所示，设 ZY 点切线方向的线路方位角为 $\alpha_{中}$，圆曲线上任意一点 i 距 ZY 的弧长为 L_i，则其对应的圆心角 $\varphi_i = \dfrac{L_i}{R} \cdot \dfrac{180}{\pi}$。

由图 3-2-3 可知，点 i 的切线方位角 $\alpha_{切}$ 为：

$$\alpha_{切} = \alpha_{中} \pm \varphi_i \qquad (3\text{-}2\text{-}2)$$

（符号取法：当曲线在切线的左侧时用“－”号，当曲线在切线的右侧时用“＋”号）

然后利用式(3-2-3)即可求出任意一点 i 的横断面方向：

$$\alpha_{横} = \alpha_{切} \pm 90° \qquad (3\text{-}2\text{-}3)$$

其中，求 $\alpha_{左}$时用“－”号，求 $\alpha_{右}$时用“＋”号。

3.1.3 缓和曲线段横断面方向的确定

如图 3-2-4 所示，缓和曲线上任意一点 i 的切线与 ZH 点切线之间的夹角 $\beta_i =$

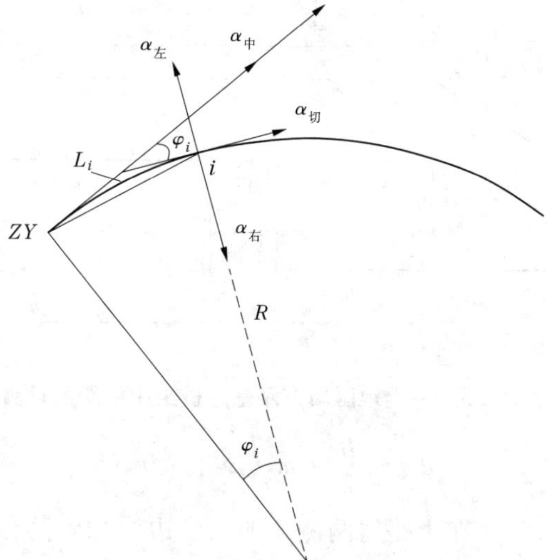

图 3-2-3　圆曲线段横断面方向确定

$\frac{L_i^2}{2RL_S}\cdot\frac{180}{\pi}$。把 β_i 代替 φ_i 代入式(3-2-2)即可求出点 i 的切线方位角 $\alpha_{切}$。最后利用式(3-2-3)即可求出任意一点 i 的横断面方向。

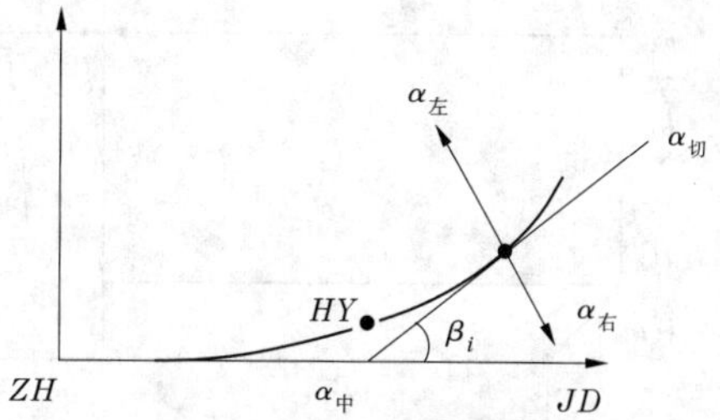

图 3-2-4　缓和曲线横断面方向确定

3.2　中桩到边桩的水平距离计算

3.2.1　图解法

根据设计图纸上提供的路基横断面图，从图上直接量取路基边桩距中桩的平面距离。

3.2.2　解析法

当横断面设计图与实地有所出入或沿线地形发生了变化时，再用图解法不再合适，则可以考虑采用解析法。

1. 平坦地段边桩至中桩距离计算

由于路面排水需要，设计路面是有一定坡度的，标准路面一般呈中间高、两边低形状，计算时必须考虑高程变化对距离的影响。

对于填方路基(路堤)，若根据设计图纸计算出道路路面的半宽 $\frac{B}{2}$ 和两侧路肩边缘的设计高程 H_{ZLJ} 和 H_{YLJ}(也可从路基设计表中查取)，再结合第一边坡坡度 1∶m_1 和限定高度 h_1 及第二边坡坡度 1∶m_2，待实测出两边桩原始地面标高 H_Z、H_Y 后，即可求出左右边桩距中桩的距离 d_Z、d_Y。

设某路堤左边坡填土高度超过了限定高度 h_1，需设立两个边坡坡度 1∶m_1、1∶m_2，如图 3-2-5 所示，则 d_Z 计算公式为

$$d_Z = \frac{B}{2} + m_1h_1 + m_2(H_{ZLJ} - H_Z - h_1) \tag{3-2-4}$$

设右边坡不足限定高度 h_1，只需设立第一边坡坡度 1∶m_1，则 d_Y 的计算公式为

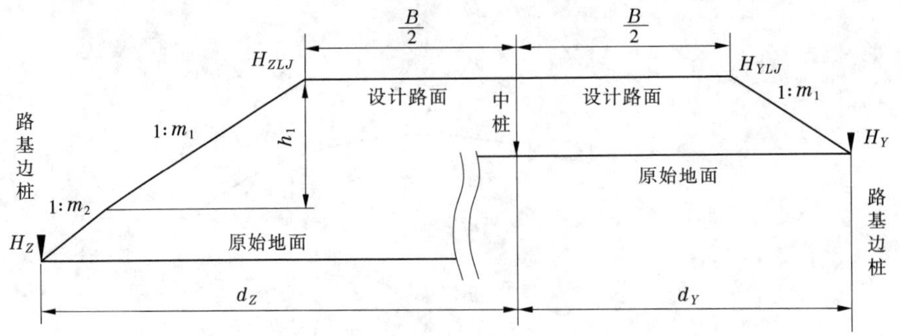

图 3-2-5　平坦地区填方路基边桩至中桩距离计算

$$d_Y = \frac{B}{2} + m_1(H_{YLJ} - H_Y) \tag{3-2-5}$$

对于挖方路基(即路堑),在土路肩两侧还加入了边沟和碎落台。在计算设计路面半宽值时,必须考虑边沟和碎落台的宽度,此时应采用图 3-2-6 中的$\frac{B_1}{2}$。

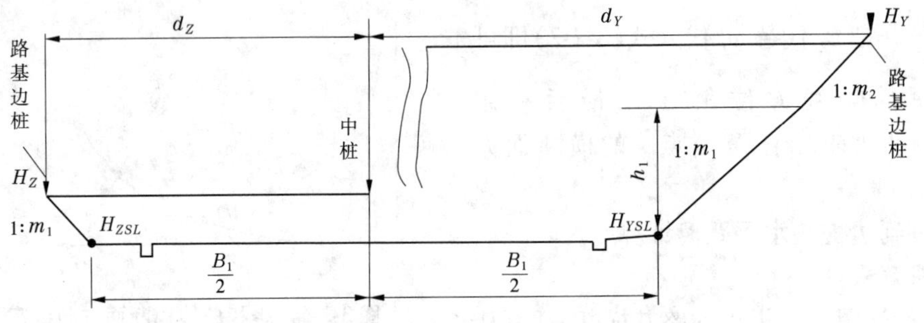

图 3-2-6　平坦地区挖方路基边桩至中桩距离计算

假设设计路面左、右两侧碎落台外边缘的设计高程分别为 H_{ZSL}、H_{YSL}(根据设计图纸计算),其他符号含义相同,则左右两侧边桩距中桩的距离计算公式为

$$d_Z = \frac{B_1}{2} + m_1(H_Z - H_{ZSL}) \tag{3-2-6}$$

$$d_Y = \frac{B_1}{2} + m_1h_1 + m_2(H_Y - H_{YSL} - h_1) \tag{3-2-7}$$

需要指出的是,随着横断面设计形式的不同,上述边桩计算公式也应作相应的变化,实际工作中必须小心应用。

2. 倾斜地段边桩至中桩距离计算

如图 3-2-7、图 3-2-8 所示,在倾斜地段,边桩至中桩的距离随着地面坡度的变化而变化,此时无法一次准确确定两边桩原始地面标高 H_Z、H_Y,故一般采用“逐渐趋近法”确定边桩位置。其步骤如下:

无论是填方路基还是挖方路基,首先目估(或假设)边桩距中桩的大致距离 d,在实地量出该位置的实测高程 H。用高程 H 代替 H_Z(或 H_Y),计算出在设计边坡坡度情况下高程 H 对应的距离 d'。若 d'和 d 相差极小(一般可取其差值为 0.1 m 或 0.05 m),则认为实测高程位置就是准确的边桩位置;若 d'和 d 相差较大,可把 d'作为假设距离,重复上述操作直至找

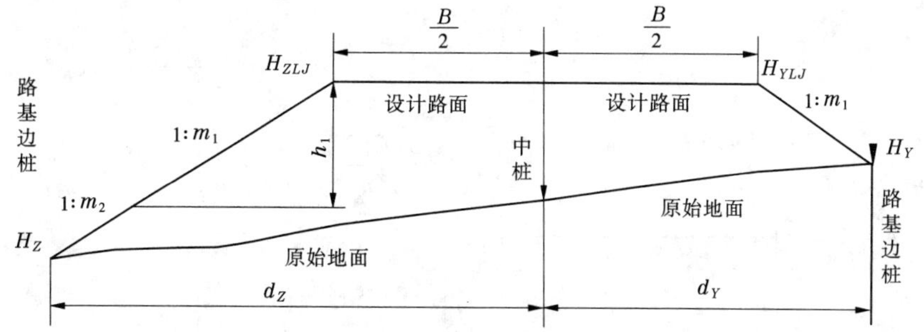

图 3-2-7　倾斜地段填方路基边桩至中桩距离计算

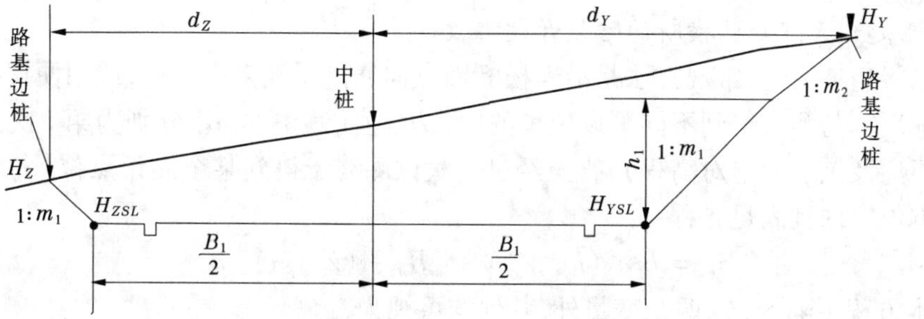

图 3-2-8　倾斜地段挖方路基边桩至中桩距离计算

到准确的边桩位置。

"逐渐趋近法"操作起来较为繁杂,但在任何情况下均可应用,经过多次反复实践,即可运用自如。

3.3　边桩点坐标计算

左边桩
$$X_{左边桩} = X_P + d_Z \cos\alpha_{横左} \tag{3-2-8}$$
$$Y_{左边桩} = Y_P + d_Z \sin\alpha_{横左} \tag{3-2-9}$$

右边桩
$$X_{右边桩} = X_P + d_Y \cos\alpha_{横右} \tag{3-2-10}$$
$$Y_{右边桩} = Y_P + d_Y \sin\alpha_{横右} \tag{3-2-11}$$

3.4　路基边桩放样

边桩点坐标计算出来之后,就可以利用全站仪或 GPS - RTK 直接放样出实地位置。需要注意的是,对于填方路基,为保证路基边缘的压实度和修坡的需要,往往要超填一定的宽度(0.3 ~0.5 m)。当离设计地面较近时,按稍陡于设计坡度掌握,使路基面有足够的宽度。

下面以挖方路堑为例介绍一种路基边桩的具体放样方法。

3.4.1　平坦地段路堑边坡的开挖桩放样

设某桩号右幅路基宽度为 B(含路堑边沟及碎落台宽度),路肩设计高程为 Z,一级边坡高度为 h,一级边坡坡比为 1∶n;二级边坡坡比为 1∶m,中间平台宽度为 b,测得平坦地面实测高程为 H,且经判断边桩位于二级边坡上(注:假设每级边坡高度 $h = 10$ m,则当 $0 < H - (Z + h) < 10$ 时边桩落于第二级边坡上;若 $H - (Z + h) < 0$,路堑边桩位于一级边坡上),则二级边坡放样宽度为

$$L = B + (hn + b) + [H - (Z + h)]m \tag{3-2-12}$$

以 L 为放样宽度进行现场测设,然后直接打桩即为本桩断面二级边坡开挖边线桩(见

图 3-2-9)。

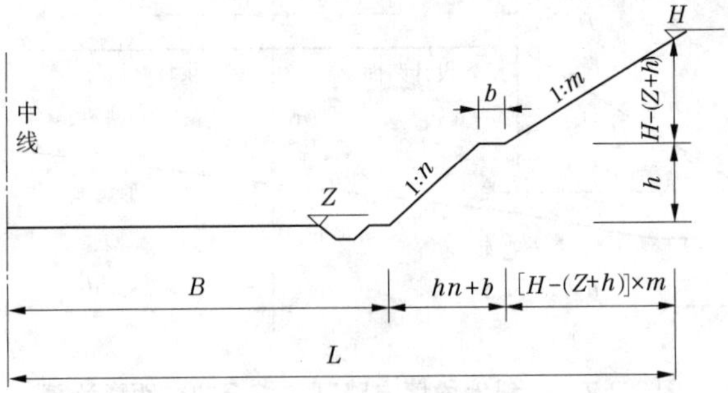

图 3-2-9　路基挖方断面图

3.4.2　地形起伏无规则状横断面路堑开挖桩放样

仍以二级边坡为例,常规方法是沿着横断面方向通过反复多次放样,或用便携编程计算器通过坐标反算与测量得到不同测设位置的(S_i,H_i)值(其中 S_i,H_i 分别为第 i 次测设的点到中桩的距离及该点的绝对高程),直至经过 n 次试测终于得到某个测设点位(S_n,H_n)在要求的精度方位之内且满足方程:

$$S_n = B + (hn + b) + [H_n - (Z + h)]m \tag{3-2-13}$$

(注:本方程中除 S_i,H_i 两个变量外,其他均可视为常数)

则第 n 次的试测点位即为所求断面的开挖桩位置。本方法在理论上是可行的,但是要用此法在地形复杂多变处找到一个满足此方程式的点位(S_n,H_n)殊为不易,因为每得到一个新的点位(S,H)的偏距和高程信息,需要向仪器或计算器输入大量的测设数据并不厌其烦地进行多次现场定位放样及检测,这个过程不仅漫长而且痛苦。如果有较专业的能与全站仪联机的掌中宝专业测设软件,则只要测定任意一个坐标后,测量数据马上能通过数据线输送至软件,无需手工输入而能自动反算对应桩号和边距,此方法姑且可行。如果条件不具备,但巧妙利用全站仪的一个对边测量($A-B,A-C$)功能,也同样能数倍提高测设功效,具体测设步骤和原理如下。

先依设计图纸假设一个大致的开挖宽度 S_0,实地放样并测出此点高程 H_0,或先测设某一假定点的实地坐标,通过计算器程序反算其桩号和偏距从而得到初定点(S_0,H_0)的位置与高程,并假设通过比较高差法判定此边桩恰好落在二级边坡上。

建立二级边坡判定方程:

$$\Delta L = B + hn + b + [(H_0 + C) - (Z + h)]m - (S_0 + D) \tag{3-2-14}$$

将 $C=0,D=0,S_0,H_0$ 四个值代入上式。

注:$C=0,D=0$ 表示后一测设点与假定点(S_0,H_0)的相对距离和高差均为 0,其实质即为验算假定点(S_0,H_0)的宽度误差值。

如果 $-0.1\ \text{m}\leqslant\Delta L\leqslant 0.1\ \text{m}$,则可认为假定点($S_0,H_0$)满足精度要求恰为所求,直接打桩。

如果 $\Delta L>0.1$ m,则指令持杆人远离中桩以加宽 ΔL(m);反之,如果 $\Delta L<-0.1$ m,则指令持杆人往中桩方向减少 ΔL(m)。

利用全站仪对边测量($A-B,A-C$)模式测得初定点(S_0,H_0)至各后续测设点的相对距离和相对高差,依次将(D_i,C_i),(S_0,H_0)两点的四个数值代入方程:

$$\Delta L = B + hn + b + [(H_0 + C_i) - (Z + h)]m - (S_0 + D_i) \quad (3\text{-}2\text{-}15)$$

如果第 n 点(D_n, C_n)满足 $-0.1\ \text{m} \leqslant \Delta L \leqslant 0.1\ \text{m}$，则指令助手打桩，本桩位放样完毕。

注：$-0.1\ \text{m} \leqslant \Delta L \leqslant 0.1\ \text{m}$ 为自定测设精度，已足够满足机械化或人工整修边坡的施工精度。

需要注意的是，当后续测点比初定点(S_0, H_0)远离路基中桩时，D_i 取正值代入公式，比初定点(S_0, H_0)更靠近中桩时，D_i 取负值代入公式。

如果 ΔL 不满足精度要求，重复上面的步骤直至 $-0.1\ \text{m} \leqslant \Delta L \leqslant 0.1\ \text{m}$，即宽度误差在 0.1 m 内时打桩，一般重复进行对边测量 2～3 次就能迅速逼近和找到待求点位置，而每次对边测量仅仅用时 5 s 左右，由此可见运用此方法的巧妙和快捷之处。工程实例如图 3-2-10、图 3-2-11 和表 3-2-1 所示。

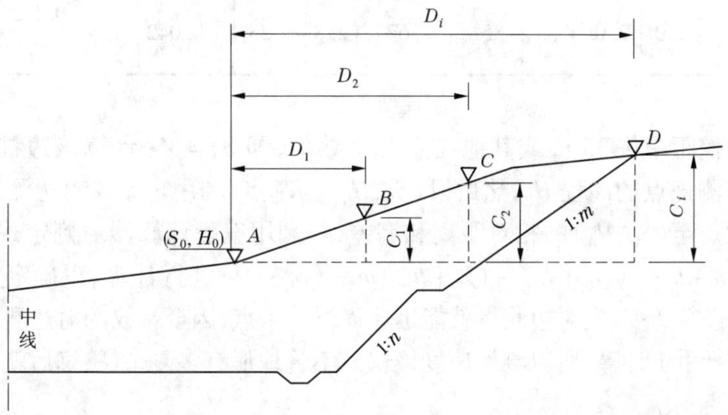

图 3-2-10　全站仪对边测量($A-B, A-C$)功能模式测试图解

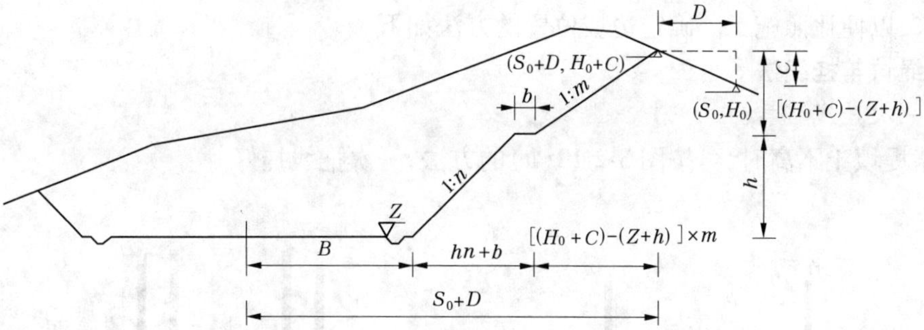

图 3-2-11　全站仪路堑二级边坡开挖桩放样

说明：

(1)当 $H_0 + C < Z + h$ 时(一级边坡)：

$$\Delta L = B + [(H_0 + C) - Z]m - (S_0 + D) \quad (3\text{-}2\text{-}16)$$

(2)当 $H_0 + C > Z + h$ 时(二级边坡)：

$$\Delta L = B + hn + b + [(H_0 + C) - (Z + h)]m - (S_0 + D) \quad (3\text{-}2\text{-}17)$$

其中(D, C)表示用全站仪的对边测量功能$(A-B, A-C)$测得的相对于初始假设点(S_0, H_0)的相对距离和高差，若后测点自假设点(S_0, H_0)起算，远离路基中桩则 D 值取正值，反之取负值；若后测点高于(S_0,H_0)点则 C 取正值，反之取负值；图中所示 D 取负值，C 取正值。

表 3-2-1　路堑断面放样案例

B	Z	h	n	b	m	S_0	H_0	实测 D_i	实测 C_i	ΔL	备注
16.6	0.325	10	1.0	2.0	1.5	35	12.367	0	0	−3.337	$\Delta L<-0.1$ m，令持镜者往内减少约 3.3 m
16.6	0.325	10	1.0	2.0	1.5	35	12.367	−3.5	0.5	+0.913	$\Delta L>0.1$ m，令持镜者往外加宽约 0.9 m
16.6	0.325	10	1.0	2.0	1.5	35	12.367	−2.5	0.4	−0.237	$\Delta L<-0.1$ m，令持镜者往内减少约 0.2 m
16.6	0.325	10	1.0	2.0	1.5	35	12.367	−2.8	0.33	−0.042	$-0.1\ \text{m}\leqslant\Delta L\leqslant 0.1$ m，满足精度，打桩

先假定开挖距中桩 35 m 或其他任意一个数值，即 $S_0=35$，计算该边桩点坐标，放样该点的位置并实测该点的高程 H_0，然后以(S_0,H_0)为基点，利用全站仪对边测量($A-B$,$A-C$)模式测量后续点至(S_0,H_0)的相对距离和高差，再利用编程计算器对判定式(假定为二级边坡)$\Delta L=B+hn+b+[(H_0+C)-(Z+h)]m-(S_0+D)$进行计算，以确定是否满足精度要求。一般只需进行 2～3 次对边测量就能迅速逼近待求点，因全站仪的对边测量模式不需输入放样数据和进行手工计算，所以测设速度极快。不管地形有多复杂，熟练后就能找到待求点。

4　路基边坡放样

有了边桩还不足以指导施工，为使填挖的边坡达到设计的坡度，还要把边坡坡度在实地标定出来，以便比照施工。确定边坡位置的方法如下。

4.1　麻绳竹竿挂线法

4.1.1　一次挂线

当路堤填土不高时，可按图 3-2-12(a)的方法，一次把线挂好。

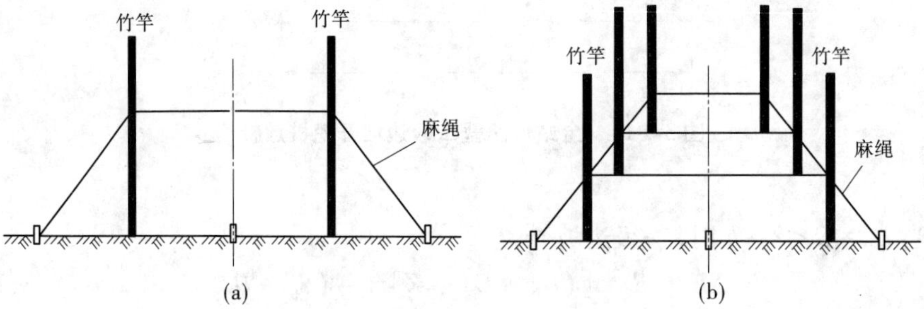

图 3-2-12　麻绳竹竿挂线法

4.1.2　分层挂线

当路堤填土较高时，分层挂线较好。在每次挂线前，应当恢复中线并横向抄平。如

图3-2-12(b)所示。

挂线法只适用于人工施工,对机械化施工是不适合的。

4.2 边坡样板法

首先按照路基边坡坡度做好边坡样板,施工时可比照样板进行放样。样板式样如下。

4.2.1 活动坡度尺

活动坡度尺样式见图3-2-13(a)。也可用一直尺上装有带坡度的手水准代替,如图3-2-13(b)所示。在施工过程中,可随时用坡度尺来检查路基边坡是否合乎设计要求。

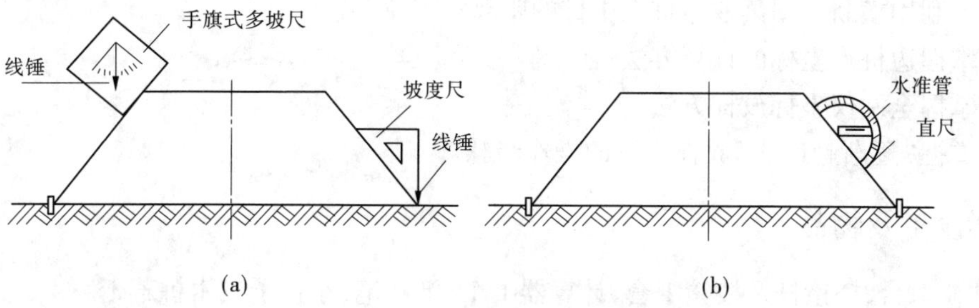

图3-2-13　活动坡度尺放样边坡

4.2.2 固定边坡样板

开挖路堑时,在坡顶外侧立固定边坡样板,施工时可以随时瞄比,控制开挖边坡,如图3-2-14所示。

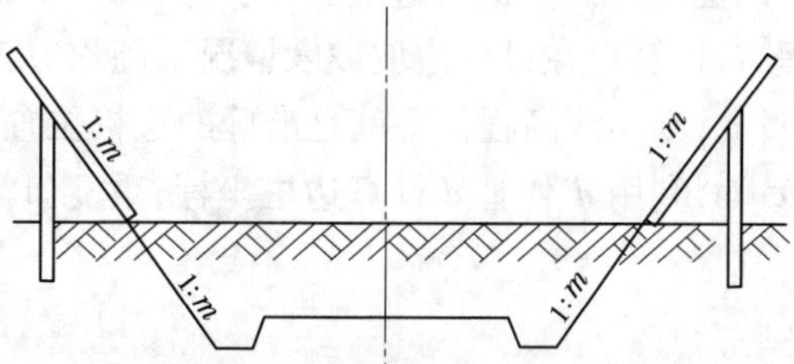

图3-2-14　固定边坡样板法放样边坡

4.3 机械化施工路基边坡时的测量工作

机械填土时,应按铺土厚度及边坡坡度保持每层间正确地向内收缩一定的距离,且不可按自然的堆土坡度往上填土,这样会造成超填而浪费土方。每填高1 m左右或填至距路肩1 m时,要重新恢复中线、测高程放铺筑面边桩,用石灰显示铺筑面边线位置,并将标杆移至铺筑面边上。

机械挖土时,应按每层挖土厚度及边坡坡度保持层与层之间的向内回收的宽度,防止挖伤边坡或留土过多。每挖深1 m左右,应测设边坡、复核路基宽度,并将标杆下移至挖掘面的正确边线上。每挖3～4 m或距路基面20～30 cm时,应复测中线、高程,放样路基面宽度。

按以上的做法,可及时控制填方超填和挖方超挖现象的出现。

正式路基边坡施工时,可每隔一定的距离放样出边坡的位置和坡度,采用人工施工的方法做出边坡式样,以便作为机械化施工路基边坡的参照。要注意随时测量,及时发现问题,及时修正。

【任务实训】

1 实训目的

(1)掌握横断面方向的计算方法;
(2)会利用横断面图读取边桩至中桩的距离;
(3)掌握边桩点坐标的计算方法;
(4)掌握全站仪坐标放样方法;
(5)掌握“逐渐趋近法”放样边桩的操作步骤。

2 仪器设备及物品

全站仪 1 台,棱镜杆及棱镜 1 套,计算器 1 个,纸和笔,小钉子或木桩若干。

3 实训内容与要求

(1)根据提供的直曲表、路线纵横断面图计算给定桩号的横断面方向,读取边桩至中桩的距离 d,计算边桩点坐标。

(2)利用实习场地中的已知控制点进行边桩放样。

(3)实测边桩处高程 H,计算出在设计边坡坡度情况下高程 H 对应的距离 d'。

(4)若 $|d-d'|\leqslant 0.05$ m,则实测高程位置就是准确的边桩位置。

(5)若 $|d-d'|\geqslant 0.05$ m,利用 d' 代替 d 计算边桩坐标,重复(1)~(4),直至找到准确的边桩位置。

4 参考资料

《工程测量实习指导书》,《道桥测量》教材。

5 注意事项

(1)以小组为单位组织实施,并注意仪器安全。
(2)计算要求小组成员独立完成,相互检核,确保计算成果的正确性。
(3)放样时要注意棱镜常数、温度和大气压是否输入正确。
(4)边桩点的放样精度控制在 2 cm 之内。

6 上交资料

(1)横断面方向计算成果。
(2)边桩点坐标计算成果。
(3)“逐渐趋近法”边桩放样操作步骤。
(4)现场标定的边桩点位置。

【习题与思考】

1. 试述公路工程路基施工测量的工作流程。
2. 路线横断面的方向该如何计算?(分直线段、圆曲线段和缓和曲线段分别说明)
3. 试描述利用全站仪对边测量方法确定边桩位置的步骤。
4. 确定边坡位置的方法有哪些?

任务3　公路工程路面施工测量

【任务描述】

某高速公路联络线的路面结构设计图如图3-3-1所示,其设计资料如下:
路面面层为 $h_1=25$ cm 的水泥混凝土路面结构;
基层为 $h_2=20$ cm 厚6%的水泥稳定砂砾;
底基层为 $h_3=17$ cm 厚4%的水泥稳定砂砾;
路拱横坡为 $i=2\%$,边坡坡度1:1.5。

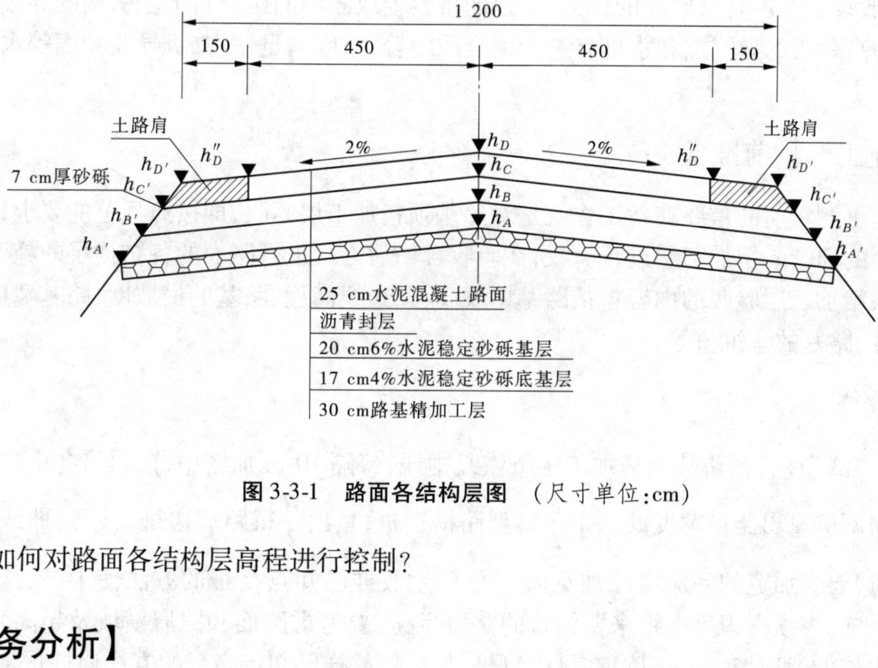

图3-3-1　路面各结构层图　(尺寸单位:cm)

如何对路面各结构层高程进行控制?

【任务分析】

路面工程施工是公路施工的最后一个环节,也是最重要的一个环节。因此,对路面施工放样的精度要求要比路基施工阶段放样的精度高。

路面施工阶段的测量放样工作仍然是先恢复中线,然后由中线控制边线,再放样高程控制各结构层的高程。除面层外,各结构层的路拱横坡按直线形式放样,要注意的是路面的加宽和超高,正因为存在路面横坡、超高、加宽的因素,在进行路面各结构层施工时,各横断面上各特征点的高程计算显得尤其重要,这方面的计算应成为从事路桥施工的专业技术人员除中桩坐标计算之外的另一个必须熟练掌握的计算内容。测设边线及放样高程,恢复中线和测设边线在其他章节与项目中有了详细的介绍,所以本项目主要讲述如何进行路面各结构层的高程放样。

【任务流程】

任务流程如图 3-3-2 所示。

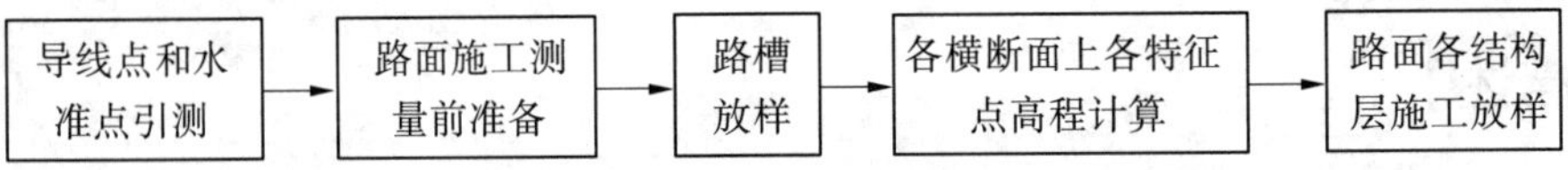

图 3-3-2　任务流程图

1　导线点和水准点引测

为了保证精度,便于测量,通常在路面施工之前,将线路两侧的导线点和水准点引测到路基上,一般设置在不易被破坏的桥梁、通道的桥台上或涵洞的压顶石上。引测的导线点和水准点要和高一级的导线点和水准点进行附合或闭合,精度满足一、二级导线和四等水准测量的要求。

2　路面施工测量前准备

路面施工测量前的重要准备工作就是对路基顶精加工层验收,即按照规范的要求,必须对路基顶面的 30 cm 精加工层进行验收,在验收合格后方可进行路面的各结构层的施工。

路基顶精加工层验收的内容包括路基中线高程、边线高程、路基的横坡度、路基宽度、路基的压实度、路基的弯沉值等。

3　路槽放样

如图 3-3-3 所示,在路基顶精加工层上恢复中线,每隔 10 m 加密中桩,再沿各中桩的横断面方向向两侧量出路槽宽度的一半$\frac{b}{2}$得到路槽边桩,量出$\frac{B}{2}$得路肩边桩(注意:曲线路段设置加宽时,要在加宽的一侧增加加宽值),然后用放样已知点高程的方法使中桩、路槽边桩、路肩边桩的桩顶高程等于将来要铺筑的路面标高(要考虑路面和路肩横坡及超高)。在上述这些边桩的旁边挖一个小坑,在坑中钉桩,然后用放样已知点高程的方法使桩顶符合考虑路槽横向坡度后的槽底的高程(要考虑因压实而加入一定的虚方厚度),以指导路槽的开挖和修整。低等级公路一般采用挖路槽的路面施工方式,路槽整修完毕,便可进行路肩和路面施工。高等级公路一般采用培路肩的路面施工方式,所以路槽开挖整修要进行到路肩边缘。

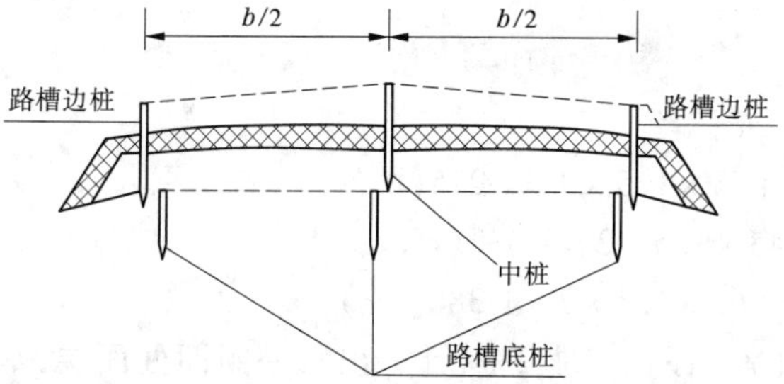

图 3-3-3　路槽放样

机械施工时，木桩不易保存，因此路中心和路槽边的路面高程可不放样，而在路槽整修后，在路槽底上放置相当于路面加虚方厚度的木块作为路面施工的标准。

4　各横断面上各特征点高程计算

计算步骤如下：

(1)应确定横断面所在的桩号。由于计算横断面很多，采用软件或其他方法必须每隔一定距离逐一桩号进行计算，比如要求每隔 5 m 或 10 m 一个横断面来计算。

(2)确定待计算桩号横断面的左右宽度。一般应熟悉路基标准横断面尺寸，然后在具体计算某个桩号横断面时注意看是否有加宽，若有，弄清楚是在左边加宽还是在右边加宽，加宽值是多少，若不是在全加宽断面，还需要根据加宽的变化段，进行内插计算某断面处的加宽值。

(3)确定待计算桩号横断面的左右横坡度。判断并确定该断面的左右横坡度，若不在直线段或全超高段，还需要根据超高方式图内插计算该断面处的左右超高横坡度。

(4)确定横断面上要求计算高程的位置点。根据实际要求确定，比如有的要求计算左右距中线 5 m、10 m 的点的高程，有的要求计算中央分隔带边缘、行车道边缘、硬路肩边缘处的点的高程。

(5)计算该断面处的设计高程。确定设计高程在横断面的哪个位置。

(6)计算横断面上要求计算的各点的高程。根据横断面上计算点与设计高程点的距离、横坡度，计算它们之间的高差，即可计算出横断面上各点的高程。

(7)计算完毕，报表输出待用。

针对项目案例具体计算过程如下：

在图 3-3-1 中，h_A、h_B、h_C、h_D 分别为精加工层、底基层、基层、面层中桩高程。四者之间的关系为：

$$h_C = h_D - 0.25$$

$$h_B = h_C - 0.20$$

$$h_A = h_B - 0.17$$

已知 K1 +780 路面顶的设计高程 h_D 为 91.412 m，则 h_C、h_B、h_A 分别为

$$h_C = h_D - 0.25 = 91.412 - 0.25 = 91.162(\text{m})$$

$$h_B = h_C - 0.20 = 91.162 - 0.20 = 90.962(\text{m})$$

$$hh_{AA} = h_B - 0.17 = 90.962 - 0.17 = 90.792(\text{m})$$

已知路面顶层宽度为 1 200 cm，路面行车道宽为 900 cm，则路面基层宽、底基层宽和精

加工层宽分别为：

行车道宽:900 cm；

路面面层宽:1 200 cm；

路面基层宽:$1\ 200+25\times1.5\times2=1\ 275$(cm)；

底基层宽:$1\ 200+45\times1.5\times2=1\ 335$(cm)；

精加工层宽:$1\ 200+62\times1.5\times2=1\ 386$(cm)。

根据各层的宽度和路拱设计横坡 2%，计算出每一断面处面层、基层、底基层和精加工层左右边缘各高程，即 h'_A、h'_B、h'_C、h'_D。

行车道左右边缘高：

$$h''_D=h_D-9\div2\times2\%=91.412-0.09=91.322(\text{m})$$

面层左右边缘高：

$$h'_D=h_D-12\div2\times2\%=91.412-0.12=91.292(\text{m})$$

路面基层左右边缘高：

$$h'_C=h_C-12.75\div2\times2\%=91.162-0.127\ 5\approx91.035(\text{m})$$

路面底基层左右边缘高：

$$h'_B=h_B-13.35\div2\times2\%=90.962-0.133\ 5\approx90.829(\text{m})$$

路基顶精加工层左右边缘高：

$$h'_A=h_A-13.86\div2\times2\%=90.792-0.138\ 6\approx90.653(\text{m})$$

5 路面各结构层施工放样

在进行路面各结构层的现场施工放样时，应根据各结构层的设计层的设计图计算并放出路面中线各桩号处的设计高程，即图中的 h_A、h_B、h_C、h_D 及路面各层的路基边缘处 h'_A、h'_B、h'_C、h'_D处的高程，准确确定控制点的高程和平面位置，并用木桩顶面来控制各层高程。

5.1 路面底基层施工测量

路面底基层的施工是在完成路基基层的精加工层的施工并验收评定合格以后才开始的。这时要根据路面的设计高程、基层及底基层的厚度来推算底基层的中桩高程，以及根据路拱横坡的坡度和底基层宽度推算底基层两边的边桩高度。具体步骤如下：

先正确放样出底基层的中桩和两侧边桩的平面位置，打上木桩，然后用高程放样的方法，用木桩顶面精确控制底基层的施工范围，也可以在木桩间拉上线，这样可以精确控制底基层的顶面高程，路面底基层施工测量时的两个高程控制分别为：路面底基层中心线的中桩高程 h_B，路面底基层左、右边缘处的高程 h'_B。如图 3-3-4 所示。

5.2 路面基层施工测量

路面基层施工放样方法基本与底基层的路面放样方法相同，但高程控制值不同，两个路面基层高程控制分别为：路面基层中心线的中桩高程 h_C，路面基层左、右边缘处的高程 h'_C。如图 3-3-5 所示。

5.3 水泥混凝土路面滑模摊铺机摊铺面层施工测量

在进行该层施工时，首先是在完成的路面基层上进行平面位置的放样（见图 3-3-6），然后进行路面面层施工高程的控制（见图 3-3-7）。在进行混凝土路面面层施工测量时，需要计算该路面面层上三个高程控制，分别为：路面中心线的中桩高程 h_D，路面面层左、右边缘

处的高程 h_D'，路面面层左、右行车道边缘处的高程 h_D''。

图 3-3-4　路面底基层的施工放样

图 3-3-5　路面基层的施工放样

图 3-3-6　路面面层的平面位置控制放样

图 3-3-7　路面面层的摊铺高程放样

【知识点】

对水泥路面或中间有分隔带的沥青路面，其路拱(面层顶面横坡)按直线形式放样。对中间没有分隔带的沥青路面，其路拱(面层顶面横坡)一般有如下几种形式。

1　抛物线形路拱

抛物线形路拱如图 3-3-8 所示。

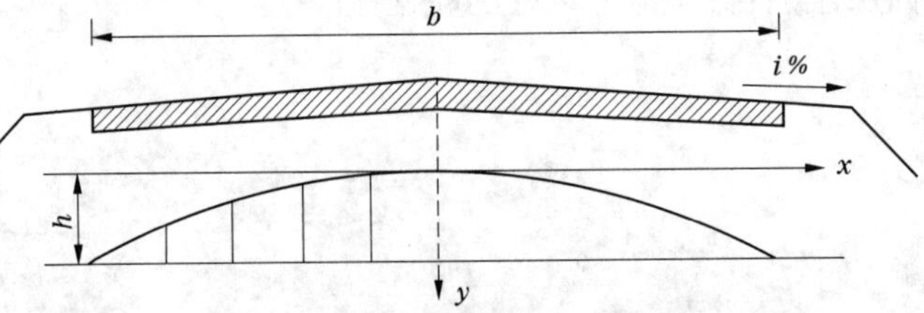

图 3-3-8　抛物线形路拱

常见的抛物线形路拱公式有 $y=\frac{4h}{b^2}x^2$，$y=\frac{2h}{b^2}x^2+\frac{h}{b}x$ 等。式中：x 表示横距；y 表示纵距；b 表示路面宽度；h 表示拱高，可按路拱坡度 i 确定，即 $h=\frac{bi}{2}$。

2　屋顶线形路拱

2.1　倾斜直线形路拱

当路面横坡采用 1.5% 时，在路拱中心插入一对横坡坡度为 0.8% ~1.0% 的连接线。当路面横坡采用 2.0% 时，在路拱中心插入两对对称的连接线，其横坡坡度分别为 1.5% 和 0.8% ~1.0% 的连接线。如图 3-3-9 所示。

2.2　直线夹曲线形路拱

如图 3-3-10 所示，中间的圆顶部分用圆曲线或抛物线连接，所用圆曲线长度一般不小于路面宽的 1/10，半径不小于 50 m。拱高 h 可用下式计算：

$$h=(\frac{b}{2}-\frac{l_1}{4})i$$

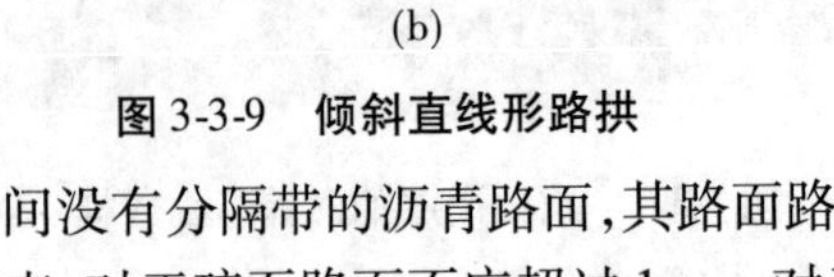

图 3-3-9　倾斜直线形路拱

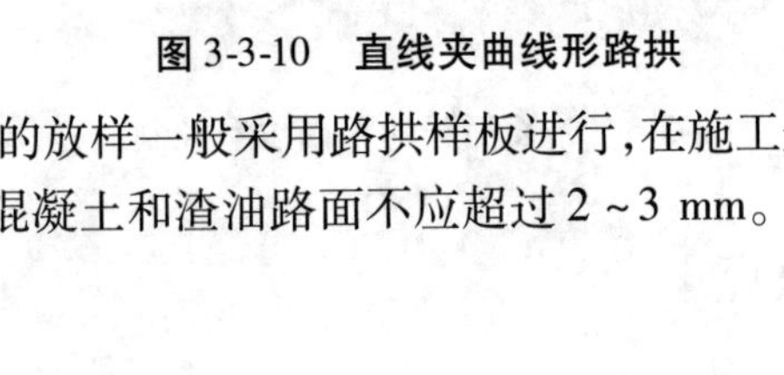

图 3-3-10　直线夹曲线形路拱

中间没有分隔带的沥青路面，其路面路拱的放样一般采用路拱样板进行，在施工过程中逐段检查，对于碎石路面不应超过 1 cm；对于混凝土和渣油路面不应超过 2 ~3 mm。

【任务实训】

1　实训目的

(1) 熟悉路面的结构组成；

(2) 掌握路面各结构层施工时，各横断面上各特征点的高程计算方法；

(3)掌握路面各结构层的施工放样方法；
(4)提高学生的计算能力。

2　实训内容与要求

(1)某高速公路联络线的路面结构设计图如图3-3-1所示,设计资料如下：
路面面层为 $h_1=25$ cm 的水泥混凝土路面结构；
基层为 $h_2=20$ cm 厚6%的水泥稳定砂砾；
底基层为 $h_3=17$ cm 厚4%的水泥稳定砂砾；
路拱横坡为 $i=2\%$,边坡坡度为1∶1.5；
K2+220路面顶的设计高程 h_D 为91.766 m。
(2)计算该桩号处各结构层的中线设计高程,即图中的 h_A、h_B、h_C、h_D 及路面各层的路基边缘处 h'_A、h'_B、h'_C、h'_D处的高程。
(3)编写并制订路面施工测量的详细方案。
(4)要求每位同学独立完成。

3　参考资料

《道桥测量》教材。

4　上交资料

(1)各特征点设计高程的计算成果。
(2)路面施工测量的详细方案。

【习题与思考】

1. 公路路面工程施工的工作流程是什么?
2. 试述在路面各结构层施工时,各横断面上各特征点高程的计算步骤。
3. 常见的路拱形式有哪些?

项目 4　桥涵施工测量

【项目导航】

桥涵是道路工程中最重要的组成部分之一，在道路建设中，从投资比重、施工期限、技术要求等各方面来看，都处于十分重要的地位。桥梁按结构类型可分为梁式桥、拱桥、斜拉桥、悬索桥等。桥梁结构通常可分为上部结构和下部结构。上部结构是桥台以上部分，一般包括梁、拱、桥面和支座等。下部结构包括桥墩、桥台和基础。涵洞主要由涵洞出入口和涵身构成。本项目将根据桥涵施工流程逐步介绍桥涵各部分施工测量方法和手段。

为了保证桥梁施工的精度，施工时必须做好各部分的测量工作，施工测量的方法及精度要求随桥梁轴线长度而定。桥梁施工测量的内容主要包括桥梁施工控制网的建立、桥梁轴线与墩台测设及桥梁上部结构的测设等。涵洞施工测量主要包括涵洞定位、涵洞中线测设、涵身基础放样、台身放样、洞口放样及锥坡放样等工作。

桥涵施工测量一般工作流程如图 4-0-1 所示。

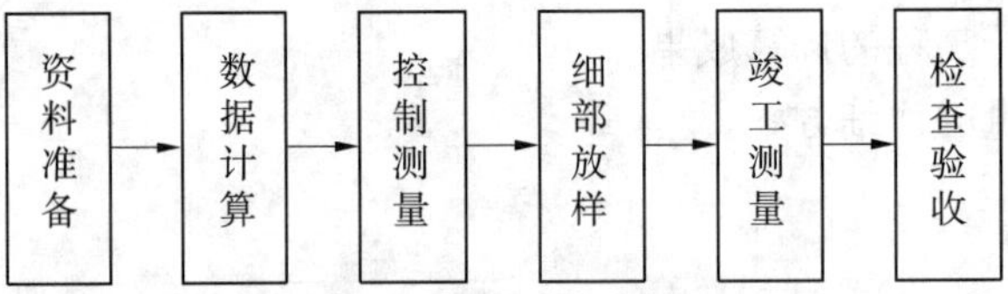

图 4-0-1　桥涵施工测量流程图

本项目由以下两项任务组成：

任务 1　桥梁的施工测量；

任务 2　涵洞的施工测量。

【学习目标】

(1)掌握桥涵基本构造。

(2)掌握桥梁测量的技术流程。

(3)掌握涵洞测量的技术流程。

(4)能独立进行桥涵施工控制网选点、布网、平差计算。

(5)会利用全站仪进行桥涵施工测量。

(6)会进行外业数据的计算。

(7)培养团队合作意识，加强责任意识；培养工作安全意识，提高职业素养。

任务1　桥梁的施工测量

【任务描述】

根据设计文件，以规定的精度要求，按照桥梁施工测量的步骤将图纸上设计的桥梁墩台位置标定于地面，据此指导施工，确保施工中的桥梁各个构件在平面位置、高程位置和外形尺寸等方面均符合设计要求。

【任务分析】

桥梁施工过程中施工放样和施工同步交叉进行，首先进行施工控制测量，然后由施工放样指导桥梁各构件的施工。对于水中不能直接测设的桥梁或水面较宽且有高墩、大跨、深水基础或基础施工难度较大，梁部结构类型复杂的特大桥和大桥，需要建立施工平面控制网。对控制网进行平差计算后得到控制点坐标，为了合理地拟订桥梁施工平面控制测量的布网方案和观测方案，保证墩台中心的定位精度，必须预先估算桥轴线长度测定的必要精度，然后进行桥梁墩台、台中心定位及轴线测设，最后进行桥梁细部放样，主要包括基础放样、墩台细部放样及架梁时的测设工作。

本项任务要求测量工作者按照工程施工进度的要求及时放样出桥梁各构件的水平位置和高程位置，并且能够指导施工人员根据放样的位置开展施工工作。

【任务流程】

任务流程如图4-1-1所示。

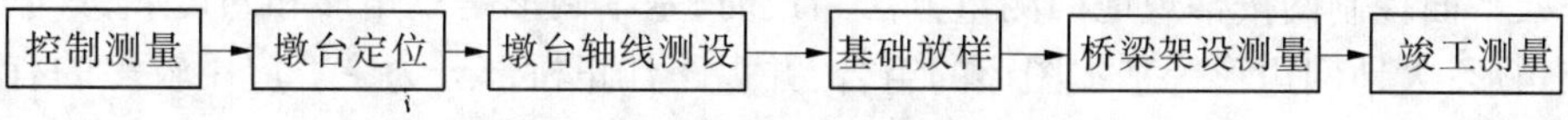

图4-1-1　任务流程图

1　控制测量

布设施工控制网时，需要先在桥位地形图上拟订布网方案，进行控制网精度估算。当估算精度满足桥轴线长度测设精度和桥墩台中心放样精度时，即可按照布网方案，结合现场地形、水文等条件，实地踏勘选点，布设桥梁施工控制网。

1.1 桥梁平面施工控制网

1.1.1 点位布设要求

点位布设应力求满足以下要求：

(1)点位应选在视野开阔、通视良好且不受施工干扰，便于永久保存的土质坚实处，点位应能与拟建的桥墩通视。初步选好的点可用木桩作标志，精度估算确认能保证精度后，再将木桩换成石柱、混凝土桩或观测墩等永久性标志。

(2)图形简单且有足够的强度，保证所得到的桥轴线长度满足施工要求，并能以足够的精度对桥墩进行施工放样。

(3)桥轴线应尽量作为施工控制网的一条边，且桥轴线上的两个控制点与设计的桥台位置相距不太远，以保证两桥台设计距离的放样精度，并有效地削弱垂直于桥轴线方向之误差。当桥轴线上的控制点不能设在制高点处，或无法通视对岸桥轴线上的点时，可设立高标，以保证两点的通视。当桥梁位于曲线上时，应把交点桩和 *ZH*、*HZ* 等点尽量纳入网中。当这些点中有些落入水中或不便设站时，应在曲线两侧切线上各选两点作为控制点。当这些点不能作为主网的控制点时，应把它们作为附网的控制点，其目的是使控制网与线路紧密联系在一起，从而以较高的精度获取曲线要素，为精确放样墩台做准备。

(4)桥梁控制网的边长应与河宽相适宜，一般在 0.5 ~ 1.5 倍河宽的范围内变化。基线长度应为两桥台间距的 0.7 ~ 0.8 倍，至少应布设两条基线边，且最好分别布设于两岸，以保证精度的均匀。

(5)桥梁控制网一般都是独立的自由网，但要与桥头引道(或线路导线)控制网联测，以保证桥梁和线路的合理衔接；有时尚需与城市网联测，以求取其间的相互转换关系。

(6)插点。当主网控制点不足时，应根据需要予以插点，以满足放样(特别是近岸桥墩)的需要。

1.1.2 网的布设形式

在布网方法上，桥梁平面控制网可以按常规地面测量方法布设，也可以应用 GPS 测量技术布设。

1. 常规地面测量方法布网

桥梁平面控制网按常规地面测量方法布设时，基本网形是三角形和四边形，具体布设形式是三角形、大地四边形等基本图形的组合，并以跨江正桥部分为主。应用较多的有双三角形、大地四边形、三角形与四边形结合的多边形及双大地四边形等，如图 4-1-2 所示。其中图形(a)是两个三角形的简单组合，只适用于一般桥梁的施工放样；图形(d)是在桥轴线两侧各布设一个大地四边形，图形强度较高，适用于精度要求较高的特大型桥梁的放样。

不论是哪种网形，按观测方法的不同，桥梁控制网可布设成三角网、边角网、精密导线网等。

(1)三角网。桥梁控制网中若观测要素仅为水平角，就称为测角网。测角网中至少应有一条起算边，为了检核，通常应高精度地量测两条边，每岸各一条，称为基线。现在多采用高精度的测距仪，如 ME3000、ME5000，其标称精度分别为 0.2 mm + 1 ppm、0.2 mm + 0.2 ppm。如果有这样的仪器，则以直接测定桥轴线上一条边的长度为好，它同时亦可作为起始数据使用。这时，控制网的作用就在于设置足够的控制点，来放样墩台及两岸的桥头引线。

(2)边角网。当使用中等精度的全站仪时，如标称精度为 2 mm + 2 ppm 的 TC1610 等，这类精度的仪器所测边长就不能作为已知数据使用，而应把它当作边长观测值参与平差计算。这时，在观测网中全部内角（测角标称精度为 1″或 2″级）的基础上，再测量全网中所有边长或部分边长（一般应观测 3 条或 3 条以上，其中一条是桥轴线，另外两岸各布设一条，应达到标称精度 3 mm + 2 ppm 以上），就形成了边角网。

（3）精密导线网。由于高精度测距仪的应用，桥梁控制网除采用三角网、边角网的形式外，还可选择布设精密导线的方案。如图 4-1-3 所示，在河流两岸的桥轴线上各设立一个控制点，并在桥轴线上、下游沿岸布设最有利交会桥墩的精密导线点，同时增加上、下游过江测距，使导线闭合于桥轴线上的控制点。这种布网形式图形简单，可避免远点交会桥墩时交会精度差的情况，也不需要增加节点和插入点，因此简化了桥梁控制网的测量工作。由此看来，由于高精度测距仪应用于桥梁工程，并能直接观测跨江桥轴线长度，在这种情况下，对桥梁控制网如何布网，这是今后值得进一步研究的课题。

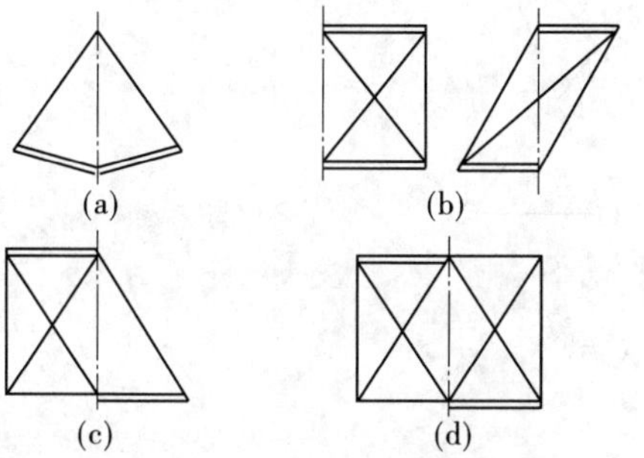

图 4-1-2　桥梁平面施工控制网布设形式

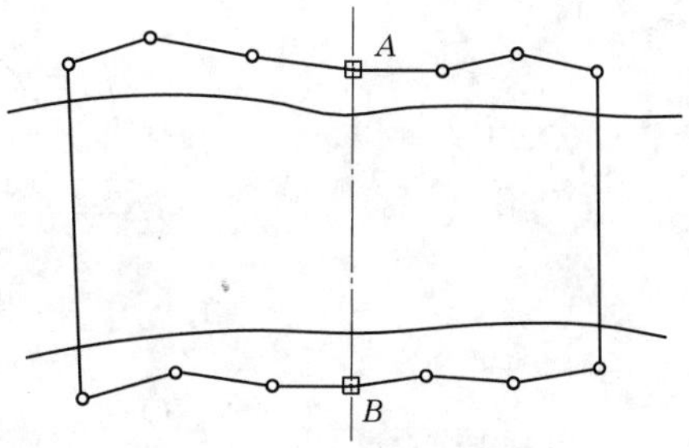

图 4-1-3　精密导线网

2. GPS 平面控制网

当准备用 GPS 进行观测时，在选点布网阶段，除了前面讲述的六点常规点位布设要求，还必须考虑 GPS 观测自身所特有的选点要求。GPS 网形布设比较灵活，可根据实际情况进行网形设计（见图 4-1-4）。具体内容可参见《工程测量》第三章“施工控制网的建立”中相关内容。

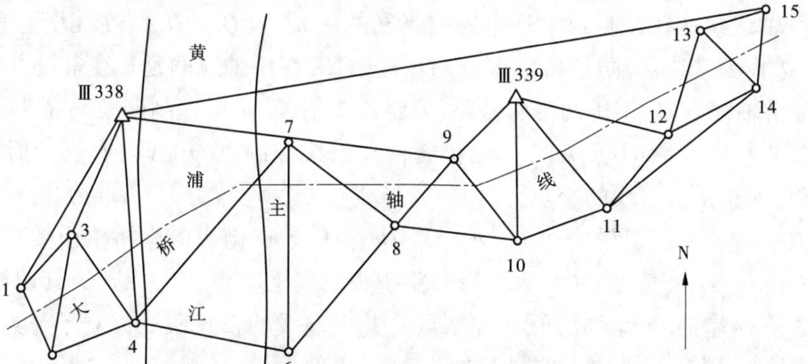

图 4-1-4　徐浦大桥工程 GPS 平面控制网

3.节点及插入点

一些跨江的大型桥梁,由于桥长较长,平面控制网的边长要满足一定的要求,主网的点往往不能满足交会墩位的需要,这样在布设主网时,应考虑增设插入点。如图 4-1-5 所示,插入点一般由 3 个或 4 个方向交会测定,为保证插入点的精度,在主网上的点和插入点都要设站观测,同时插入点的测量要以主网相同的精度进行。当插入点位于两岸主网的一条边上时,称为节点,节点只需量测它到主网桥轴线上的控制点间的距离,即可被确定。加密控制点的设立,可以使施工时交会墩台中心观测边长缩短,交会图形更为合理,减少交会定点误差,为经常性交会放样提供方便的控制点。

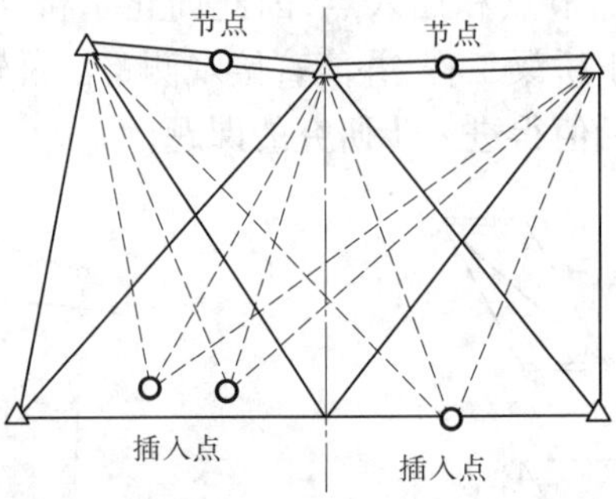

图 4-1-5　节点及插入点

4.引桥控制网

大桥、特大桥正桥两端一般都通过引桥与线路衔接,因此在正桥控制网下需布设引桥控制网(附网)。引桥的控制主要是桥轴线方向和长度的控制及分段长度控制。由于引桥一般为简支梁结构,桥跨较小,多在陆地上,墩位可以直接测定,故控制网的精度可略低于主网。其布设形式可采用三角锁、精密导线或两者的混合形式、GPS 网等,并在主网布设的同时布设。布设时路线交点必须是附网中的一个控制点,其余曲线主点最好也纳入网中(见图 4-1-6)。

图 4-1-6 为九江长江大桥施工控制网。桥梁控制网由两个大地四边形组成,图形有足够的强度;桥轴线包括在控制网中且作为控制网的一条边(Q_2—Q_3);在江堤上直接丈量控制网的两条边作为基线;为防近桥台点 Q_2、Q_3 被破坏,在桥轴线的延长线上设立方向点 Q_1、Q_4 用以标定桥轴线方向;正桥两端有铁路、公路桥头引线,桥梁控制网要与桥头引线控制网联系,北岸根据桥梁控制网点 Q_7、Q_2、Q_5 扩展桥头引线控制点 Q_1、N_0 两点,然后再加密 JD_1 点(Q_1 正好是铁路桥头引线的交点,并用精密导线控制其切线方向,JD_1 为北岸公路桥头引线的交点,JD_1—N_0 为其切线),由 Q_3、Q_6、Q_8、Q_4、JD_2 等点构成南岸桥头引线控制网,在此基础上加密了 S_1、S_2、S_3 三点(JD_2 为南岸公路桥头引线之交点,JD_2—S_2 为其切线);为了放样近岸桥墩,在两岸河滩上设立插点(加密点),并在基线的整尺段处设立了节点"节$_1$"。为了克服通视困难(堤旁有树林),控制点布设较密,以便放样桥墩时有所选择。

1.1.3　技术要求

在《公路桥位勘测设计规程》中,将桥梁三角网的精度分为六个等级,其对应的各种技术要求如表 4-1-1 所示。铁路桥梁的要求略有不同。

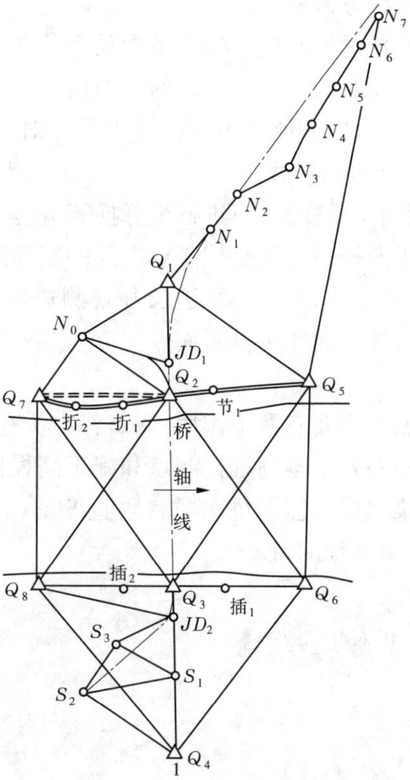

图 4-1-6　九江长江大桥施工控制网

表 4-1-1　公路桥梁三角网精度

等级	桥轴线桩间距离（m）	测角中误差（″）	桥轴线相对中误差	基线相对中误差	三角形最大闭合差（″）
二	>5 000	±1.0	1/130 000	1/260 000	±3.5
三	2 001 ~5 000	±1.8	1/70 000	1/140 000	±7.0
四	1 001 ~2 000	±2.5	1/40 000	1/80 000	±9.0
五	501 ~1 000	±5.0	1/20 000	1/40 000	±15.0
六	201 ~500	±10.0	1/10 000	1/20 000	±30.0
七	≤200	±20.0	1/5 000	1/10 000	±60.0

当使用边角网时，控制网的精度也必须满足表 4-1-1 相应的指标要求。由于桥梁三角网的作用不只是用来求出桥轴线的长度，同时也用于交会墩台的位置，以上根据桥轴线长度中误差选择仪器和测回数的方法仅作为参考，选出的等级和观测精度应与控制网估算时既满足桥轴线长度又满足墩台定位精度的设计时拟定的观测精度相比较，如低于后者，则应提高所选的等级，从而观测精度也要作相应的改变。

GPS 网的分级及其精度指标可参见相关技术规范，此处不再赘述。

1.1.4　桥梁控制网的坐标系和投影面的选择

为了施工放样时计算方便,桥梁控制网的坐标系常采用独立的坐标系统,其坐标轴采用平行或垂直于桥轴线方向,坐标原点选在工地以外的西南角上,这样场地范围内点的坐标都是正值。桥轴线上两点间的长度可以方便地由坐标差求得。对于曲线桥梁,坐标轴可选为平行或垂直于一岸轴线点(控制点)的切线。

若施工控制网与测图控制网发生联系,应进行坐标换算,使坐标系统统一。

在投影面的选择方面,由于放样需要的是控制点之间的实际距离,故桥梁控制网应在桥墩顶的平面上进行平差。在平差之前,包括起算边长和观测边长及水平角观测值都要化算到桥墩顶的平面上,即选择桥墩顶平面作为投影面。

1.2　桥梁高程控制网

在桥梁工程中,高程控制测量主要有两个作用:一是将本桥有关的高程基准统一于一个基准面;二是在桥址附近设立一系列基本高程控制点和施工高程控制点,以满足施工中高程放样的需要,同时还要满足桥梁建成后监测桥梁墩台垂直变形的需要。建立高程控制网的常用方法是水准测量和测距三角高程测量。

1.2.1　水准基点布设

水准基点数量视河宽及桥的大小而异。

小桥:只设1个;

桥长≤200 m,宜1个/岸;

桥长>200 m,宜2个/岸。

水准基点是永久性的,必须十分稳固。除它的位置要求便于保护外,根据地质条件,可采用混凝土标石、钢管标石、管柱标石或钻孔标石。在标石上方嵌以凸出半球状的铜质或不锈钢标志。

1.2.2　施工水准点的布设

在桥梁施工过程中,作为主控制网的水准点,就其密度而言,一般尚不能满足施工应用的需要,多数情况下,施工单位需自设一些临时水准点,以满足施工放样的需要。但是,这些临时水准点,因考虑其放样的方便性,多设在比较靠近桥墩之处,因此必须经常用主控制点进行检测。

1.2.3　高程系统

桥梁水准点与线路水准点应采用同一高程系。

水准测量的等级:由相关测量规范而定。

从国家水准点引测的精度:可用三等水准进行测量。

1.2.4　跨河水准测量

跨河水准测量是桥梁施工高程控制网测设工作中十分重要的一环。这是因为桥梁施工要求其两岸的高程必须是统一的,即由两岸水准点引测的同一桥墩或相邻桥墩的高程必须是统一的。

桥梁施工要求高程精度较高,即使两岸附近都有国家或其他部门的高等级水准点资料,也必须自行进行高精度的跨河水准测量,与两岸自设水准点一起组成统一精度的高程控制网。

跨河水准测量以其前、后视线严重的不等长及跨河视线长度大大超过标准视线长度为主要特点。对于作为特大桥施工的高程控制网的跨河水准测量,其跨河水准路线一般都选择在桥轴线附近,避免离桥轴线太远而增加两岸联测施工水准点的距离,而且一般要求采用不低于二等跨河水准测量的方法。对于跨河视线长度超过 1 000 m 的复杂特大桥,原则上要求采用一等跨河水准测量。为慎重起见,一般还采用双线跨河水准测量,使两线自身组成水准网。

值得指出的是,不管是倾斜螺旋法还是经纬仪倾角法,其实质都是微倾角法,近年来已发展到较大倾角的电磁波测距三角高程法。在高程控制网复测时,采用电磁波测距三角高程法,并执行国家规范中关于经纬仪倾角法的有关规定,均可以取得满意的效果。

1.2.5　水准点联测

跨河水准测量前或测量后,将用于跨河水准测量的临时(或永久)水准点,与两岸自设水准点联测,使之联成整体。同时将两岸国家水准点或部门水准点的高程引测到自设水准点上来,并比较其两岸已知水准点高程是否存在问题,以确定是否需要联测到其他已知高程的水准点上。但最后均采用由一岸引测的高程来推算全桥水准点的高程,在成果中应着重说明其引测关系及高程系统。

2　桥梁墩台定位

在桥梁施工阶段,最主要的测量工作是准确地测设桥梁墩台的中心位置和它的纵横轴线,这个工作称为墩台定位和轴线测设。测设墩台中心和轴线的关键是计算出墩台中心的精确坐标。其测设数据由控制点坐标和墩台中心的设计位置计算,若是曲线桥还需桥梁偏角、偏距及墩距等原始资料。

测设方法则视河宽、水深及墩位的情况,可采用直接测设或角度交会的方法。

墩台中心位置定出以后,还要测设出墩台的纵横轴线,以固定墩台方向,同时它也是墩台施工中细部放样的依据。墩台定位必须满足一定的精度要求,特别是对预制梁桥更是如此。直线桥的墩台中心定位方法如下。

2.1　直接量距法

直接量距法包括光电测距或直接丈量两种方法,直接量距一般只用于中小桥,其中"直接丈量"法只用于小桥。

对于直线桥梁,线路中线是直的,梁也是直的,梁中线与线路中心完全吻合,甚至也不需要算出其坐标,而只要根据墩台中心的桩号和岸上桥轴线控制桩的桩号求出其距离,就可定出桥墩中心的位置(见图 4-1-7)。

作业流程如下:

(1)根据桥位桩号在线路工程中线上测设出桥台和桥墩的中心桩位 A、B、C 点,并在河道两岸测设桥位控制桩 k_1、k_2、k_3、k_4 点。

(2)分别在 A、B、C 点上安置全站仪,在与桥的中轴线垂直的方向上测设桥台和桥墩控制桩位 a_1、a_2、a_3、a_4、…、c_1、c_2、c_3、c_4 点,每侧要有两个控制桩。

(3)测设时量距要用经过检定的钢尺,并加尺长、温度和高差改正(或可用光电测距仪测距),测距精度应高于 1:5 000,以保证桥的上部结构安装能正确就位。

这种方法适用于无水或浅水河道。如图 4-1-8 所示。

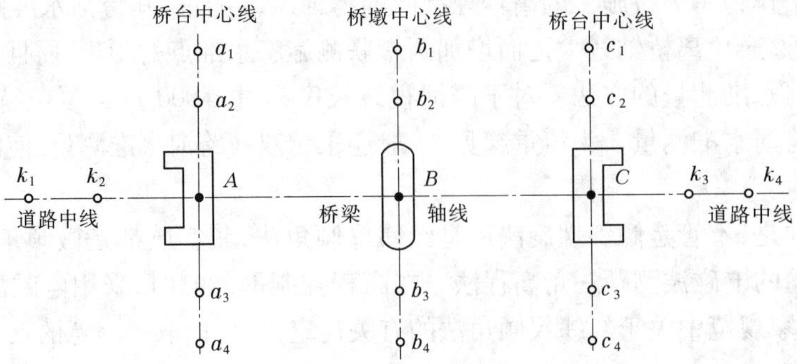

图 4-1-7　直线桥墩台

图 4-1-8　桥梁示意图

2.2　方向交会法

(1)如果桥墩位置无法直接丈量,也不便于架设反光镜,可采用方向交会法测设墩位。

(2)方向交会法既可用于直线桥的墩台定位测量,也可用于曲线桥的墩台定位测量。

(3)用交会法测设墩位,需要在河的两岸布设平面控制网,如导线网、三角网、边角网、测边网等。

2.2.1　方向交会法的基本原理

根据控制点坐标和墩台坐标,反算交会放样元素 α_i、β_i,如图 4-1-9 所示。

$$\alpha_i = \arctan\frac{x_A - x_D}{y_A - y_D} - \arctan\frac{x_D - x_i}{y_D - y_i}$$

$$\beta_i = \arctan\frac{x_i - x_C}{y_i - y_C} - \arctan\frac{x_B - x_C}{y_B - y_C}$$

在相应控制点上安置仪器并后视另一已知控制点,分别测设水平角 α_i、β_i,得到两条视线的交点 i,从而确定墩台中心的位置。

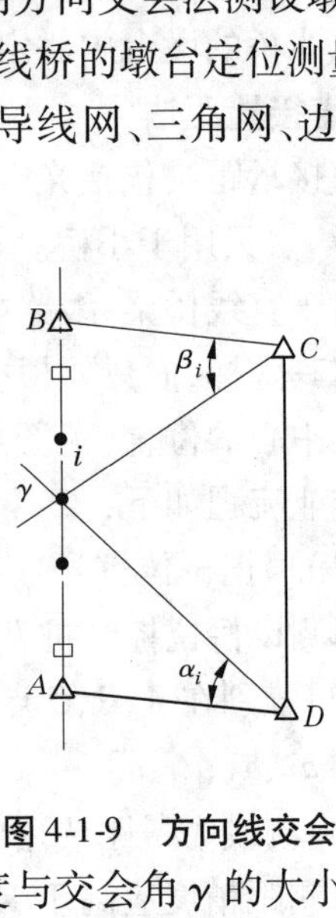

图 4-1-9　方向线交会

两交会方向线之间的夹角 γ 称为交会角,墩台中心交会的精度与交会角 γ 的大小有关。当置镜点位于桥轴线两侧时,交会角应在 90° ~ 150°;当置镜点位于桥轴线一侧时,交会角应在60°~110°。

在桥梁控制网网形设计和布网时，应充分考虑每个墩台中心交会时交会角的大小，必要时，可根据情况增设插入点或精密导线点作为次级控制点。

为了便于作业，应根据控制点的坐标和墩台中心的坐标，计算测设数据并将其编制成表。

墩台定位测设数据主要包括：置镜点、墩台号或控制点编号、坐标方位角、边长等。其格式如表4-1-2所示。

表4-1-2　墩台定位数据表

置镜点	控制点	边长(m)	坐标方位角(°　′　″)	墩台号	边长(m)	坐标方位角(°　′　″)
D_1				0#	161.419 2	145 04 25.8
	D_2	141.793	40 39 40.4	1#	141.836 5	139 20 24.9
	D_3	199.900	83 43 49.1	2#	101.907 1	114 55 28.3
	D_4	151.096	142 17 32.5	3#	94.783 7	77 09 57.9
				4#	126.005 0	47 10 28.8
				5#	143.978 1	39 55 54.1

2.2.2　现场测设方法

根据图4-1-9所示在控制点D安置仪器，后视控制点A，将度盘安置为α_{DA}：

(1)根据测设数据表，转动照准部至度盘读数，得到D—i方向；

(2)同样方法得到C—i方向，在两条视线的交点处打桩，钉设出i号墩台中心位置；

(3)在桥轴线上根据桥轴线检查各墩台位置。

2.2.3　示误三角形

通常将三台经纬仪分别安置于三个控制点上，用三条方向线同时交会。

理论上三条方向线应交于一点，而实际上由于控制点误差和交会测设误差的共同影响，三条方向线一般不会交于一点，而是形成一个小三角形，该三角形的大小反映了交会的精度，故称其为示误三角形。为了确保桥墩在轴线垂直方向上的精度，一般取桥轴线以外的另两个方向线的交点在桥轴线方向上的垂足，作为桥墩的放样位置，如图4-1-10所示。

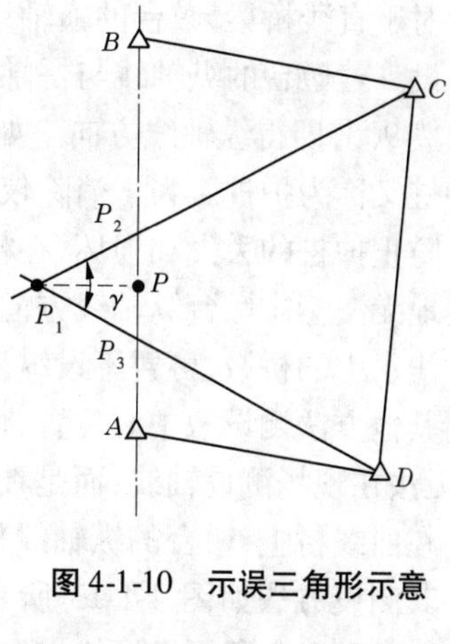

图4-1-10　示误三角形示意

2.2.4　交会限差及墩台中心的确定

示误三角形的最大边长或两交会方向与桥中线交点间的长度，在墩台下部(承台、墩身)不应大于25 mm，在墩台上部(托盘、顶帽、垫石)不应大于15 mm。

(1)若交会的一个方向为桥轴线，则以其他两个方向线的交会点P_1投影在桥轴线上的P点作为墩台中心。

(2)交会方向中不含桥轴线方向时，示误三角形的边长不应大于30 mm，并以示误三角形的重心作为桥墩台中心。

2.2.5　施工中多次重复交会的简便方法

在桥墩施工中，随着桥墩的逐渐筑高，桥墩中心的放样工作需要重复进行，而且要迅速和准确。

如图 4-1-11 所示为在第一次求得正确的桥墩中心位置 i 以后，将 $C—i$ 和 $D—i$ 方向线延长到对岸，设立固定的照准标志 C'、D'。以后每次作方向交会法放样时，从 C、D 点直接照准 C'、D'点，即可恢复对 i 点的交会方向。

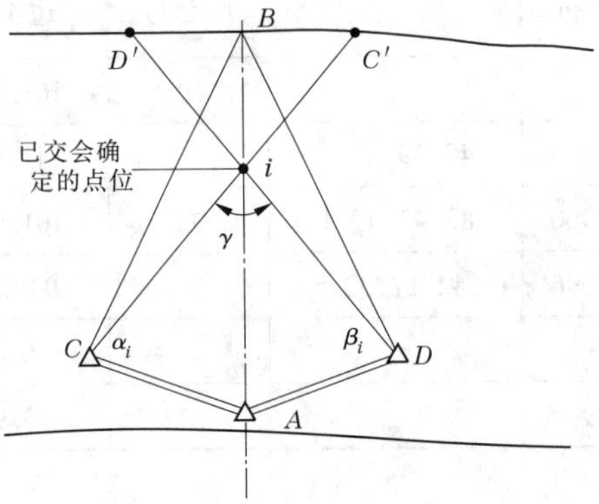

图 4-1-11　重复交会简便方法

3　墩台纵、横轴线的测设

测设出桥墩中心后，尚需测设出墩台的纵、横轴线，作为墩台细部施工的依据。所谓墩台的横轴线乃指平行于线路方向的轴线，而纵轴线乃指垂直于线路方向的轴线。

对于直线桥梁，墩台的横轴线与桥轴线重合，则利用桥轴线两端的控制桩来标志，不重新测设。若墩台的纵轴线与桥轴线垂直，测设时，应将仪器设置在墩台中心点上，从桥轴线方向拨 90°，即得纵轴线方向。如图 4-1-12 所示，用木桩将纵轴线方向准确地标定到地面，这些桩又称为护桩。为了消除仪器误差的影响，应取盘左、盘右两次测设的平均位置；同时为了防止护桩的丢失和损坏，在桥轴线两侧各钉两个护桩，必要时埋设石桩或混凝土桩。如果实地无法标志墩台纵轴线方向，可在其细部施工时再行测设。

浅水中的桥墩，可暂不设纵轴线桩。在用筑岛或建筑围堰施工时，待水抽干后用交会法或用其他方法测设墩中心位置，可同时测设轴线桩。深水河上的桥墩往往用沉井或管桩基础，无法在现场测设轴线，而是在施工中控制其扭角。

在曲线桥上，墩台的纵轴线位于相邻桥跨工作线的顶角分角线上，而横轴线与纵轴线垂直。其测设方法如图 4-1-13 所示，置仪器于墩台中心点上，自相邻的墩台中心方向测设 $(180° - \alpha)/2$ 角即得纵轴线方向，同样在线路两侧各设置两个护桩；测设 90°角即得横轴线方向，前后也应各设置两个护桩。在每一条轴线方向上同样要测设 4 个护桩（若其中一条恰在水中而无法设桩时，可只测设一条轴线），并在各标志桩上注明相应桥墩的派生号，以防混淆。

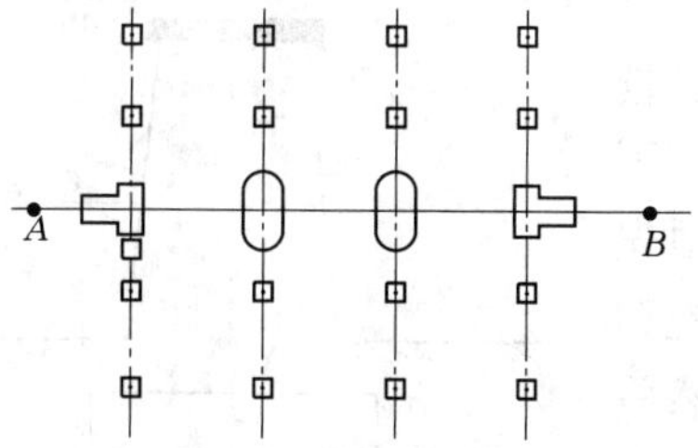

图4-1-12　直线桥梁纵轴线

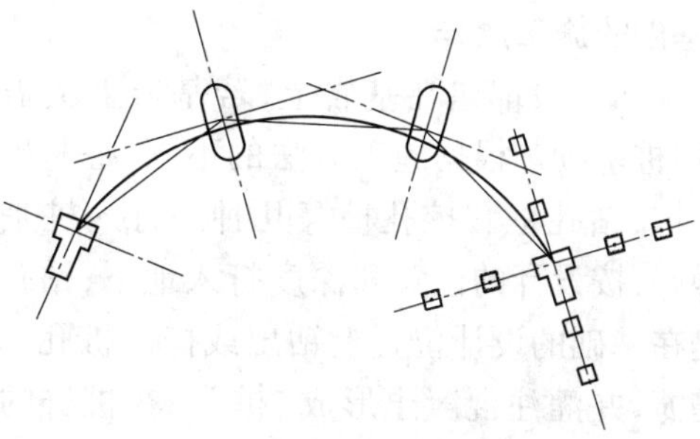

图4-1-13　曲线桥梁墩台护桩

4　基础放样

4.1　明挖基础的施工放样

在无水或浅水河道上,基础不深,可采用明挖基础,亦称浅平基础。它是在墩台位置处先挖坑,将坑底整平,在坑内砌筑或灌注基础及墩身(见图4-1-14(a)),再用土回填。这种方法施工方便,设备简单,在有条件处可广泛采用。明挖基础施工测量步骤如下:

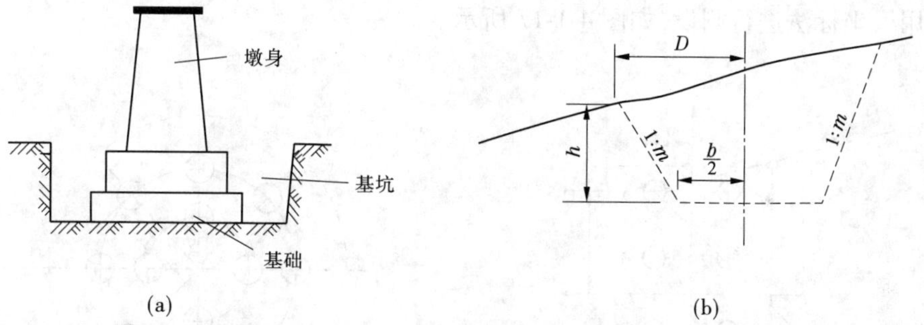

图4-1-14　明挖基础施工

(1)基础开挖前,在地面上先标定墩台中心位置及其纵横轴线,然后根据轴线和基坑设计尺寸放出基坑的边线,如果坑边要具有一定坡度,则需要根据坑底与地面的高差及基坑壁坡度计算出它与坑边的距离,根据图4-1-14(b)计算边坡桩至墩台轴线的距离D。

依下式计算:

$$D = \frac{b}{2} + h \cdot m + l \tag{4-1-1}$$

式中　b——基础底边的长度或宽度;

h——坑底与地面的高差;

m——坑壁坡度系数的分母;

l——基底每侧加宽度。

(2)当基坑开挖到设计标高后,应将坑底整平,称为清底。清底后即可安置模板,灌注基础及墩身。在进行模板放样时,可将全站仪安置在轴线护桩上,瞄准另一个护桩定向,此时将经纬仪视线与模板中心线重合。当模板在地面以下时,可在基础两侧临时设放两个点,用线绳及垂球确定模板中心位置(见图4-1-14(b))。基础模板中心偏离墩台中心线不得超

过 ±2 cm,墩身模板中心偏离不得大于 ±1 cm。

4.2　桩基础的施工放样

桥梁基础一般都建在基岩上,若基岩上覆盖层较厚,常采用桩基础。根据施工方法的不同,桩基础又可分为打入桩、钻孔桩和挖孔桩等几种。打入桩是预先将桩制做好,按设计的位置和深度打入地下;钻孔桩和挖孔桩是在基础的设计位置上钻出或挖出桩孔。然后再下钢筋笼,并灌注混凝土形成"桩"。在桩群的顶部灌注承台,使桩和承台连成一整体。在承台上再修筑墩身,如图 4-1-15 所示。

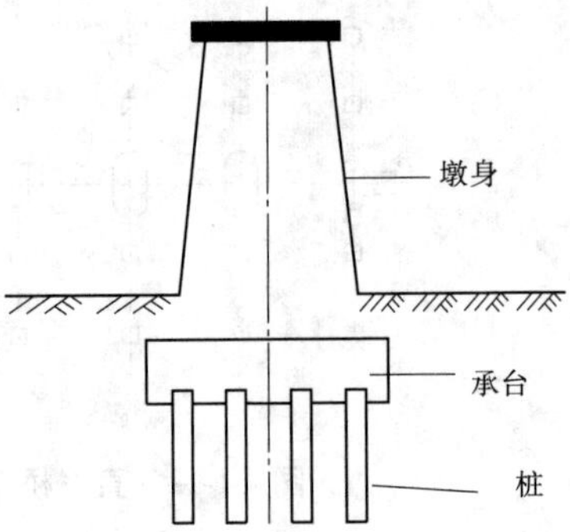

图 4-1-15　桩基础的施工放样

桩基础的放样工作有:

(1)在无水的情况下,桩基础的每一根桩的中心点可按其在墩台纵、横轴线为坐标轴的坐标系中的设计坐标,用支距法或直角坐标法进行测设;也可以根据桥梁施工测量控制点直接计算桩基础每一根桩中心点与控制点之间的夹角,利用前方交会或极坐标法进行测设,如图 4-1-16 所示。

(2)如果桩为圆周形布置,则各桩也可以根据其与墩台纵轴线的偏角和至墩台中心点的距离,用极坐标法进行测设,如图 4-1-17 所示。

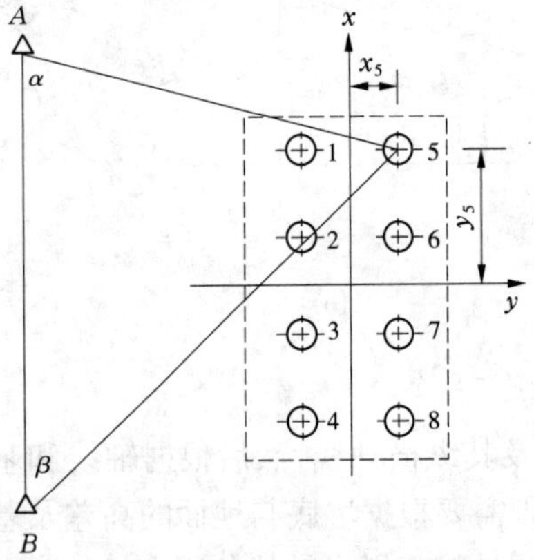

图 4-1-16　支距法测设桩基础桩位

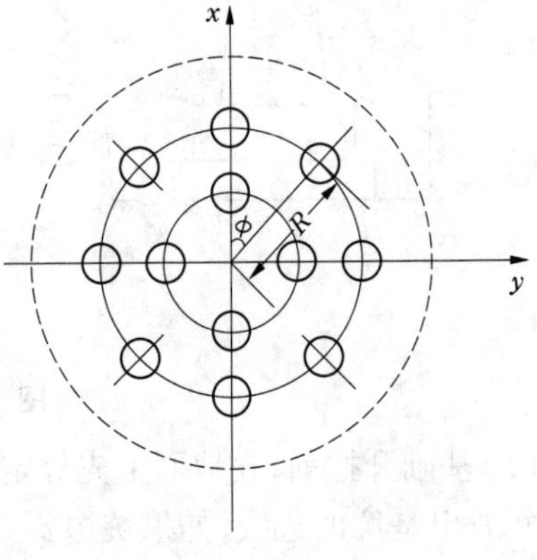

图 4-1-17　极坐标法测设桩基础桩位

(3)测定桩的倾斜度和深度及承台模板的放样等。

(4)各桩中心位置的放样是以墩基础的纵横轴线为坐标轴,用直角坐标法或支距法测设。桩中心位置限差为 ±2 cm。在钻孔桩和挖孔桩灌注完后,应对各桩中心位置再次进行测定,作为竣工资料,然后再修建承台。

(5)打入桩的深度可根据桩的长度计算,钻孔或挖孔的深度可用垂直或线绳测定。由于在钻孔时为了防止孔壁坍塌,孔内灌满泥浆,无法在孔内直接测量,则可直接测定钻孔竿的长度和倾斜度,并利用钻孔机上的设备进行校正。其倾斜度可用靠尺测定。

承台模板的放样方法与明挖基础相同。

4.3　沉井的施工测量

沉井不仅适用于无水或浅水河道上,也可用于深水河道上。依据河水的深浅,沉井的施工可以采用就地灌注或浮运的方法。

如图4-1-18所示,就地灌注沉井就是按照基础的外形尺寸,在定位处先制成一个井筒,然后在井内挖土或吸泥。当原来支撑井筒的土被挖掉后,借助其自重,逐步下沉。沉井是分节灌注的,每节为3 m或5 m,当一节下完后再接高一节。

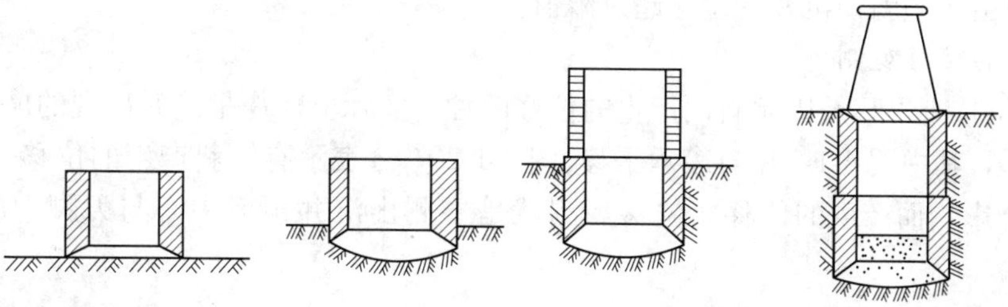

(a)底节沉井　(b)挖土下沉　(c)沉井接高　(d)已完工的沉井基础

图4-1-18　沉井施工

深水河道采用浮运沉井,在岸边拼装一个沉井钢壁,将其浮运到墩位后,逐步下沉,每沉一节,接高一下,直至下沉到设计标高,就地灌注混凝土。沉井的施工测量主要包括沉井的定位、倾斜观测和位移观测。

4.3.1　沉井的定位测量

在无水或浅水河道上施工,先用直线丈量法或交会法大致定出墩中心的位置,以供平整场地或进行填土筑岛。场地平整或筑岛完全符合要求后,应重新准确地测定墩中心位置,放样纵横轴线和沉井轮廓线控制点,并向外侧加宽10~20 cm钉设检查线控制点。沉井轮廓线,应用对角线进行检查,两对角线较差应小于10 mm。与此同时测量各点的相对高差(小于5 mm),使之成为一水平面,以作为沉井刃脚零基准面(见图4-1-19)。

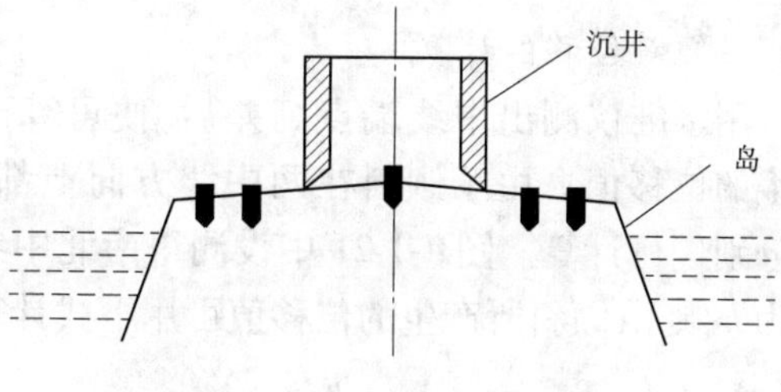

图4-1-19　沉井定位测量

沉井下沉前,应在其外壁面上绘出中线位置,其纵横轴线必须互相垂直,以供检查沉井下沉中的位移和供沉井交接时定位的参考。同时用水准仪测出第一节沉井顶面四角的高程,并求出其顶面的理论水平面,以便在下沉过程中进行比较。

深水河道上的沉井定位方法与围囹灌注定位测量方法基本相同,主要采用交会法进行定位。

4.3.2　沉井的倾斜观测

沉井在下沉过程中不可避免地会产生倾斜,因此要随时进行检查,以便校正。沉井下沉1 m至少要检查一次,观测沉井倾斜的方法有以下几种:

(1)直接测定中线。在旱地沉井中,将经纬仪架设在纵横轴线桩上,直接观测沉井外壁上所示的沉井中线,这种方法简单可靠,精度亦高。

(2)测定沉井四角或中线端点高程的变化。此法用水准仪测定沉井四角或中线端点的高程,与下沉的理论水平面比较,从而求其倾斜率。沉井不深时,此法较为方便而准确。

(3)悬挂垂球线法。先在沉井的内壁上标绘出沉井的中心线,然后用挂有垂球的门形架靠在中心线上,从垂球的位置可以测出它的倾斜度。

(4)用水准器测量。在沉井的内壁上预设几个管水准器,当已知水准器的分划值后,从气泡偏移的格数看出沉井的斜率。如发现沉井倾斜严重,则应用多开挖较高一侧的方法进行校正,以免由于倾斜使沉井的位移超过限值。

4.3.3　沉井的位移观测

沉井的位移有平移及因倾斜而产生的位移两种。实际上往往是同时出现的。图4-1-20为位移示意图,其中图4-1-20(a)表示平移,图4-1-20(b)表示有倾斜产生的位移,图4-1-20(c)表示综合影响而产生的位移。位移观测就是要测出沉井顶面中心与刃脚中心的位移值。

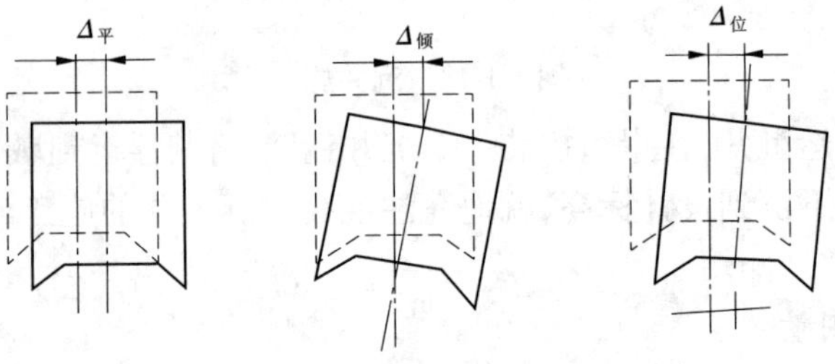

图4-1-20　沉井位移示意图

1. 倾斜位移的计算

用水准仪测出中线端点高差后,便可算出因倾斜而产生的位移值。由于倾斜在两中线方向上都存在,因而须分别进行计算。图4-1-21中设测得南北中线两端的高差为h,则由倾斜所产生的位移值可用下式计算:

$$\theta = \frac{h}{D} = \frac{\Delta_{倾}}{H} \tag{4-1-2}$$

即

$$\Delta_{倾} = \frac{h}{D} \cdot H \tag{4-1-3}$$

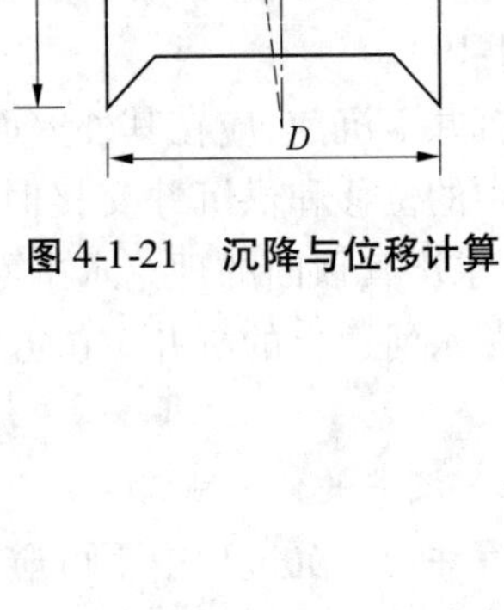

图4-1-21　沉降与位移计算

式中　$\Delta_{倾}$——因倾斜而产生的水平位移;

h——中线两端的高差;

D——沉井的宽度或长度;

H——灌注的沉井高度。

2. 由平移及倾斜综合影响而产生的位移

为了测出平移及倾斜综合影响而产生的顶面中心及刃脚中心间的位移值,应首先测出顶面中心的位移,然后根据沉井的倾斜再推算刃脚中心的位移。

沉井顶面中心的位移,在两个中心线方向都存在。具体方法是在桥墩中心线的控制桩上架设经纬仪，照准另一个控制桩，此时视线方向即为桥轴线方向。将视线投到井面顶部，与沉井中心线两端的标志进行比较，即可求得两端点标志的偏移值 Δ_1、Δ_2，然后再计算沉井中心的偏移值 $\Delta_{顶}$：

$$\Delta_{顶} = \frac{1}{2}(\Delta_1 + \Delta_2) \tag{4-1-4}$$

由计算出的倾斜位移值 $\Delta_{倾}$ 及直接测定的顶面中心位移值 $\Delta_{顶}$，便可求得刃脚中心的位移 $\Delta_{刃}$，$\Delta_{刃} = \Delta_{倾} \pm \Delta_{顶}$，当 $\Delta_{倾}$ 与 $\Delta_{顶}$ 偏离方向相同时取"＋"号，偏离方向相反时取"－"号。

4.4　总结

明挖基础的基础部分、桩基的承台及墩身的施工放样，都是先根据护桩测设出墩台的纵、横轴线，再根据轴线设立模板，即在模板上标出中线位置，使模板中线与桥墩的纵、横轴线对齐，纵轴线即过墩台中心平行于线路方向的轴线，横轴线即过墩台中心垂直于线路方向的轴线，标定位置即为其应有的位置。

墩台施工中的高程放样，通常都在墩台附近设立一个施工水准点，根据这个水准点以水准测量方法测设各部分的设计高程。但在基础底部及墩台的上部，由于高差过大，难于用水准尺直接传递高程时，可用悬挂钢尺的办法传递高程。墩台模板高程限差为 ±3 cm，模板上同一高程的相对误差为 ±1 cm。

5　桥梁架设施工测量

架梁是建造桥梁的最后一道工序。无论是钢梁还是混凝土梁，都是预先按设计尺寸做好，再运到工地架设。梁的两端是用位于墩顶的支座支撑，支座放在底板上，而底板则用螺栓固定在墩台的支承垫石上。架梁的测量工作，主要是测设支座底板的位置，测设时也是先设计出它的纵、横中心线的位置。支座底板的纵、横中心线与墩台纵横轴线的位置关系是在设计图上给出的。因而在墩台顶部的纵横轴线设放出以后，即可根据它们的相互关系，用钢尺将支座底板的纵、横中心线设放出来。

墩台竣工后，虽对中心点位，纵、横中心线及高程作了精密测定，但是其测定是各墩台单独进行的。由于桥梁架设需将桥跨相邻墩台联系起来，因此桥梁架设施工测量之前需要对各墩台之间的相关关系进行精确测定。其主要步骤如下。

5.1　全桥中心线的复测

桥梁中心线方向的测定是在两岸桥轴线控制桩上进行的，也可以在轴线两端各一个墩台顶部经过方向校正的中心点上进行。

观测方法：在一端将全站仪安置在控制桩点上，严格对中、整平，瞄准另一端控制桩点，用盘左、盘右取中的方法定出距站点最近一个墩顶的中心线方向，并在中心标板上刻线固定。然后在该墩顶中心线上安置好，依照此方法，定出下一个墩顶中心线并标定之。依次将各墩顶中心线定出。如果桥墩跨距不大，也可将仪器置于一控制桩点上连设数个桥墩中心线方向，但视线长度不应超过 150 m，否则盘左、盘右不符值易超限。

如果由于路线坡度等原因，中部桥墩会阻碍两端控制桩点的通视，则可选择一个距两端控制桩相近且较高的桥墩，将仪器置于该桥墩原中心点上，以两岸桥轴线控制桩点为目标，用测回法多测回进行角度观测。

曲线桥梁墩台中心线的复测,主要是测定曲线全部墩台中心的转角,并将转角之和与曲线总转角对比,对误差进行分析、调整和分配,以满足设计要求。

5.2　墩台中心点间距离的测定

根据桥梁各墩台已标出的墩台中心点,测定各相邻墩台间的距离,与两桥台设计距离相比较,确定全桥总长的误差,并据此对所测各墩台间距离进行改正,然后再按改正后的各墩台间距离桥轴线一端控制点计算各墩台中心里程,与各墩台设计里程比较,再对点位作适当调整,使测设里程与设计里程一致,且不致引起过大偏心。

曲线桥梁墩台中心点间距离应逐跨用经检定的钢卷尺或光电测距仪进行测定,并结合两端墩台中心的实测转角进行调整。

5.3　墩台顶面高程的联测

从河岸一基本水准点始,用二、三等水准测量方法逐个测出各墩顶水准标志高程,最后闭合于另一岸的基本水准点。根据高差闭合差再对所测各墩顶水准标志高程进行调整,以获得其平差值。

5.4　支承垫石顶面十字线及高程的测设

通过桥轴线在墩顶放出的方向线及墩台中心点间距经设计里程调整后所得中心点位,即可在墩顶定出墩台的纵、横中心线,并在墩的四边标板上固定。在此基础上,根据设计图要求定出支承垫石中心十字线,且用墨线标出,作为安装支座底板的依据。

5.5　架梁时的测量工作

5.5.1　梁长测量

所有整体架设的梁长,均应在架设前用检定过的钢尺丈量梁的跨度(支点中心至支点中心)和全长,其偏差应小于(或等于)规范的限差要求。

5.5.2　支座底板安装定位测量

在支座底板定位的同时,应测量底板顶面的高程及底板顶面的平整,通过在底板与支承垫石面之间塞以铁片、钢楔,从而使底板顶面高程及平整度达到设计要求。测量时应测量底板顶面的四角。

5.5.3　梁体定位测量

(1)钢桁梁的定位测量。钢桁梁要求梁体中线(横梁中心线)与设计路线中线一致,所以在架设过程中,应检查横梁中点是否在相邻墩台中心的连线方向上。由于两侧桁架的弦杆中心线与横梁中点的连线是对称的,则弦杆中心线的水平投影同样为直线。检查时,可将全站仪安置在墩台的中心点上,瞄准相邻的墩台中心点,并固定水平制动螺旋,然后上、下转动望远镜,观察横梁中点上的标志是否都在视线上,如果偏离量超出容许范围,则应对钢桁梁位置进行校正。

(2)桥梁拱度的测定。桥梁的拱度也必须测定,在钢梁架好之后,各个弦杆应构成一条略为向上弯曲的平滑曲线,桥梁中部高出两端的最大高差(称为拱度)。测定时将水准仪安置在桥梁的墩台上,而在各个节点处竖立水准尺,测出各点高程,绘出弦杆的纵断面图,从而得到桥梁的拱度,并检查其是否合格。为测拱度的变化,在竖立水准尺的地方,应用油漆作出标志,以保证每次观测都位于同一点上。

(3)预应力混凝土简支梁的测定。预应力混凝土简支梁要求梁梗中线与设计中线平行。梁施工偏差不能满足要求时,应在梁梗中线与设计中线保持平行的先决条件下进行调整。纵向偏差以桥梁中线为准,向两端平均分配,但活动端必须保持按100 ℃温差计算的最小伸缩空间,均为梁长的1‰;横向偏差应在保持相邻梁体间的缝隙能放置下防水盖板情况下,以桥梁中线为准,尽可能向两片梁对称分配。

6　桥梁竣工测量

桥梁竣工后,须进行竣工测量。通过竣工测量,一方面可以检查施工是否满足设计要求,起到检查施工质量的作用;另一方面,在桥梁投入运营后,为保证桥梁的行车安全和使用寿命,需要定期地进行变形观测。由于变形观测的资料是通过与竣工资料的对比来分析的,因此对变形观测而言,竣工资料也是必不可少的。

6.1　墩台的竣工测量

墩台施工完成以后架梁以前,应进行墩台的竣工测量。对于在竣工后无法测绘的隐蔽工程,如桥梁墩台的基础等,必须在施工过程中随时测绘和记录,作为竣工资料的一部分。主要内容有:

(1)测定各墩台间的跨度;

(2)丈量墩台各部尺寸;

(3)测定支承垫石顶面高程。

由于桥梁竣工后,各墩台上已有工作线交点、墩中心点等标志,所以各墩台间的跨度可根据墩中心点或工作线的交点测定。如果跨距较小,可用钢尺直接丈量;当跨距较大不便直接丈量时,可用全站仪或三角测量的方法施测。在测出各跨的距离后可计算出桥长,与设计桥长比较以估算其精度。

墩台各部尺寸的检查内容主要是墩顶的尺寸、支承垫石的尺寸和位置等。这些检查均可以墩顶标有的纵横方向线或工作线为依据进行。

墩台顶面高程的测定,可自桥梁一端的一个水准点开始,逐墩测量,最后闭合于另一端的一个水准点上。测量时应考虑前、后视距大致相等。

6.2　桥梁架设完成后还要对全桥进行全面测量

此项竣工测量的内容包括:测定主梁弦杆的直线性、梁的拱度、立柱的直立性,以及各个墩上梁的支点与墩台中心的相对位置。

为求得墩上梁的支点与墩台的相对位置,就要测定固定支座及活动支座底板中心与墩台中心的相对位置,上摆对于铰枢中心的相对位置,以及支座底板中心与下摆中心的纵向相对位置。活动支座的下摆中心与底板中心的相对位置是随温度变化的,因而要在不同温度条件下测出辊轴顶部及底部的位移变化,由此推算出在设计的标准温度下支座底板中心与下摆中心的相对关系。根据上述观测结果,即可推算出梁的支点与墩台中心的相对位置及其与设计位置的差值。

6.3　桥梁竣工测量的目的

(1)测定建成后墩台的实际情况;

(2)检查是否符合设计要求;

(3)为架梁提供依据;

(4)为运营期间桥梁监测提供基本资料。

根据测量结果编绘墩台中心距表、墩顶水准点和垫石高程表、墩台竣工平面图、桥梁竣工平面图等。如果运营期间要对墩台进行变形观测,则应对两岸水准点及各墩顶的水准标以不低于二等水准测量的精度联测。

【任务实训】

1　实训目的

(1)掌握公路桥梁图纸信息,了解公路桥梁施工放样的步骤和要点。

(2)熟悉掌握桥梁墩台放样的方法,基础放样方法及竣工测量内容。

2　实训内容

某地区绕城高速公路互通式立交 CK0 + 028.642 中桥桥型布置图如图 4-1-22 ~ 图 4-1-29 所示。

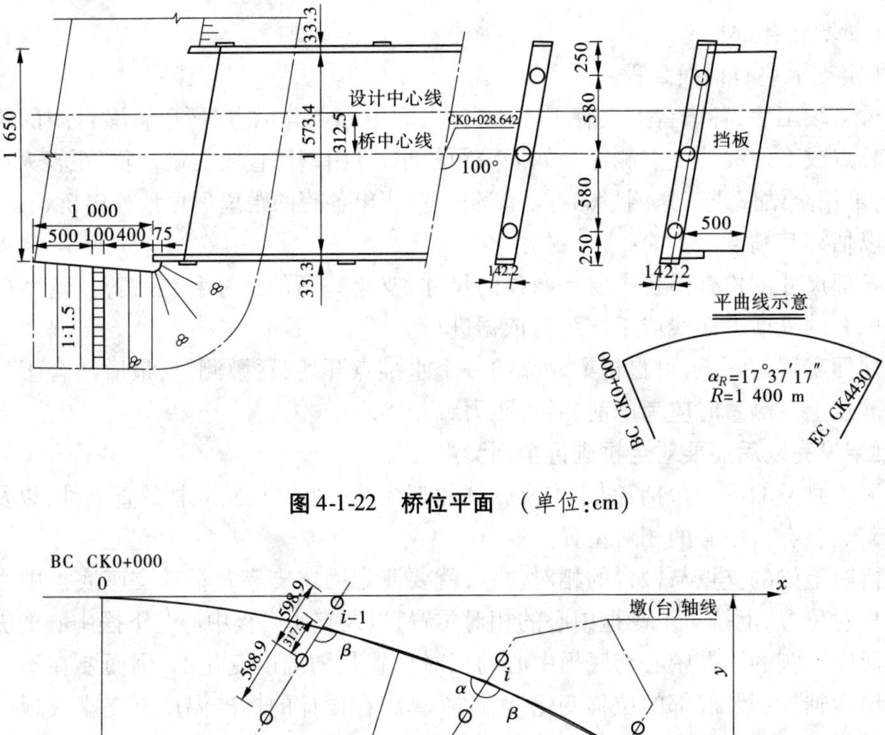

图 4-1-22　桥位平面　(单位:cm)

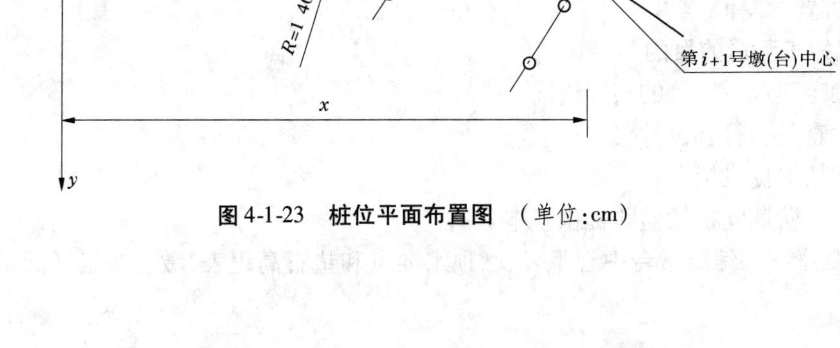

图 4-1-23　桩位平面布置图　(单位:cm)

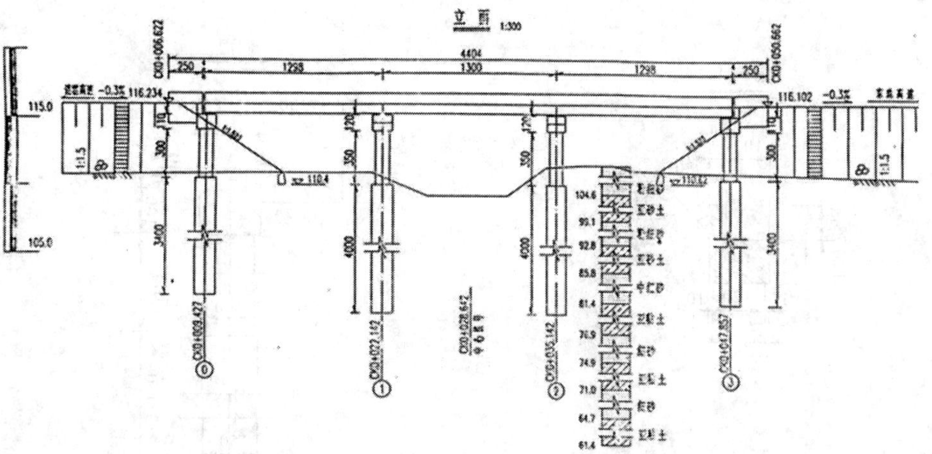

图4-1-24 立面 (单位:cm)

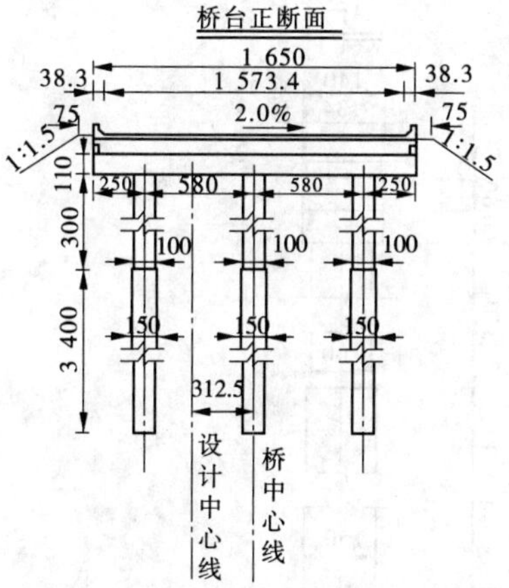

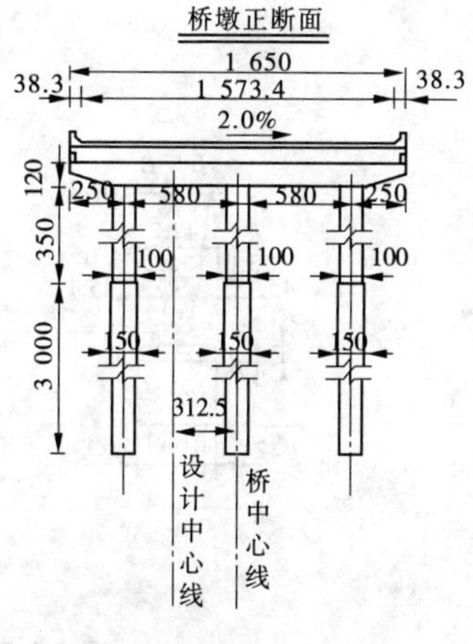

图4-1-25 桥台正断面 (单位:cm)

图4-1-26 桥墩正断面 (单位:cm)

计算方法如下。

2.1 墩台中心坐标计算

(1)将表4-1-3中0、1、2、3号墩台中心桩位独立坐标与表4-1-4中互通式立交路线桩位测量坐标展绘于南方cass软件中,此时得到4个墩台独立坐标位置以及点*BP*、*CS*1位置。如要进行施工放样,必须把各墩台独立坐标转换为互通立交测量坐标,使其与表4-1-4中测量坐标相匹配。此时得到设计中心线位置。

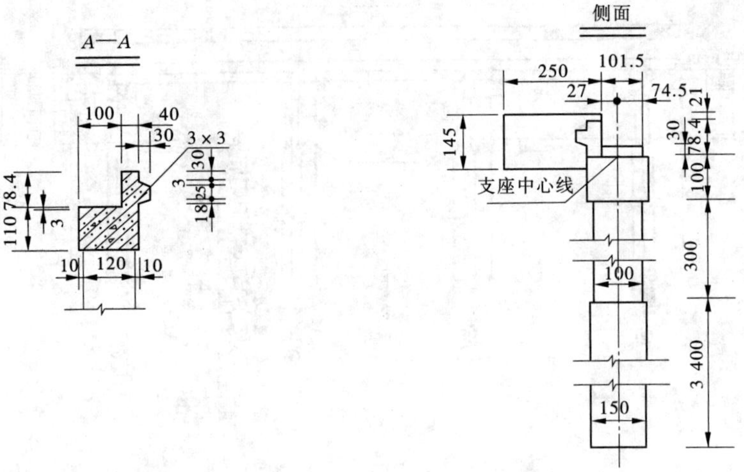

图 4-1-27　桥台侧立面　（单位:cm）

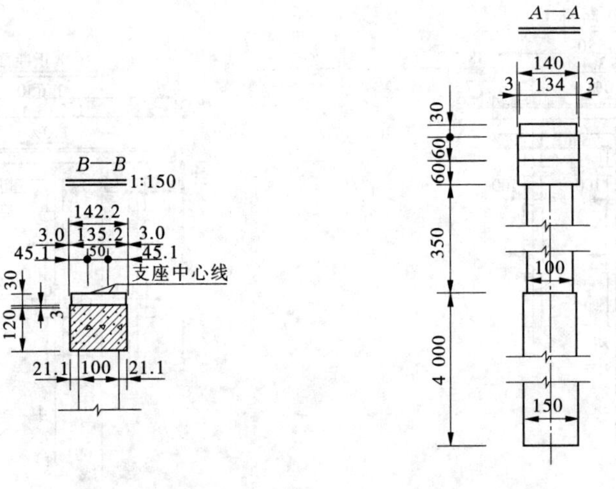

图 4-1-28　桥墩侧立面　（单位:cm）

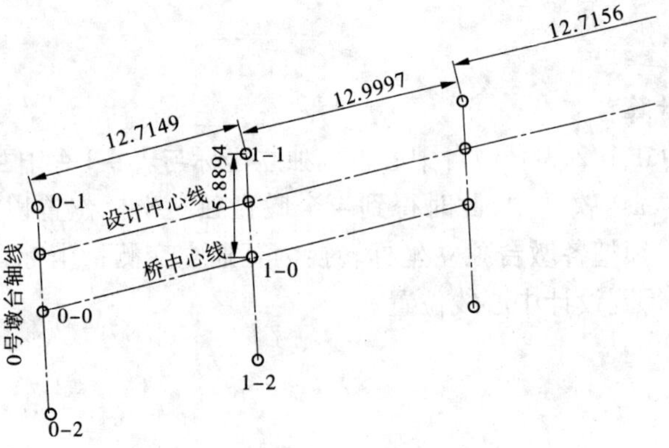

图 4-1-29　墩台坐标计算图　（单位:m）

表 4-1-3　墩台中心独立坐标及偏角表

墩台号	中心桩号	X (m)	Y (m)	α	β	Δ_1 (cm)	Δ_2 (cm)
0	K0 +009.427	9.427	0.032		100°31′34"	-0.474	
1	+022.142	22.141	0.175	79°28′26″	100°00′00″	0	0.474
2	+035.142	35.138	0.441	80°00′00″	99°28′26″	0.473	0
3	+047.857	47.848	0.818	80°31′34″			-0.473

表 4-1-4　互通式立交路线桩位测量坐标

点名	桩号	X(m)	Y(m)
BP	K0 +000.000	3835 429.158	482590.652
*CS*1	K0 +430.573	3835 470.352	483017.547

注:点位可参考项目 1 图 1-3-1 某市互通立交平面图。

通过绘图法转换过后 0、1、2、3 号墩台测量坐标如表 4-1-5 所示。

表 4-1-5　墩台中心测量坐标表

墩台号	中心桩号	X(m)	Y(m)
0 -0	K0 +009.427	3835431.459	482599.794
1 -0	K0 +022.142	3835434.466	482612.148
2 -0	K0 +035.142	3835437.423	482624.807
3 -0	K0 +047.857	3835440.202	482637.215

(2)将各墩台中心坐标在图上转换过之后通过表 4-1-3 给出,角度利用旋转直线或阵列方法按照桩位平面布置图求出墩台轴线方位,得到图 4-1-29。如 0 -0 号墩台,选择0 -0号墩台与 1 -0 号墩台连线,然后旋转 -100°31′34"得到 0 号墩台轴线位置。

(3)在墩台轴线上从 0 号墩台中心位置开始往下方量取 3.173 m 距离,此时得到位置为桥台中心桩位的位置,通过查询指定点坐标命令可以得到 0 -0 号墩台中心桩位坐标为 X =3835428.291 m,Y =482599.968 m,然后利用绘图法以 0 -0 为圆心、5.88 m 为半径画圆,得到此圆与 0 号轴线两个交点 0 -1、0 -2 位置,可得到 0 -1 号墩台中心桩位坐标为 X =3835434.171 m,Y =482599.645 m,0 -2 坐标为 X =3835422.410 m,Y =482600.292 m,从而求得各墩台中心桩坐标如表 4-1-6 所示。

表4-1-6　各墩台中心桩坐标

墩台号	X(m)	Y(m)	墩台号	X(m)	Y(m)
0-0	3835428.291	482599.968	2-0	3835434.255	482624.981
0-1	3835434.171	482599.645	2-1	3835440.196	482624.644
0-2	3835422.410	482600.292	2-2	3835428.374	482625.305
1-0	3835431.297	482612.322	3-0	3835437.034	482637.390
1-1	3835437.175	482611.936	3-1	3835442.914	482637.066
1-2	3835425.417	482612.646	3-2	3835431.153	482637.713

求得各墩台中心位置坐标后可利用桥梁原有控制点进行坐标放样，也可根据实地情况采用极坐标法或方向线交会法进行点位放样。

2.2　桥梁墩台高程数据计算

由图4-1-24～图4-1-26可知该桥梁为横向单向坡桥梁，横向坡度为2.0%。纵向坡度为-0.3%。0号桥墩K0+006.622处高程为116.234 m，3号桥墩CK0+050.662处高程为116.102 m。根据图纸给出已知高程和纵横向坡度，从桥梁结构上部往下计算桥梁墩台高程值(见表4-1-7)。

表4-1-7　墩台中心测量坐标表　　(单位:m)

位置		1	2	3	位置		1	2	3
0号台	柱顶	114.184	114.072	113.959	0号墩	柱顶	114.004	113.885	113.765
	桩顶	111.184	111.072	110.959		桩顶	110.504	110.385	110.265
	桩底	77.184	77.072	76.959		桩底	70.504	70.385	70.265
4号台	柱顶	114.069	113.956	113.843	4号墩	柱顶	114.043	113.924	113.804
	桩顶	111.096	110.956	110.843		桩顶	110.543	110.424	110.304
	桩底	77.069	76.956	76.843		桩底	70.543	70.424	70.304
盖梁顶	位置	A	B		盖梁顶	位置	A	B	
	0号	115.333	115.010			0号	115.255	114.914	
	3号	115.218	114.894			3号	115.294	114.953	

3　实训工具及物品

预制好的标石、水泥钢钉、木桩、锤子、镐、铁锹、油漆和记号笔、对讲机、1″级全站仪、DS1级及以上等级的水准仪等。

4　注意事项

(1)参照《工程测量规范》(GB 50026—2007)。

(2)《国家一、二等水准测量规范》(GB 12898—91)。

(3)参照本教材各个步骤的测量方法进行施工测量工作,进行记录填写,需要注意每一个点位的放样都要经过检核才能应用于施工生产。

(4)注意安全,以小组为单位组织实施。

5　上交资料

(1)各个墩台平面点位和高程的放样计算数据。

(2)测量放样交样单。

【习题与思考】

1. 桥梁施工测量的主要内容有哪些？其目的是什么？
2. 桥梁平面施工控制网的点位布设要求有哪些？
3. 桥梁施工平面控制网常见的布设形式有哪些？
4. 桥梁墩台中心定位的方法有哪些？
5. 如何进行桥梁墩台纵横轴线测设？
6. 如何进行桥梁墩台明挖基础的施工放样？
7. 如何进行桩基础施工放样？
8. 桥梁架设施工测量需要进行哪些工作？
9. 桥梁竣工测量的意义是什么？

任务2　涵洞的施工测量

【任务描述】

根据设计文件,按照规定的精度,将图纸上设计的桥梁墩台位置标定于地面,据此指导施工,确保建成的涵洞在平面位置、高程位置和外形尺寸等方面均符合设计要求。按照工程设计要求,某省级公路进行区间大修工程,全线长度 10.543 km。全线涵洞共计 5 道,其中 K66 +696 直径 1 m 圆管涵为整修涵洞,右侧为一字墙洞口,左侧为八字墙。按照图纸确定的涵洞位置及涵洞类型进行实地施工放样,根据图纸给定的桩号位置完成涵洞的平面位置和高程位置的精确放样。涵洞平面、里面、侧面图如图 4-2-1 ~ 图 4-2-3 所示。

【任务分析】

根据设计文件,按照图纸给定的桩号位置和高程信息及涵洞样式,将图纸上设计的涵洞各部分放样于实地,据此指导施工,确保建成的涵洞在平面位置、高程位置和外形尺寸等方面均符合设计要求。

涵洞在施工过程中施工放样和施工同步交叉进行,由于涵洞构造相对于桥梁更加简单,所以在施工放样过程中可直接在涵洞施工现场附近布设 3 ~4 个施工控制桩,此桩位要确保

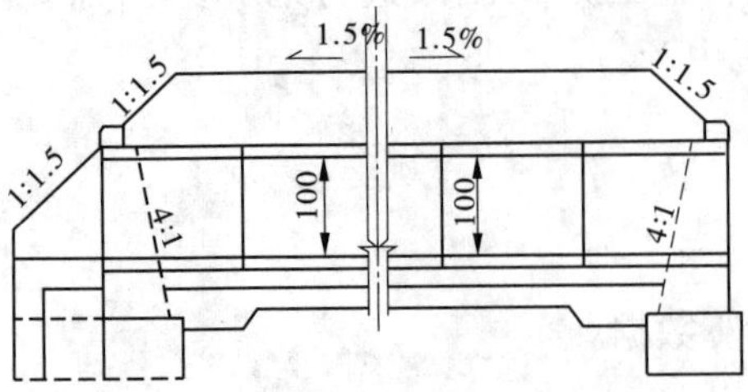

图 4-2-1　涵洞立面图

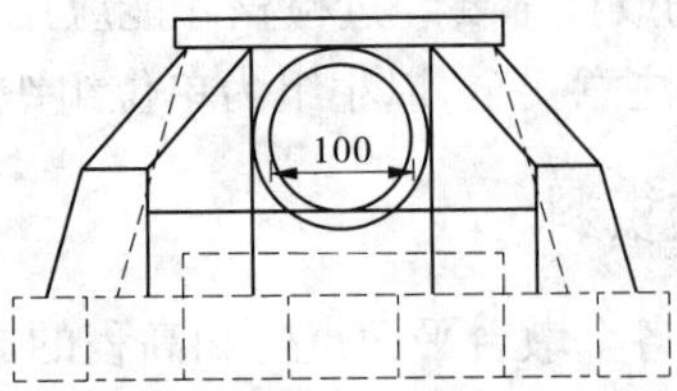

图 4-2-2　涵洞侧立面

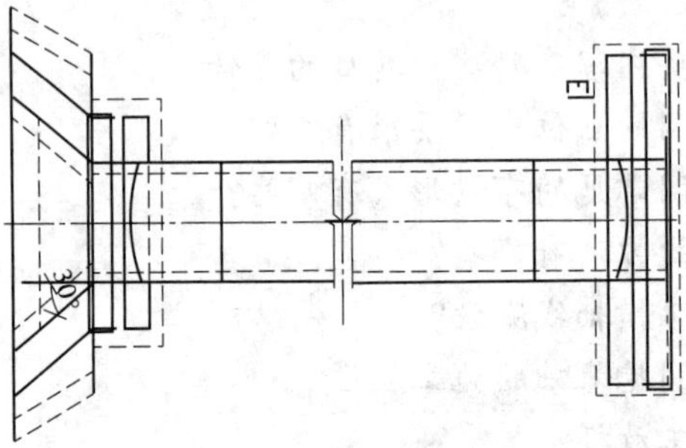

图 4-2-3　涵洞平面图

一定的精度，对于此任务中 1 m 圆管涵不必要进行控制测量。

涵洞放样是根据涵洞施工设计图表给出的涵洞中心里程，先放样出涵洞轴线与路线中线的交点，然后以根据涵洞轴线与路线中线的交角，放出涵洞的轴线方向，本任务涵洞轴线与路线交角为 90°正交。然后以涵洞轴线为基准测设涵洞基础及基坑边线。基础建成后进行安装管节和砌筑涵身等各个细部的放样，此过程仍然以涵洞轴线为基准进行，这样基础的误差不会影响到涵身的正确位置。在确定涵洞各构件平面位置的同时要进行各个细部的高程放样，均根据前期附近布设的水准点利用水准测量的方法设定，如有高差比较大的，采用高程传递法。

本项任务要求工作者按照工程施工进度要求及时放样出涵洞各构件的水平位置和高程位置，能够精确指导施工人员根据放样位置进行施工工作。

【任务流程】

任务流程如图 4-2-4 所示。

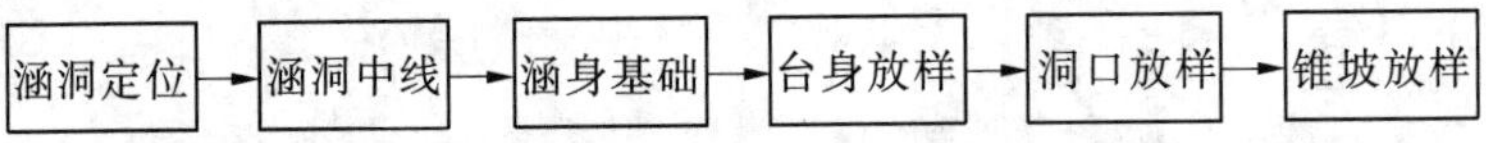

图 4-2-4　任务流程图

根据涵洞设计图，先进行涵洞定位，然后在实地上把涵洞的中心线确定下来。根据涵洞设计尺寸，把涵洞的基础、涵身、洞口基础、洞口墙身在实地上放样出来，用桩作标记，并用白灰画线。

1　涵洞定位

当设计单位为施工单位提供涵洞设计图后,施工单位可以利用附近的导线点,用全站仪按坐标法把涵洞桩位在现场标定出来,也可以按施工测量的基本方法进行。涵洞的位置一般都是设置在路线中桩上,像这种涵位的坐标可以从逐桩坐标表已知,若在逐桩坐标表中没有涵洞,就要利用路线平面中所讲的坐标计算方法进行计算。然后利用全站仪按坐标法测量。

2　涵洞中线的确定

根据涵洞轴线与路线方向的交角,涵洞分为正交涵洞和斜交涵洞。在中轴线测设时,注意涵洞轴线与路线中心线的交角。图4-2-5为正交涵洞,图4-2-6为斜交涵洞。

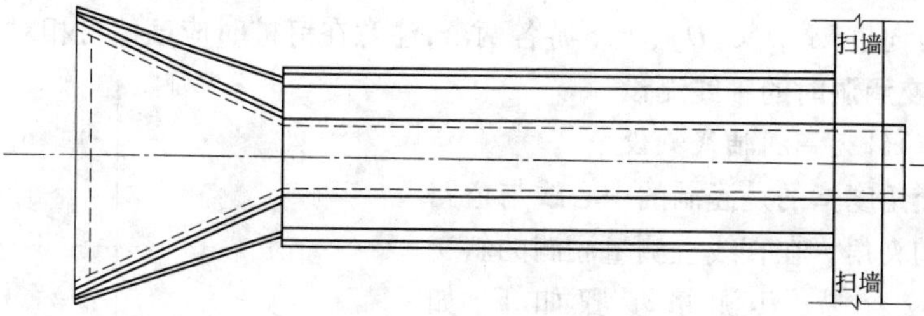

图4-2-5　正交涵洞

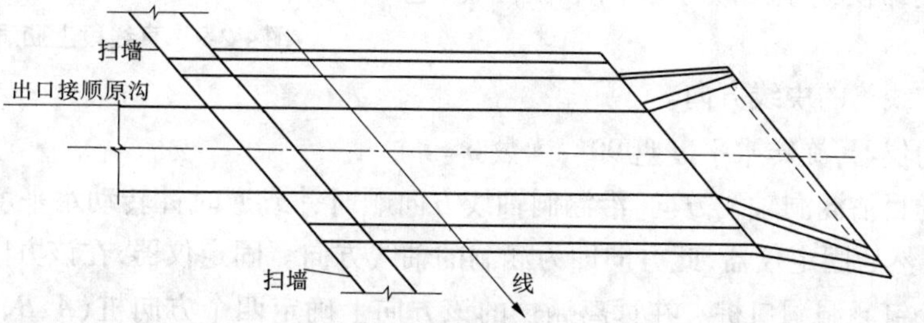

图4-2-6　斜交涵洞

2.1　涵洞为正交涵洞时的轴线测设

2.1.1　直线上的正交涵洞轴线测设

当涵洞为直线段的正交涵洞时,进行涵洞的轴线测设如图4-2-7所示,仪器立在涵洞中桩位置,先瞄准前或后一个路线桩,旋转水平度盘90°,并读数。在涵洞中心线方向上的$L_{上}$和$L_{下}$长度($L_{上}$、$L_{下}$分别为涵洞上、下游水平长度(m))处钉涵洞洞口桩。在远离涵长的该方向上确定四个方向桩(A、B、C、D),上下游各两个,注意在钉桩时应该使桩相对固定(见图4-2-8)。

2.1.2　曲线上的正交涵洞轴线测设

测量步骤如下:

(1)立全站仪于ZY点,对中、整平,瞄准交点方向,读数m。

(2)转动仪器,瞄准涵洞中桩P_1,读数n。

(3)$n-m$为ZY到涵洞中桩的曲线所对应的弦切角。搬动全站仪到涵洞中桩,对中、整

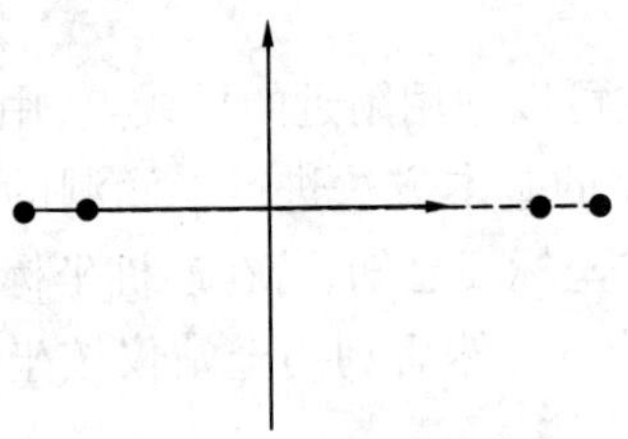

图 4-2-7　涵洞中心线确定

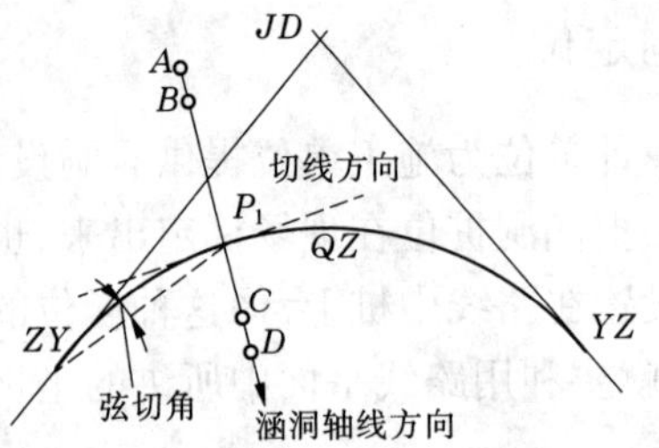

图 4-2-8　曲线段正交涵洞

平，瞄准 ZY 点。

(4)拨角 $n-m$，得 P_1 点的切线方向。旋转水平度盘 90°得该点的垂直方向（涵洞的轴线方向），固定仪器，在该方向上涵洞的 $L_上$ 和 $L_下$ 长度处钉涵洞洞口桩。在远离涵长的该方向上确定四个方向桩（A、B、C、D），上下游各两个，注意在钉桩时应该使桩相对固定。

2.2　涵洞为斜交涵洞时的轴线测设

2.2.1　直线上的斜交涵洞轴线测设

涵洞的斜交角度指的是涵洞的中心线与道路中线垂直方向的夹角。在直线上测量涵洞的斜交角度相对比较容易，其测量步骤如下，如图 4-2-9 所示：

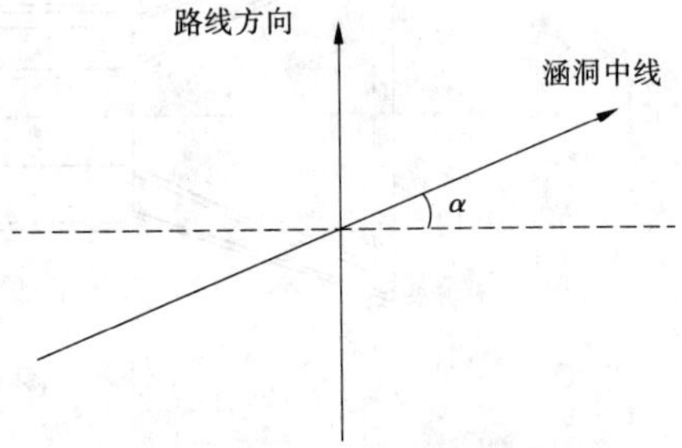

图 4-2-9　直线段上涵洞的斜交

(1)立经纬仪或全站仪于涵洞中桩位置，进行对中、整平。

(2)瞄准线路的中线方向。

(3)转动仪器，旋转水平度盘 90°，读数 m。

(4)现场目估涵洞轴线方向，沿涵洞轴线方向顺时针或逆时针转动水平度盘，转动涵洞的斜交角度，然后固定仪器，此方向即为涵洞的轴线方向。固定仪器，在该方向上涵洞的 $L_上$ 和 $L_下$ 长度处钉涵洞洞口桩。在远离涵长的该方向上确定四个方向桩（A、B、C、D），上下游各两个，注意在钉桩时应该使桩相对固定。

2.2.2　曲线上的斜交涵洞轴线测设

曲线上斜交角度的测量首先要找到该中桩的切线方向，由切线方向旋转 90°得出线路中线的垂直方向，之后才能测量出斜交角度。因此，曲线段的斜交角度的测量关键是找到该点的切线方向，如图 4-2-10 所示。

测量步骤如下：

(1)立经纬仪或全站仪于 ZY 点，进行对中、整平后，瞄准交点方向，读数 m。

(2)转动仪器，瞄准涵洞中桩 P_1，读数 n。

(3)$n-m$ 为 ZY 到涵洞中桩的曲线所对应的弦切角。搬动仪器到涵洞中桩，进行对中、整平后，瞄准 ZY 点。

(4)拨角 $n-m$ 得 P_1 点的切线方向。

(5)旋转水平度盘拨角 90°得该点的垂直方向，读数 o。

(6)沿涵洞轴线方向顺时针或逆时针转动仪器，转动涵洞的斜交角度，固定仪器，在该

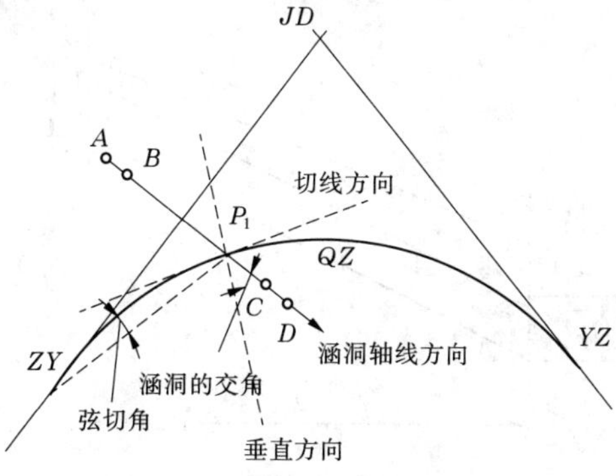

图 4-2-10 曲线段斜交轴线

方向上涵洞的 $L_{上}$ 和 $L_{下}$ 长度处钉涵洞洞口桩，远离涵长的该方向上确定四个方向桩（A、B、C、D），上下游各两个，注意在钉桩时应该使桩相对固定。

3 涵身基础的放样

涵身基础的放样是依据涵洞中线与涵洞设计图中的基础尺寸，利用全站仪和钢尺在实地上确定基础的轮廓线。

如图 4-2-11 所示，基础放样的步骤如下：

（1）立全站仪于 O 点，瞄准线路方向，拨转涵洞角度，量取距离$\frac{L_1}{2}$，钉出涵洞上游长度 A 点，同理钉出 B 点。L_1 为涵洞洞身基础长度。

（2）立全站仪于 A 点，瞄准 O 点，旋转 90°方向，量取$\frac{L_2}{2}$，钉出台基内侧边缘点 1。L_2 为涵洞洞身宽度。

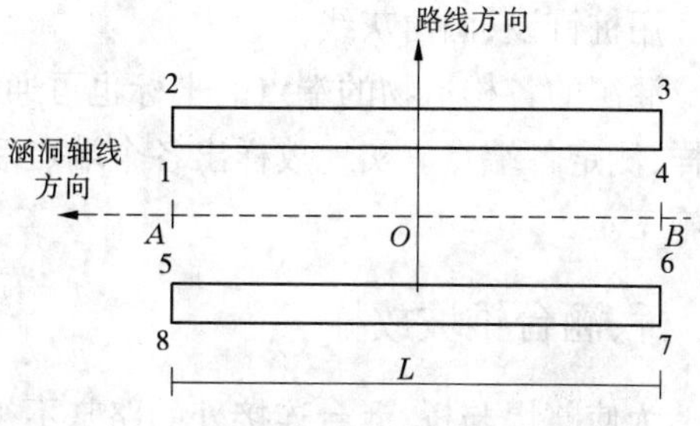

图 4-2-11 涵洞洞身基础

（3）从 1 点在该方向上量取 a，钉出 2 点。同理钉出 3、4 点。

（4）在 1、2、3、4 点钉桩并用白灰把四点连线，涵身的基础线则放样完毕。

（5）同理可以放出另一侧的涵身基础线。

4 台身的放样

据图 4-2-11，在基础放样完后，在基础线内量取台身的尺寸并画线。

5 洞口放样

以洞口为八字翼墙的放样方法为例介绍，如图 4-2-12 所示。

步骤如下：

（1）立全站仪于 A 点，对中、整平。

（2）瞄准涵台台身内侧方向，倒镜 180°，拨转 30°为翼墙方向，在该方向上量取设计图尺

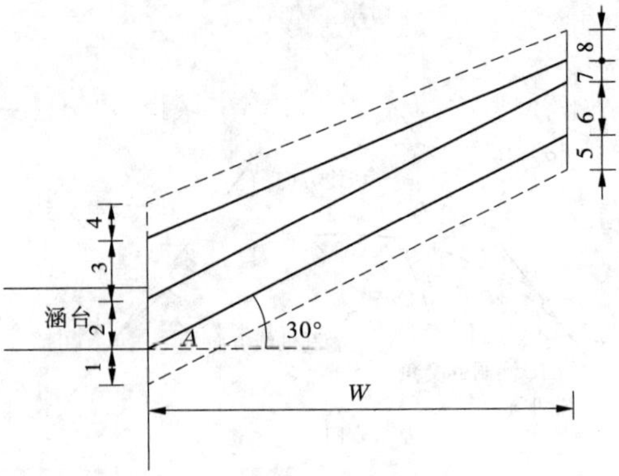

图 4-2-12　涵洞洞口放样

寸$\frac{W}{\cos30°}$,得墙身顶端内侧边缘点。

(3)继续旋转水平度盘 60°,从 A 点量取距离 2,再量距离 3,再量距离 4,倒镜 180°,从 A 量取距离 1。

(4)同理,可以得出洞口端部的 5 个点。

(5)最外的两条线为基础轮廓线,靠近的两条为墙身底部线,中间等宽的部位为墙顶线。用桩钉设,画白灰线。

涵洞的各构造物的端点的坐标也可通过涵洞中桩的坐标进行计算,用全站仪进行坐标放样,测定各端点。实地放样出各个端点后需要对点位精度进行检核,符合要求之后才能进行施工。

6　桥、涵台锥坡放样

为使路堤与桥、涵台连接处的路基不被冲刷,须在桥台两侧或涵洞两侧填土呈锥形体,并在表面砌石,成为锥体护坡,简称锥坡。

锥坡的形状为四分之一个椭圆截锥体,如图 4-2-13 所示,当锥坡的填土高度小于 6 m 时,锥坡的纵向(平行于路线方向)坡度一般为 1∶1,横向(平行于路线方向)坡度一般为 1∶1.5,与桥台后的路基边坡一致。当锥坡的填土高度大于 6 m 时,路基面以下超过 6 m 的部分纵向坡度由 1∶1变为 1∶1.25;横向坡度由 1∶1.5 变为 1∶1.75。

锥坡的顶面和底面都是椭圆的 1/4。锥坡顶面的高程与路肩相同,其长半径 a′应等于桥台宽度与桥台后路基宽度差值的 1/2;短半径 b'等于桥台人行道顶面高程与路肩高程之差,但应大于(或等于)0.75 m。锥体底面的高程一般与地面高程相同,其长半径 a 等于顶面长半径 a'加横向边坡的水平距离;短半径 b 等于顶面短半径 b'加纵向边坡的水平距离。

当锥坡的填土高度 h 小于 6 m 时:

$$\left.\begin{aligned} a &= a' + 1.5h \\ b &= b' + h \end{aligned}\right\} \tag{4-2-1}$$

当锥坡的填土高度 h 大于 6 m 时:

$$\left.\begin{aligned} a &= a' + 1.75h - 1.5 \\ b &= b' + 1.25h - 1.5 \end{aligned}\right\} \tag{4-2-2}$$

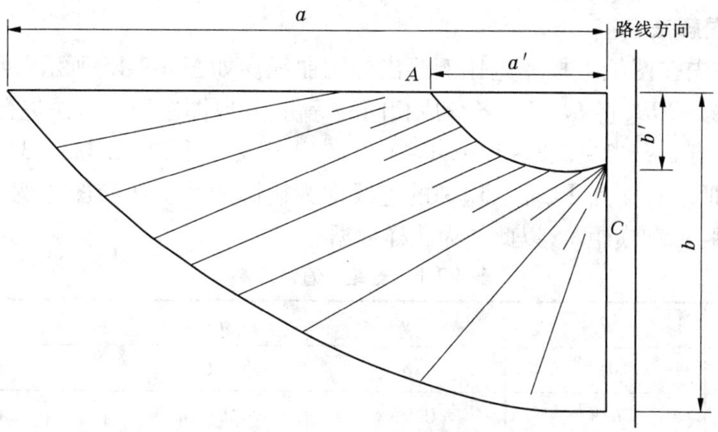

图 4-2-13　锥坡

锥坡施工时，只需放出锥坡坡脚的轮廓线(四分之一个椭圆)，即可由坡脚开始，按纵、横边坡向上进行施工。坡脚椭圆形轮廓依据长、短半径 a、b 可采用以下方法测设。

6.1　支距法

如图 4-2-14 所示，设平行于路线方向的短半径方向 AC 为 x 轴，垂直于路线方向的长半径方向 AB 为 y 轴，按椭圆方程可写出：

$$\frac{x^2}{b^2}+\frac{y^2}{a^2}=1 \tag{4-2-3}$$

于是

$$y=\frac{a}{b}\sqrt{b^2-x^2} \tag{4-2-4}$$

或者

$$x=\frac{b}{a}\sqrt{a^2-y^2} \tag{4-2-5}$$

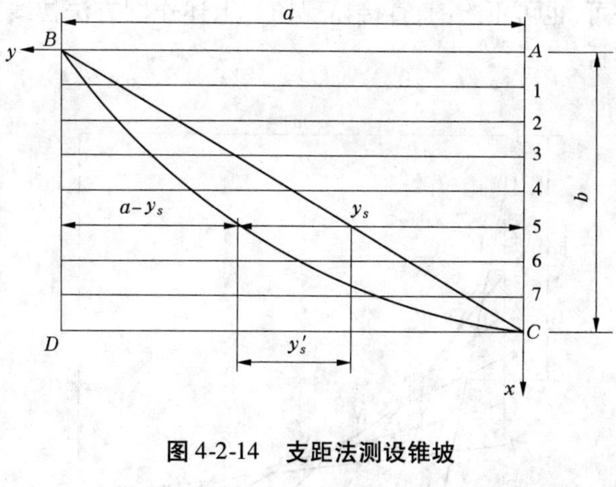

图 4-2-14　支距法测设锥坡

计算时可将短半径 b 等分为 n 段，常取 8 段，$x=0$、$\frac{b}{8}$、$\frac{2b}{8}$、$\frac{3b}{8}$、$\frac{4b}{8}$、$\frac{5b}{8}$、$\frac{6b}{8}$、$\frac{7b}{8}$、b，将其分别代入式(4-2-4)得各对应的支距 y 值，见表 4-2-1。

测设时以 AC 方向为基准，按长、短半径测设矩形 $ACDB$，然后将 BD 等分为 8 段，在垂直于 BD 的方向上分别量出相应的 $a-y_s$ 值，即可设出坡脚椭圆形轮廓。

6.2　纵横等分图解法

这种方法是先在图纸上按一定比例绘出椭圆曲线。如图 4-2-15 所示，以椭圆长、短半径 a、b 作一矩形 $ACDB$，将 BD、DC 各分成相同的等份，并以图中所示方法进行编号，连接相应编号的点得直线 1－1、2－2、3－3、…，1－1 与 2－2 相交于Ⅰ，2－2 与 3－3 相交于Ⅱ，3－3 与 4－4 相交于Ⅲ，…，交点Ⅰ、Ⅱ、Ⅲ、…的连线即为椭圆曲线。按绘图比例尺量取Ⅰ、Ⅱ、Ⅲ、…各点的纵距 x_i 和横距 y_i，以此作为放样数据。

表 4-2-1　支距 y 值计算

点位编号	x	y	$a-y$	y'
0(A)	0	a	0	0
1	$b/8$	$0.99a$	$0.01a$	$0.12a$
2	$2b/8$	$0.97a$	$0.03a$	$0.22a$
3	$3b/8$	$0.93a$	$0.07a$	$0.30a$
4	$4b/8$	$0.87a$	$0.13a$	$0.37a$
5	$5b/8$	$0.78a$	$0.22a$	$0.40a$
6	$6b/8$	$0.66a$	$0.34a$	$0.41a$
7	$7b/8$	$0.48a$	$0.52a$	$0.36a$
8(C)	b	0	a	0

实地放样时，先在地面测设矩形 $ACDB$，然后自 B 在 BD 直线上量出Ⅰ、Ⅱ、Ⅲ、…各点的纵距 x_1、x_2、x_3、…，得各点垂足，由此再量出各点横距 y_1、y_2、y_3、…，即得Ⅰ、Ⅱ、Ⅲ、…各点，其连线即是椭圆曲线。

如果现场条件许可，也可不绘图，直接在现场按上述作图方法拉线交出Ⅰ、Ⅱ、Ⅲ、…各点。此法亦适用于斜桥。

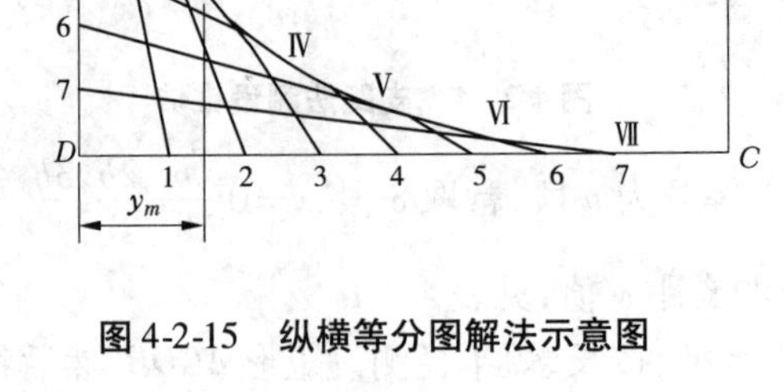

图 4-2-15　纵横等分图解法示意图

6.3　全站仪坐标法

随着全站仪的逐渐普及，采用全站仪放样锥坡更加简便、精确。

按支距法将 b 或 a 等分成几节，根据各等分点的 x 或 y 值，按式(4-2-4)或式(4-2-5)计算各相应的 y 值或 x 值，从而获得 n 个椭圆曲线点坐标。测设时，将全站仪安置在 $A(0,0)$、$B(0,a)$、$C(b,0)$、$D(b,a)$任一点上，后视另一点，即可按坐标测设出椭圆曲线上各点。

【任务实训】

1　实训目的

(1)掌握涵洞设计图中涵洞平面图、侧面图、剖面图的判读，了解涵洞基本构造。

(2)熟悉掌握利用极坐标法、前方交会等方法进行涵洞施工放样，能够完成涵洞平面位置、高程位置的精确放样。

2　实训内容

(1)结合公路桥涵的实际情况，依据技术设计书规定的精度要求，获取施工区域内已有的平面和高程控制成果资料，并对控制成果进行检测，如已有控制点不能满足精度要求或施工要求，应根据现有控制点进行加密。

(2)确定涵洞轴线方向并埋设轴线控制桩，根据图纸信息计算涵洞基础开挖边线，进行基础边线开挖，测量放样。

(3)进行涵洞施工测量。

3　实训工具及物品

预制好的标石，水泥钢钉，木桩，锤子，镐，铁锹，油漆和记号笔，1″级全站仪1台、数字水准仪1台，铟瓦标尺2把，三脚架及棱镜6套，对讲机6台。

4　注意事项

(1)参照《工程测量规范》(GB 50026—2007)的高程控制点标志及标石的埋设规格要求埋设。

(2)严格按照施工测量规范的要求进行施测，采用准确的测量步骤、合格的测量仪器，具有严格的复核制度及严谨的工作态度。

(3)注意安全，以小组为单位组织实施。

5　上交资料

填写测量放样交底单，并与技术员进行现场签字确认水准点与控制桩点之记。

参 考 文 献

[1] 中华人民共和国行业标准. JTG B01—2014 公路工程技术标准[S]. 北京:人民交通出版社股份有限公司,2014.

[2] 中华人民共和国行业标准. JTC C10—2007 公路勘测规范[S]. 北京:人民交通出版社,2007.

[3] 中交第一公路勘探设计研究院. JTC/T C10—2007 公路勘测细则[S]. 北京:人民交通出版社,2007.

[4] 聂让. 全站仪与高等级公路测量[M]. 北京:人民交通出版社,1997.

[5] 钟顺孝,聂让. 测量学[M]. 北京:人民交通出版社,1997.

[6] 朱海涛. 桥梁工程实用测量[M]. 北京:中国铁道出版社,2000.

[7] 刘培文. 现代公路勘测设计实用技术[M]. 修订版. 北京:人民交通出版社,2001.

[8] 韩山农. 测量员便携手册[M]. 北京:人民交通出版社,2009.

[9] 梁启勇. 公路工程测量[M]. 北京:人民交通出版社,2009.

[10] 李朝奎,李爱国. 工程测量学[M]. 长沙:中南大学出版社,2009.

[11] 覃辉,伍鑫. 土木工程测量[M]. 上海:同济大学出版社,2008.

[12] 徐绍铨,等. GPS 测量原理及应用[M]. 武汉:武汉大学出版社,2008.

[13] 赵同龙. 测量学[M]. 北京:中国建筑工业出版社,2010.

[14] 杨少伟. 道路勘测设计[M]. 北京:人民交通出版社,2004.

[15] 孙家驷. 公路勘测设计[M]. 2 版. 北京:人民交通出版社,2005.

[16] 赵永平,唐勇. 道路勘测设计[M]. 北京:高等教育出版社,2004.

[17] 张雨化. 道路勘测设计[M]. 2 版. 北京:人民交通出版社,2001.

[18] 邹永康. 测量学[M]. 北京:人民交通出版社,1997.

[19] 刘杰. 测量员[M]. 北京:中国电力出版社,2008.

[20] 王景峰. 公路勘测设计[M]. 北京:人民交通出版社,2011.

[21] 蒋梦云. 公路工程测量员培训教材[M]. 北京:中国建材工业出版社,2011.

[22] 唐杰军,赵欣. 道路工程施工测量案例[M]. 北京:人民交通出版社,2010.

[23] 廖中霞. 公路工程施工测量[M]. 北京:人民交通出版社,2010.

[24] 聂让,付涛. 公路施工测量手册[M]. 北京:人民交通出版社,2008.